AF316474

DE LA

RÉPARATION CIVILE DES DÉLITS

(ÉTUDE DE DROIT ET DE LÉGISLATION)

PAR

René DEMOGUE

DOCTEUR EN DROIT

AVOCAT A LA COUR D'APPEL DE PARIS

Ouvrage couronné par la Faculté de Droit de l'Université de Paris

(Concours de doctorat 1897. — 1re Médaille d'Or)

PARIS

LIBRAIRIE NOUVELLE DE DROIT ET DE JURISPRUDENCE

ARTHUR ROUSSEAU

ÉDITEUR

14, rue Soufflot et rue Toullier, 13

1898

DE LA

RÉPARATION CIVILE DES DÉLITS

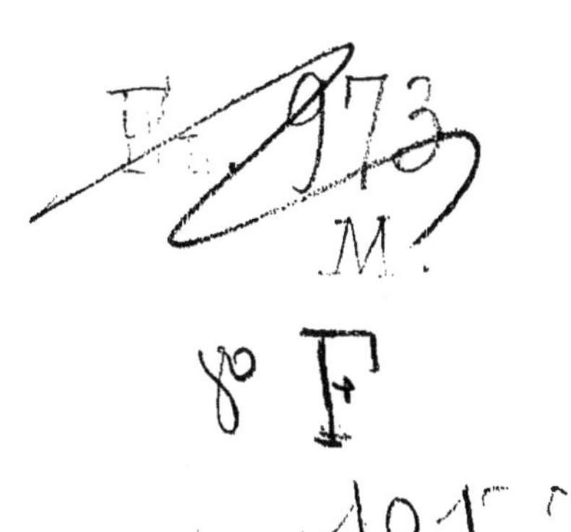

DE LA

RÉPARATION CIVILE DES DÉLITS

(ÉTUDE DE DROIT ET DE LÉGISLATION)

PAR

René DEMOGUE

DOCTEUR EN DROIT

AVOCAT A LA COUR D'APPEL DE PARIS

Ouvrage couronné par la Faculté de Droit de l'Université de Paris

(Concours de doctorat 1897. — 1re Médaille d'Or)

PARIS

LIBRAIRIE NOUVELLE DE DROIT ET DE JURISPRUDENCE

ARTHUR ROUSSEAU

ÉDITEUR

14, rue Soufflot et rue Toullier, 13

1898

PRÉFACE

En 1896, la Faculté de Droit de l'Université de Paris avait mis au concours le sujet suivant : De la réparation du préjudice causé par une infraction aux lois pénales. Étude sur la portée et l'efficacité des actions ouvertes à la victime et les améliorations législatives qu'il y aurait lieu d'y apporter.

Depuis plusieurs années, cette question avait figuré à l'ordre du jour des différents congrès de droit pénal. Mais en dehors des rapports et des discussions souvent intéressantes auxquelles elle avait donné lieu, peu de travaux importants avaient été faits sur ce point. On ne peut guère citer d'une part que l'ouvrage de M. Garofalo, l'un des chefs de l'école pénale italienne. Ce livre, intitulé *Ripparazione alle villime del delitto*, n'a pas été traduit en français. D'autre part, une étude de M. Stoppato, l'un des défenseurs de l'école classique, a paru sur cette question dans la *Rivista penale*. En France, aucun travail de quelque étendue n'avait été publié sur ce point. L'étude de ce sujet nous a tenté et nous avons essayé de présenter les fruits de nos recherches et de nos réflexions. La Faculté a bien voulu récompenser nos efforts en nous accordant la première médaille d'or, et nous tenons à lui exprimer respectueusement notre gratitude.

Nous publions aujourd'hui notre travail, après avoir essayé d'en faire disparaître les imperfections et nous devons, à ce sujet, remercier tout particulièrement notre distingué maître de l'Université de Paris, M. Le Poittevin, qui a bien voulu nous aider de ses conseils.

Nous avons divisé notre étude en deux parties : la première étant consacrée au droit français actuel, la seconde à la recherche des améliorations législatives possibles. Cette seconde partie est la plus importante de notre travail, non seulement par elle-même, mais par l'introduction historique qui en est le complément. Ce rapide aperçu du passé montre dans quel sens le droit a marché jusqu'ici. Il permet de mieux apprécier des doctrines nouvelles qui souvent tendent à nous rapprocher des institutions primitives et nous fait mieux comprendre combien elles font fausse route.

Dans la première partie de ce livre, nous avons examiné la situation faite à la victime dans notre droit actuel. Nous avons eu pour but de faire mieux comprendre les améliorations proposées, en montrant quelles lacunes elles viendront combler. Nous n'avons pas prétendu faire là un traité complet de la responsabilité civile. Il existe sur ce point des ouvrages d'une valeur incontestée, qui auraient tout au plus besoin d'être mis au courant de la jurisprudence (1). Notre but était plus modeste. Nous avons voulu indiquer la portée des divers articles de nos codes concernant la réparation des délits et présenter le tableau succinct de la jurisprudence en cette matière. Nous n'avons nullement cherché à étudier toutes les controverses, mais seulement à fixer la situation qui, en pratique, est faite à la victime, étant donné les articles de la loi et l'interprétation que les tribunaux en ont admise. C'est la seule chose qui nous a paru présenter quelque utilité, étant donné les travaux faits antérieurement sur ce point.

(1) V. Notamment le *Traité général de la responsabilité*, par M. Sourdat, Paris, 1886.

Extrait du rapport de M. Girard

lu a la Séance de la Faculté du 31 juillet 1897.

« La question mise au concours était celle de la réparation des
« dommages causés par les infractions à la loi pénale. Une notice
« explicative en formulait le double intérêt pratique et doctrinal
« en demandant aux concurrents d'examiner la portée et l'effica-
« cité des actions ouvertes à la victime et de rechercher les amé-
« liorations qui pourraient être introduites à ce sujet dans nos
« lois.

« Des deux mémoires déposés, l'un a été de suite écarté.   .   .

. . . .

« L'autre concurrent, M. Demogue, a infiniment mieux compris
« ce que voulait la Faculté. Son mémoire se compose de deux
« parties d'ampleur inégale : l'une, la plus brève, relative au droit
« actuel, l'autre, la plus étendue, consacrée aux projets d'amélio-
« ration. Dans la première, il marque ce qui existe, d'un trait
« rapide et juste, en touchant successivement le principe de la
« réparation civile, les garanties personnelles et réelles de l'ac-
« tion en indemnité, les voies d'exécution sur la personne et sur
« les biens du coupable, les rapports de la réparation civile et de
« la procédure criminelle, la prescription de l'action en sépara-
« tion. Dans la seconde, il reprend tous ces points, en dressant
« pour chacun le répertoire compliqué des remèdes multiples et
« divergents proposés à une situation certainement fâcheuse par
« des réformateurs de toute sorte, en s'appliquant à ne rien né-
« gliger, en ne reculant pas au besoin devant les redites inévi-
« tables, mais en ne se laissant pas non plus détourner par les
« détails du chemin qu'il s'est tracé.

« Après cela, il ne lui reste plus qu'à terminer par une conclu-
« sion dont la modestie discrète se trouve dans une curieuse anti-
« thèse avec la masse touffue des propositions qu'il vient d'exami-
« ner. L'auteur ne croit pas qu'il soit jamais possible d'assurer

« d'une manière absolue aux victimes des délits la réparation du
« préjudice subi par elles. Il se borne à recommander quelques
« améliorations partielles, bien délimitées, dont chacun appré-
« ciera la valeur à sa guise, mais qui ont en général l'avantage
« de ne pas méconnaître ces principes d'humanité en dehors des-
« quels il ne peut y avoir de réforme démocratique et viable du
« droit criminel. Peut-être certains adeptes plus fervents de la
« science pénitentiaire trouveront-ils excessive la prudence de
« M. Demogue. Son mémoire clair et bien rempli y a du moins
« gagné un air de pondération réfléchie que le rapport de mon
« collègue, M. Pillet, nous atteste avoir fait la meilleure impres-
« sion sur tous ses juges. »

INTRODUCTION HISTORIQUE

Chez tous les peuples pris à leur origine, lorsqu'il n'existait ni règle rigoureusement observée, ni pouvoir social solidement établi, au moment de ces bouleversements fréquents au début des sociétés, la vengence privée apparaît comme la seule sanction des violences contre les personnes ou les biens. En même temps qu'elle venait d'un sentiment spontané, c'était une nécessité pour empêcher le retour des mêmes agressions. Celui qui n'aurait pas montré la même ardeur à défendre son droit, à poursuivre son agresseur, aurait eu plus de chances d'être victime d'un nouveau délit. Ses biens auraient été plus souvent l'objet des rapines de voisins avides et peu scrupuleux.

Mais, dès la même époque, la personne offensée put renoncer à sa vengeance moyennant un certain prix, une composition. Soit qu'elle fût de guerre lasse, soit qu'elle préférât un enrichissement certain à une lutte hasardeuse, et parfois inégale, en retour d'un certain avantage, elle promettait de ne pas exercer sa vengeance, elle faisait la paix avec son agresseur. La composition, ainsi payée, ne présentait pas le caractère de nos réparations civiles, c'est-à-dire d'une valeur attribuée à la victime d'un délit et égale au mal qu'elle a souffert. C'était un équivalent grossier de nos peines et de nos indemnités actuelles tout à la fois. Nos idées modernes du délit donnant lieu à une

action publique, parce que le fait a un caractère antiso-
cial, et à une action privée en réparation, pour rétablir
la victime dans le *statu quo ante* supposent une analyse
assez fine, absolument étrangère aux âges primitifs.

L'idée première de l'humanité était beaucoup plus
simple : on a été lésé, on se venge, on suit son impulsion,
sans se soucier du manque de résultat matériel pour soi-
même, on rend le mal pour le mal, et cela sans espérance
de recouvrer ce qu'on a perdu. Si l'on renonce à sa vengeance moyennant une composition, c'est que la composition ainsi reçue procure une satisfaction équivalente à
celle du désir assouvi. Ce n'est pas à dire que les parties,
dans leur arrangement, n'aient dû faire entrer en ligne de
compte l'étendue du mal commis. Cela était nécessaire,
car bien qu'il y ait dans l'intensité du ressentiment de
l'offensé, un élément subjectif, ce ressentiment devait être
dans une certaine proportion avec le dommage souffert.
Comment ne serait-il pas plus aigu suivant l'importance
des blessures faites, ou le nombre des objets volés ? Mais
l'abandon de la vengeance ne devait se faire que moyennant une valeur supérieure à celle du dommage causé :
autrement, ç'eut été laisser trop beau jeu au coupable,
ç'eut été trop peu pour calmer les sentiments violents des
hommes de cette époque.

Tel était le caractère mixte qu'avaient les compositions
librement débattues entre l'agresseur et sa victime. Lorsque le pouvoir social fut organisé, lorsque le paiement
d'une composition fut par lui imposé au criminel, cette
composition conserva longtemps encore le même caractère, ce fut encore un rachat de vengeance, mais cette

fois légal, obligatoire, au lieu d'être conventionnel et facultatif. La composition restait dans cette nouvelle phase ce qu'elle était auparavant : mesurée surtout sur le désir de vengeance de la victime, sans aucune proportion exacte avec le préjudice causé. En fait, elle arrivait bien à une réparation. mais ce n'était que par à peu près ; nous ne sommes point en présence d'une condamnation mesurée sur le dommage causé et sur lui seul.

Ces idées, nous les trouvons appliquées dans le droit romain. On imposait au voleur une condamnation au double ou au quadruple de l'objet volé, abstraction faite du dommage causé par le délit. Nous les voyons aussi admises à l'origine de notre Ancien Droit, dont nous allons uniquement nous occuper.

Chez les peuples barbares qui s'établirent sur les ruines de l'empire romain, et en particulier chez les Germains, le wergeld formait la seule sanction de presque tous les crimes contre les particuliers. Mais ce n'était qu'une satisfaction approximative, fixée d'une façon uniforme pour chaque crime, sans considération pour le dommage plus ou moins grand causé dans chaque espèce, elle variait seulement suivant la qualité de l'offensé. La loi, en fixant le taux du wergeld, s'inspirait au moins autant de la gravité sociale de l'offense que du dommage probable. En fait, le tarif des compositions étant assez élevé, la personne lésée recevait donc, outre l'équivalent du dommage subi, une somme en proportion avec l'importance de son ressentiment. Si nous ajoutons à cela que le criminel devait payer au roi une certaine somme, le *fredum*, nous aurons l'idée générale de ce qui, à l'époque franque, correspondait aux conséquences pénales et civiles du délit.

En même temps que la personne lésée obtenait satisfaction pour ses pertes pécuniaires et son ressentiment, elle n'était pas moins favorisée au point de vue des sanctions qu'elle avait à sa disposition. Le condamné insolvable lui était livré et perdait tout au moins la liberté (1). En même temps, les parents de l'offenseur étaient solidaires pour le paiement du wergeld dû par leurs parents, ils devaient au besoin le payer à sa place. Le paiement de son droit se trouvait donc assuré d'une façon efficace.

Tel fut le point de départ : confusion de la peine et de la réparation dans le wergeld et sanctions énergiques pour le paiement de ce même wergeld.

De l'époque franque au droit actuel, une double évolution s'est opérée qui va nous montrer comment il se fait, qu'à l'heure présente, l'insuffisance de la réparation civile est ſpartout remarquée. D'une part, la réparation et la peine se sont séparées peu à peu, la notion de réparation civile correspondant à tout le dommage, mais rien qu'au dommage, s'est lentement dégagée, pour apparaître de plus en plus nette ; corrélativement, celle de peine s'est peu à peu affirmée de façon distincte. En même temps, la réparation civile s'est trouvée de moins en moins protégée, le rôle de la partie lésée s'est effacé peu à peu dans la procédure ; chaque jour, elle a rencontré plus de difficultés. Un moment est arrivé, et c'est l'époque actuelle, où le besoin de réagir conrtre cet état de chose s'est fait sentir, et

____

(1) V. Esmein. *Les contrats dans le très ançien droit français,* p. 154 et suiv.

où l'on s'est mis à rechercher les améliorations possibles sur
ce point.

Ce fut dans la seconde moitié du xiie siècle que la sépa-
tion de la réparation et de la peine se fit jour. Nous la
constatons pour la première fois dans le midi, où la coutume de l'île Jourdain (comté de Toulouse) condamne le
meurtrier, ou celui qui a donné des coups, à une peine corporelle ou à une amende et en outre à « *restituere dam-
num* » (1). Un peu plus tard la coutume de Thegia en
Quercy de 1266, déclare que dans les cas qui entraînent
confiscation des biens, on commence par réparer le dommage (art. 30) (2). Celle de Puymirol de 1286 en cas de
voie de fait ou de vol, parle aussi de réparation à l'estimation du baile ou de sa cour (chap. XII (3). Cette distinction
due sans doute à l'influence du droit romain fut encore longtemps avant de se généraliser complètement, surtout dans
les pays du nord. Au treizième siècle, Beaumanoir ne conçoit pas encore la réparation du préjudice d'une façon
absolument nette, dégagée de toute idée pénale (4). Dans
d'autres documents de son époque, cette notion est encore
plus confuse (2). Ce n'est qu'un peu plus tard que cette

(1) Nᵒˢ 15 et 19. V. *Nouv. Revue historique*, 1881, p. 647.
(2) V. *Nouv. Revue historique*, 1887. p. 323.
(3) V. *Nouv. Revue historique*, 1870, p. 48.
(4) Ch. 30 nᵒ 18. Qui navre autrui ou afole, il lui doit rendre ses
damaces, c'est à entendre le cout des mieres et les despens du blecié
et restorer ses jornées selon le mestier dont il est. Et s'il y a mehaing
on doit regarder la manière du mehaing et l'estat de la persone qui
est mehaingné (jusqu'ici, c'est bien l'idée de réparation comme nous
la comprenons) et l'avoir de celui qui le mehaingne (ici la peine
privée reparaît).
(5) V. Warnkœnig. *Histoire des Flandres*, III, p. 294. Une

notion fut comprise réellement, comme bien distincte de celle de peine, que l'on regarda la réparation, comme ayant pour seul but de rétablir la victime dans sa situation antérieure. Cette idée ne se montre tout à fait que dans les chartes de la fin du xiiie siècle, dans la Somme rurale de Bouteiller, dans le Coutumier de Charles VI (1).

Ce jour là seulement, un départ fut fait nettement entre l'intérêt social qui réclame une peine, et l'intérêt privé qui demande uniquement la compensation des pertes subies. Ce jour là un grand pas fut fait dans la voie de la civilisation : l'idée de vengeance cessa de recevoir sa consécration judiciaire. La loi n'attribua plus à l'offensé une somme souvent supérieure à la perte éprouvée, elle ne lui donna plus qu'une somme égale au dommage subi, sans tenir compte de son ressentiment, en un mot une réparation civile.

Ce ne fut pas un fait isolé. il concorde avec toute la transformation qui s'est opérée dans la justice criminelle, et lui a donné l'allure nouvelle qu'elle conserve jusqu'à la fin de l'Ancien Droit. C'est à cette époque, en effet, qu'au système accusatoire vint se substituer, ou plutôt s'ajouter le système inquisitoire. C'est un peu plus tard que le ministère public fut créé. Tout cela est étroitement lié. Si le système inquisitoire apparaît, si l'on juge sans attendre l'accusation d'un particulier, c'est que le trouble

keure de Bruges de 1190 n'admet encore que des amendes fixes pour la victime. v. keures de 1205, 1192 et 1270.

(1) Quod condemnarentur... et in emenda pecuniaria quinque millia librarum et in omnibus expensis, damnis et interesse, p. 386. ed. Laboulaye. Ailleurs : quod omnia attemptata meliori modo quo possunt reparerentur ut decet.

social du délit se dégage davantage, on sépare mieux les intérêts divers qui ont été atteints par le délit, leur protection cesse d'être réunie dans les mêmes mains. Les intérêts privés restent confiés aux particuliers, mais, pour les intérêts sociaux des officiers publics sont chargés de suppléer à leur négligence. L'idée de réparation civile qui apparait à cette époque constitue donc une innovation en parfaite harmonie avec tout le développement du droit criminel à la fin du moyen-âge.

La façon nouvelle de comprendre les intérêts de la victime trouva son écho dans une tranformation des expressions employées. Jusqu'à la fin du xve siècle, disent les uns, jusqu'à l'ordonnance de 1539, disent les autres, les sommes adjugés à la personne lésée se nommaient amende, désormais on les désigna sous le nom de réparation civile. La nouvelle terminologie indiquait bien le progrès qui s'était fait dans les idées. Toutefois la réparation civile ne fut jamais comprise d'une façon aussi abstraite de l'élément pénal qu'elle l'est aujourd'hui. Si l'on regarde les anciens auteurs, on voit que les sommes accordées à la suite d'un délit pénal, ne semblent pas pour eux avoir la même nature que celles adjugées à la suite d'un simple délit civil. La plupart opposent la réparation civile accordée à la victime d'une infraction et les simples dommages-intérêts résultant de tout autre cause (1). Certains auteurs proclament que la réparation civile se partage dans la famille de la victime à peu près comme le wergeld se partageait autrefois : « La mère et ses enfants doivent participer par

(1) V. Muyart de Vouglans, *Institutes au droit criminel*, p. 423.

moitié aux deniers de la réparation adjugée pour l'homicide commis en la personne de son mari (1) ». Même au xviie siècle, les jurisconsultes disent encore que la réparation est « le prix du sang ». A bien d'autres traits épars çà et là, on peut reconnaître des traces des idées anciennes. On ne pensait pas que l'indemnité, accordée à la suite d'un délit, fut absolument de même nature que celle accordée dans un procès purement civil. Toutefois les différences allaient toujours en s'atténuant, et un des derniers auteurs de l'Ancien Droit, Merlin, affirmait qu'il n'y avait plus à distinguer la réparation civile des dommages-intérêts (2).

Aujourd'hui, toute différence de nature a disparu. L'évolution est arrivée à son terme. Grâce au progrès du droit, les condamnations pécuniaires en faveur de la victime ont perdu tout leur caractère pénal. La distinction de ce qui est intérêt individuel et de ce qui est intérêt social, apparaît parfaitement précise.

En même temps, dans tout le cours de l'Ancien Droit, une autre transformation s'est accomplie, regrettable celle-là. Le paiement de la réparation civile est devenu plus hasardeux pour la personne lésée. La transformation générale du droit, des nécessités fiscales toujours plus pressantes ont contribué peu à peu à gêner la victime dans sa poursuite, à diminuer ses recours, à affaiblir l'efficacité de son droit.

Nous avons indiqué plus haut les énergiques sanctions

(1) V. Cl. de Ferrière. *Dictionnaire de droit*, v° Réparation civile.

(2) Merlin. *Répertoire* V° Réparation civile, par. I.

qui existaient à l'origine pour le paiement de la composition : la perte de la liberté, sinon de la vie, pour le criminel insolvable, l'obligation solidaire de toute sa famille pour le paiement du wergeld. De ces deux moyens d'efficacité, qui dérivaient directement des rudes et primitifs usages du droit germanique, le second disparut de bonne heure. Il fut aboli par un édit de Childebert II. Dès la fin du vi^e siècle, ce recours si avantageux était donc disparu.

Pendant tout le moyen-âge, on trouva souvent une institution analogue, mais déjà atténuée, en harmonie avec une organisation de la famille, déjà plus fragile. Ces communautés taisibles, si fréquentes à cette époque dans les familles roturières, servirent de base, elles aussi, à une responsabilité en matière de délits. Dans ces communautés entre les membres d'une même famille, habitant ensemble, « vivant au même pain et pot », le chef de famille répondait de tous ceux qui vivaient en indivision avec lui. Comme on disait alors, il était responsable « des méfaits de toute sa ménie » (1).

Lorsque la lente désagrégation de la famille amena la décadence de ces communautés, la victime d'un crime, en dehors de son agresseur, ne put désormais poursuivre que quelques rares personnes comme civilement responsables. La liste en est courte et nous la trouvons, dans l'œuvre de Pothier, identique à ce qu'elle est dans le Code civil. Les père et mère répondent de leur enfant mineur, « car ils sont présumés avoir pu empêcher le délit, lorsqu'il a été

____

(1) M. Lefebvre. *Cours de droit coutumier*.

fait en leur présence ». Les maîtres répondent des délits
de leurs domestiques, lorsqu'ils ne les ont pas empêchés,
ayant pu le faire, et de tous ceux commis dans l'exercice
de leurs fonctions, alors même qu'ils n'auraient pu les empêcher, enfin les commettants répondent de leurs préposés.

Voilà tout ce qui était désormais compatible avec l'organisation nouvelle et essentiellement individualiste qui
se préparait. La victime, qui primitivement avait un
droit si étendu contre toute la famille du coupable ne possédait plus, sauf quelques cas particuliers, qu'un recours
contre le criminel lui-même. De ce côté, l'efficacité de la
réparation se trouvait donc recevoir une atteinte très
sensible.

Par contre, l'Ancien Droit reconnut à la victime le droit
de poursuivre les héritiers du coupable, se séparant ici
des règles romaines pour se conformer au droit canon.
« Iaçoit que de droit civil, l'héritier ne soit tenu pour le
regard du crime de son prédécesseur, dit Imbert (1), toutefois de droict canon l'héritier est tenu réparer le dommage fait par le défunct, tant que le bien dudit défunct se
peut estendre, laquelle équité canonique, Faber tient être
receüe en cour séculière, et dit qu'il a veü garder par la
cour de Parlement à Paris. Par quoy n'est aujourd'hui ap-
prouvée, ladite opinion de Bartole et de Paul de Castres, à
tout le moins, il la faut modifier tellement qu'elle n'ait bien
qu'en peine appartenant au fisque et non point en réparation pécuniaire de partie civile ».

____

(1) Enchiridion, vo *Confession des accusés.*

La restriction imposée par le droit canon et par Imbert, qui consistait à n'obliger l'héritier à raison des délits du défunt, qu'*intra vires hereditates*, ne fut même pas maintenue. D'Argentré, sur l'art 179 de la coutume de Bretagne, disait que l'héritier est tenu complètement, *etiam si nihil ad eum pervenit* (1). Et au xviiⁱᵉ siècle, Pothier paraît adopter implicitement la même solution (2).

A part ce droit de poursuivre les héritiers, ce qui est le droit commun pour des créanciers, et de demander paiement aux personnes civilement responsables, quelles mesures furent prises pour assurer l'efficacité de la réparation ? Comment la victime put-elle poursuivre son dû ? Là aussi, les droits de la partie lésée eurent avec le temps moins de facilité pour s'exercer. Ce furent surtout les mesures fiscales qui formèrent obstacle à leur exercice. Car par ailleurs l'Ancien Droit vit se développer d'utiles garanties pour la réparation civile.

On peut citer tout d'abord la solidarité qui fut reconnue entre les divers auteurs ou complices d'un même crime ou délit, solidarité que nous voyons signalées par Imbert, que Pothier mentionne à nouveau à la fin de l'ancien droit. C'est elle qui, consacrée par le code de 1791, a été conservée par le droit actuel (3).

Il faut mentionner aussi le privilège des dommages intérêts sur l'amende. Ce privilège semble être apparu dans notre ancienne pratique judiciaire, comme accordé

---

(1) V. Duparc. *Cout. de Bretagne*, tome. I, p. 532 et 533.

(2) OEuvres, Ed. Bugnet, p. 370 n° 675. v. de même Merlin. Rep. vᵒ Délit par V.

(3) V. Pothier. *Procédure criminelle*, sect. 5, n° 6, p. 427.

par le jugement, et cela dès le commencement du xivᵉ siècle (1). Plus tard, il se généralisa : « On met communément par les sentences, dit Imbert, quand on adjuge quelque amende au roy que les parties intéressées seront premièrement satisfaites que le roy ». Les textes de certaines coutumes, notamment celle de Bretagne, admirent formellement le droit pour la réparation civile d'être préférée à l'amende due au roi. Et au xviiᵉ siècle Jousse présentait ce privilège comme universellement admis. Depuis, ce droit a passé sans modification dans notre code pénal.

A côté de ces mesures reproduites par le droit moderne, se trouvaient organisées, d'une façon originale, des garanties hypothécaires pour la personne lésée. « L'hypothèque, pour les intérêts civils, remonte au jour même où le délit est commis, suivant la disposition des lois et la jurisprudence des arrêts. Ce qui est fondé, comme le remarque Bruneau, tant sur l'acquiescement tacite de l'accusé, que la loi présume avoir consenti à la réparation dans l'instant où il a commis le fait, que sur la nécessité de remédier aux fraudes par lesquelles un criminel pourrait préjudicier à son accusateur. » Toutefois, une distinction était faite entre les crimes énormes, les crimes légers et les délits très légers. Ce n'était que pour les

(1). « Par arrest de Paris en l'an 1306 à la St-Martin, Colin Gautier fut condamné à une amende envers partie civile et une autre envers le roy, fut néanmoins dit par ledist arrêt que l'amende adjugée à la partie civile lui serait premièrement payée qu'au roy » (Guenoys sur Imbert p. 527) V. *Coutume de Bretagne*, art. 650. — Jousse, *Ordonnance criminelle*, p. 254. — Muyart de Vouglans, livre II, chap. VI, n⁰ 4, p. 86. — Bornier, *Conférence des ordonnances*, II, p. 167. — Merlin, *Répertoire* v⁰ Réparation civile IV.

premiers que le principe s'appliquait dans toute sa rigueur. Seuls, les crimes atroces emportaient hypothèque
du jour même de leur accomplissement. Pour les crimes
moindres, l'hypothèque ne datait que du jour où la poursuite avait été commencée. Enfin, pour les délits très légers, aucune règle spéciale n'était établie. L'hypothèque
datait du jour de la condamnation, c'était l'hypothèque
judiciaire ordinaire (1).

Il n'est pas sans intérêt de relever les moyens que
l'Ancien Droit, aux prises avec les mêmes difficultés que
le droit moderne, avait employés pour en sortir. Le
droit moderne n'a rien fait de spécial pour empêcher les
fraudes, pour assurer à la victime une situation privilégiée.
Le droit ancien avait pris ici des mesures particulières.
Ce sont ces mesures, transformées, mises en harmonie
avec les nécessités du crédit moderne, que la science pénale essaye de faire revivre. Nous aurons plus loin à les
examiner (2). En tous cas, il est curieux de constater que,
pour arriver à une réparation efficace, l'ancienne jurisprudence avait déjà cherché à s'orienter de ce côté.

A ces droits contre les biens du débiteur, la loi en joignait de non moins énergiques contre sa personne. Il est
à peine besoin de dire que la contrainte par corps avait
lieu en matière de réparation civile, tant l'Ancien Droit a
fait de cette mesure d'intimidation un usage général. Elle
en fit même ici un usage plus général qu'en toute autre
matière : la jurisprudence autorisa la contrainte par corps,

____

(1) Muyart de Vouglans. *Institutes au droit criminel*, p. 423.
(2) V. 2ᵉ partie, chapitre second, § IV.

même lorsqu'il s'agissait de moins de deux cents livres,
ce qui était une exception au droit commun. Cette jurisprudence était celle de tous les Parlements, seul le Parlement de Bretagne faisait exception, et ici, comme en toute
autre matière, il faisait défense aux juges d'ordonner la
contrainte par corps pour moins de deux cents livres (1).
Un autre privilège consistait en ce que la contrainte par
corps pouvait être exécutée sans délai. Le délai de quatre
mois qu'imposait l'ordonnance de Moulins ne s'appliquait
pas ici (2). Mais ce qui faisait de cette contrainte une
arme particulièrement redoutable, ce n'étaient ni ces avantages, ni d'autres qu'indiquent les anciens auteurs, comme
le droit de l'exercer en dépit d'une condamnation au ban-
nissement. C'était sa durée. « Si le défendeur est condamné en quelque somme de deniers d'amende envers le
roi, ou de réparation envers la partie civile, dit Imbert,
il tient prison jusqu'au parfait paiement de la somme contenue par la sentence » (3). Ce droit terrible, souvent
inique, se conserva jusqu'à la fin de l'Ancien Droit et
nous le voyons encore consacré par Pothier (4). Mais,
depuis plus d'un siècle, l'intérêt du Trésor y avait fait

(1) Arrêt du 13 mai 1718, *contrà*, Paris, 3 avril 1675 et Rouen,
4 mai 1686, v. sur ce point Merlin. Répert. V° *Contrainte par corps*,
VI, p. 202.

(2) V. Muyart de Vouglans. *Institutes au droit criminel*, p. 423.

(3) Cela résulte de l'ordonnance de Louis XII de 1498 (art. 123) et
de celle de 1507 (art. 243). L'ancien droit n'admettait pas la cession
de biens, pour se libérer de la contrainte par corps en matière de
délit. Toutefois, dit Jousse, les juges ordonnent quelquefois l'élargis-
sement sous caution (arrêt du 29 mars 1747 rapporté par Papon,
livre 24, titre X, n° 10).

(4) Ed. Bugnet. tome X, p. 330.

porter une atteinte sensible. L'ordonnance de 1670, tout
en conservant cette contrainte par corps indéfinie, dispo-
sait que, en toute hypothèse, même au cas de crime, la
partie lésée devait consigner les frais de nourriture (1).
C'était indirectement porter une atteinte sensible au droit
du créancier. On avait beau lui donner un recours privilégié pour les frais de nourriture, sur le patrimoine du
condamné. Si celui-ci était réellement insolvable, la victime n'en risquait pas moins de perdre son indemnité et
ses déboursés.

Pour compléter cette matière, nous devons mentionner
une doctrine qui paraît avoir eu du crédit près de certains
auteurs de l'Ancien Droit d'après laquelle les dommages
intérêts non payés étaient convertis en peine corporelle.
L'amende non payée était autrefois convertie en peine
privative de liberté. Liset et Bornier prétendirent étendre
cette disposition à la réparation civile et le Parlement se
rangea, paraît-il, à leur avis. « Les parties doivent faire di-
ligence pour obtenir paiement de leurs dommages intérêts,
dit Liset (2). Si elles ne le font dans l'année qu'on conver-
tisse la peine pécuniaire en peine corporelle si ce n'est que
le prisonnier fut noble ou autrement qualifié. » Mais à la fin
de l'Ancien Droit, nous ne trouvons nulle trace de ce bi-

______

(1) V. ord. de 1670, art. 24 et 25, cf. Bornier, *Conf. des Ordonn.*
II, p. 166 et la déclaration d'août 1680 citée par lui. Les articles de
l'ordonnance pourraient de prime abord faire croire qu'il en était
autrement en cas de crime. Ce serait une erreur, ainsi que l'explique
Bornier.

(2) *Pratique judiciaire*, titre IX, livre I, p. 74 éd. de 1603. —
Bornier, *Conf. des Ordonnances*, II, p. 166. — Ricard, 50e arrêt
notable.

zarre rapprochement de l'amende et des dommages-intérêts.

Ces mêmes mesures établies dans un intérêt fiscal, nous les retrouvons dans la procédure criminelle. Là aussi, les nécessités financières firent créer de sérieux obstacles pour les parties civiles. L'Ancien Droit, dans sa procédure criminelle, faisait une large place à la partie civile. Sans doute, le droit d'accusation, qu'elle avait eu au moyen âge, avait disparu. Sans avoir jamais été abrogé formellement, il s'était effacé peu à peu par suite des responsabilités graves qu'il entraînait, par suite de l'importance grandissante des procureurs du roi (1). De plus en plus, la victime fit protestation qu'elle ne tendait qu'à fin civile. Mais, même sous l'ordonnance de 1670, la partie civile conservait un large droit d'intervention dans la procédure.

Sous cette ordonnance même, c'était en principe la partie civile qui intentait la poursuite. Le ministère public n'intervenait qu'à son défaut, comme pour suppléer à sa négligence. Dans le cours de la procédure ses droits n'étaient pas moindres. Elle pouvait occuper dans l'instruction une place importante : faire citer des témoins devant le magistrat instructeur, obtenir dans différents cas communication de la procédure, prendre ses conclusions au moment du règlement de l'affaire. En un mot, son zèle pouvait activer les recherches de la justice et influer sur l'issue définitive du procès (2).

Mais même, la procédure ayant commencé sans elle, la

______

(1) V. Sur ce point Ayrault, livre 3, art. 1er, no 15.
(2) V. Esmein. *Histoire de la procédure criminelle*, p. 221 et suiv.

partie civile pouvait encore intervenir. Depuis l'ordonnance de 1670, la victime pouvait se porter partie civile en tout état de cause, se joindre à la procédure engagée par le procureur du roi, pour renforcer son action, et puiser dans ce concours la satisfaction de ses intérêts.

En se constituant partie civile, la victime aurait pu, par une voie rapide, obtenir réparation, si des mesures fiscales n'étaient venues troubler l'harmonie de la loi. Lorsqu'il existe une partie civile, dit Imbert, au xvi⁰ siècle, « elle fait tous les frais des procès criminels et elle a tous les dépens si elle gagne sa cause et si elle le perd elle paye tous les dépens ». (Ordonnances de Philippe IV de 1303 et de Philippe V de 1328) (1). Au siècle suivant l'ordonnance de 1670, prescrivait tout d'abord que « ce qui est ordonné pour les dépens en matière civile serait exécuté en matière criminelle ». Autrement dit, lorsque l'accusé était absous la partie civile devait payer tous les dépens, même si elle n'avait fait qu'intervenir dans l'instance (2).

Bien plus, la victime se portant partie civile devait avancer ses propres frais, et même ceux de l'accusé, lorsque celui-ci ne pouvait les payer. L'ordonnance autorisait les juges à décerner exécutoire contre la partie civile pour les frais nécessaires à l'instruction du procès et à l'exécution des jugements (3). Ces lourdes charges, que le droit criminel avait connues dès le siècle précédent, entravaient puissamment la personne lésée dans la poursuite

---

(1) *Pratique judiciaire*, livre 3, chap. 1er, n⁰ 6 (édit. Guenoys de 1641).
(2) *Ordonnance de 1670*, titre XXV, art. 20.
(3) *Ordonnance criminelle*, titre XXV, art. 16.

de ses droits. Par là, on rendait inutiles tous les droits qu'on lui reconnaissait par ailleurs. On accordait, il est vrai, à la partie civile le droit de recourir contre le condamné, et de se faire payer par lui ses déboursés. Mais ne courait-elle pas des risques d'insolvabilité, et par une poursuite imprudente, n'était-elle pas exposée à aggraver ses pertes, au lieu d'obtenir réparation ? C'était donc à cette mesure de fiscalité déplorable qu'aboutissait l'ordonnance, qui semblait ménager une si large place à la partie civile. Cette place, elle ne l'obtenait qu'à des conditions fort onéreuses, il lui fallait payer fort cher le droit d'intervenir dans la poursuite. Pour obtenir la reconnaissance de son droit, il lui fallait s'exposer au risque de supporter sans compensation, tous les dépens de la procédure.

Toutefois dans quelques cas, la victime pouvait obtenir satisfaction sans s'exposer à toutes ces dépenses. Elle obtenait d'office restitution des objets qui lui appartenaient. « Où il n'y a partie que le procureur du roy, si toutefois le juge voit par le procès criminel que la chose desrobée appartenoit à certaine personne, il doit, dit Imbert (1), ordonner que ladite chose lui sera rendue ». Cette règle paraît bien antérieure au XVIᵉ siècle, et dès le quatorzième, nous la voyons appliquée au Châtelet de Paris (2). Perpétuée à travers l'Ancien Droit, cette dispo-

____

(1) Imbert. *Pratique judiciaire*, p. 572.

(2) On lit aux registres du Châtelet de Paris, tome II, p. 221, après la mention de l'exécution du condamné : « Tous lesquels biens prins en ladite ville ont esté rendus et restituez à Colin Blanchet, en lequel hostel ils avaient été prins..., et les autres auxquelles appartenoient, si comme par leurs quittances puet apparoir ».

sition a passé dans le Code pénal, et elle s'applique encore en droit actuel.

Il exista, dans l'Ancien Droit, une autre disposition, dont la portée s'atténua à mesure que s'affirma davantage le caractère purement civil de la réparation, disposition beaucoup plus intéressante, parce que l'on y voit réalisée un des *desiderata* de la science pénale contemporaine. Au xvie siècle, Imbert ne considérait pas la constitution de partie civile comme une condition indispensable pour obtenir une indemnité. Il recommande seulement à la personne lésée de se constituer partie civile et de bailler ses conclusions « pour le doute que le juge obmette l'adjudication de l'intérêt civil de la partie (1) ».

Cette règle si curieuse ne persista pas au grand détriment de la partie lésée.

Au xviiie siècle, Muyart de Vouglans ne signale plus rien de pareil, mais il admet encore une règle qui est un pâle souvenir de la disposition d'Imbert. Si la partie civile s'est désistée dans l'impossibilité où elle se trouvait de payer les frais « s'il y avait preuve absolue de l'impuissance où elle aurait été à cet égard, ce désistement n'empêchera pas qu'elle ne puisse obtenir contre l'accusé qui serait condamné sur les poursuites de la partie publique les dommages-intérêts qui lui seraient dus, de même que si la poursuite avait été faite à ses propres frais (2).

Si, de Muyart de Vouglans, nous passons au Répertoire de Merlin, publié à la veille de la Révolution, cette règle

____

(1) Imbert. *Practique judiciaire*, p. 572.
(2) Muyart de Vouglans. *Institutes au droit criminel*, livre I, titre III, chap. II, § 2, p. 591.

si restreinte a disparu. Cette exception si timide n'existe plus. Merlin admet simplement que le juge peut accorder d'office la réparation, lorsqu'il peut le faire utilement, par exemple lorsque des mineurs se trouvent intéressés. Mais il exige, pour cela, qu'il y ait eu constitution de partie civile. Sous cette forme, quelle utilité présentait cette disposition ? Aucune. On dispensait une partie civile de ce qu'elle ne manquerait jamais de faire. Voilà tout (1). Achevant l'évolution, le Code pénal n'autorise plus l'adjudication de dommages-intérêts que s'il y a une partie civile, et si elle a réclamé une indemnité. Et toute cette transformation n'est pas sans une secrète affinité avec la distinction qui apparaissait plus claire dans les idées. La réparation perdant dans les esprits son caractère pénal, on fut plus porté à croire que la réparation ne regardant que la partie lésée, c'était à elle à la réclamer si elle le voulait, mais que le juge n'avait point à s'en préoccuper.

Ainsi, peu à peu, les difficultés que rencontrait la victime pour obtenir satisfaction se sont accrues. La protection de la loi s'est faite toujours moindre pour la personne lésée. A travers les renseignements épars parmi les développements inspirés du droit romain, cette transformation se laisse entrevoir chez nos anciens auteurs. Du jour où les intérêts de la partie civile changeant de nature ont cessé d'être appelés amende pour prendre le nom de réparation civile, ce jour-là, un certain déclin a commencé pour eux. Les difficultés financières, au milieu desquelles

______

(1) *Répertoire*. v° *Réparation civile* § I, n° III.

l'Ancien Régime s'est tant de fois débattu, ont amené des mesures fiscales qui sont venues gêner la victime, en lui rendant onéreuse la constitution de partie civile, en lui rendant plus onéreuse encore l'exercice de la contrainte par corps. L'Ancien Droit, il est vrai, avait admis quelques palliatifs. Certaines mesures avaient été adoptées pour favoriser la victime. En dépit de ces dispositions, la position de la partie lésée ne cessait d'être critique, et de Lacretelle, à la fin de l'Ancien Régime, se demandait déjà « si à force de voir dans les crimes une attaque publique, on n'avait pas trop négligé la réparation pécuniaire » (1).

Le droit issu de la Révolution n'a pas porté remède à cette situation. Aucune amélioration n'a été apportée. Quelques-unes des garanties établies par l'ancienne jurisprudence ont disparu. Les autres étaient bien insuffisantes pour donner satisfaction à la personne lésée. Celle-ci ne peut plus désormais avoir qu'un espoir très limité de recouvrer ce qu'elle a perdu. Et, pendant ce siècle, le mal s'est sensiblement aggravé, à mesure qu'a monté le flot de la criminalité. Devant cette marée montante, dont la statistique enregistre annuellement l'effrayante progression, le devoir s'impose au législateur de chercher à l'arrêter et en même temps de permettre aux victimes d'obtenir une juste réparation. Il fallut le grand mouvement pénal de la fin de ce siècle, la tendance vers un plus

____

(1) *Projet de réforme des lois criminelles*. Œuvres de Lacretelle aîné, III, p. 191.

grand usage des peines pécuniaires pour attirer l'attention sur ce point.

Comment a-t-on proposé de résoudre le problème ? C'est ce que nous allons examiner, après avoir constaté l'état du droit actuel.

PREMIÈRE PARTIE

LE DROIT ACTUEL

Le droit, à mesure qu'il se développe, acquiert plus de
précision et plus d'ampleur. Par le travail incessant de la
pratique et de la législation agissant séparément, ou réa-
gissant l'une sur l'autre, grâce aux applications nouvelles
qui se présentent incessamment, grâce à une sourde et
lente transformation de l'esprit public, les idées juridiques deviennent plus nombreuses et plus nettes. L'application pure et simple des idées anciennes amène des résultats choquants, contre lesquels l'esprit public proteste; la
pratique s'ingénie à les éviter, le législateur et la jurisprudence, pour sortir d'embarras, sont obligés de faire
appel à de nouveaux principes, de proclamer plusieurs
règles, de distinguer là où une règle unique s'appliquait,
là où tout était confondu. C'est ainsi que les notions primitives sur la répression ont fait place aux deux idées
nettement séparées du trouble social et du préjudice individuel causés par le délit. Nous distinguons aujourd'hui,
de la façon la plus absolue, les intérêts publics lésés par
le délit et les intérêts privés qu'il a violés, les premiers
donnant lieu à l'exercice de l'action publique, les seconds

donnant lieu à l'action civile. Grâce à la lente évolution de l'Ancien Droit, ces deux actions, d'abord confondues, avaient pris peu à peu une existence particulière, tout en gardant encore entre elles de nombreux points d'attache. L'époque révolutionnaire acheva de les séparer. Le législateur de Brumaire an IV avait affirmé nettement la distinction des actions publique et civile, dès les premières lignes de son Code, le posant ainsi comme une des bases sur lesquelles il voulait faire reposer toute son œuvre. « Tout délit, portait l'article 4, donne essentiellement lieu à une action publique, il peut aussi en résulter une action privée ou civile ».

La législation impériale n'eut garde de rejeter cette distinction de conséquences civiles et des conséquences pénales du délit, de l'action publique pour l'application d'une peine, et de l'action civile pour la réparation du préjudice causé, au cas où un dommage a été produit. La consécration du principe posé d'une façon si nette par le Code de brumaire an IV est affirmée dès le premier article du Code d'instruction criminelle, elle est répétée à nouveau par l'article 10 du Code pénal, d'après lequel, « La condamnation aux peines établies par la loi est toujours prononcée sans préjudice des restitutions et dommages-intérêts qui peuvent être dus aux parties ».

Ce principe, tant répété par les rédacteurs de nos Codes, il en est peu dont ils aient poursuivi l'application avec plus de logique, dont ils aient déduit avec plus de sûreté, affirmé avec plus d'énergie, toutes les conséquences. Si l'on a pu reprocher trop souvent au législateur de ne pas fixer par de grandes vues les maximes générales du droit, de ne pas établir des principes féconds en conséquences, ce reproche, en tous cas, ne saurait s'appliquer ici. Nous sommes en présence d'une idée, dont on a déduit savamment un grand nombre de règles.

L'action publique intéressant la société sera exercée seulement par les représentants de la société. L'action en réparation n'intéressant que la victime ne sera mise en mouvement que par elle.

L'action exercée par le ministère public ne tendant qu'à rétablir l'ordre public troublé n'aura d'autre résultat que l'application d'une peine destinée à amender le coupable et à intimider ses imitateurs possibles. L'action privée, au contraire, n'aura d'autre but que d'obtenir une indemnité, de rétablir le patrimoine du lésé dans son état antérieur, soit directement, soit par équivalent.

Les deux actions engendrées par le délit, différentes dans leur but, le seront aussi souvent par leurs modes d'extinction. L'intérêt social peut être satisfait là où l'intérêt privé ne l'est pas. La peine, si elle donne satisfaction à l'opinion publique, si elle raffermit le sentiment de la sécurité sociale ébranlée, n'apporte aucun secours à la situation pécunaire de la victime. Après comme avant la condamnation, celle-ci est en droit de réclamer des dommages-intérêts pour son patrimoine amoindri, une réparation pour les atteintes qu'elle a souffertes dans sa personne ou son honneur. Inversement, le préjudice privé eut-il disparu, fut-il compensé et au delà par l'indemnité même volontairement offerte par le coupable, le trouble social, quoiqu'amoindri, subsiste. Le mal matériel a bien disparu, mais les instincts pervers qu'il dénote chez son

auteur restent intacts, rien n'a été fait pour les réprimer :
le délit qu'il a commis aujourd'hui, il peut encore le commettre demain ; la réparation même volontaire peut n'être
pas une garantie suffisante d'un repentir sincère et décisif.

De même la mort, qui met fin à l'action publique, la
société n'ayant plus en sa présence personne qu'elle puisse
frapper sans injustice, ne met pas fin à la poursuite de la
partie lésée, pour la réparation à laquelle elle a droit. Si
le délinquant ne laisse personne après lui pour continuer
sa personnalité morale et répondre de ses méfaits, il laisse
des héritiers tenus de ses obligations pécuniaires, comme
ils ont droit de jouir de ses biens et de réclamer le paiement de ses créances. L'action en réparation a donc toute
raison de subsister : elle sera poursuivie contre les héritiers, comme elle l'était contre le défunt (art. 2, Instr.
crim). C'est là, rappelons-le en passant, un progrès sur le
droit romain, où nos deux actions, étant à peu près confondues, les héritiers ne répondaient pas, ou du moins ne
répondaient que dans une mesure restreinte, celle de leur
enrichissement, des délits de leur auteur.

De même encore, l'amnistie, qui éteint l'action publique,
reste sans effet sur le sort de l'action privée. Et, à l'inverse,
la transaction ou la renonciation consenties par la victime
ne mettent pas fin à l'action publique.

A supposer que la théorie admise aujourd'hui en cette
matière, ne fut qu'un stade dans l'évolution du droit, que
la punition des délits et leur réparation pécuniaire, après
avoir été dans une large mesure toutes deux des affaires privées, dussent un jour être toutes deux des affaires
d'intérêt public, à peu près également à la charge de l'État,

comme le veut une théorie nouvelle, on ne saurait contester au droit actuel le mérite de marquer clairement,
entre ce point de départ et ce point d'arrivée, une période
intermédiaire. Nos Codes dussent-ils être bientôt modifiés
sur ce point, ils présenteront du moins sur ces questions
un intérêt historique, comme la manifestation très nette
d'un état du droit où la poursuite et la punition des crimes
constituent exclusivement une matière d'intérêt social, et
la réparation civile de ces mêmes crimes une affaire purement privée, abandonnée aux soins et au bon plaisir de la
victime.

Mais creusons ces notions un peu plus avant et cherchons
à pénétrer davantage la conception du législateur en ce
qui concerne la réparation des délits.

La réparation civile, avons-nous dit, est une affaire purement privée : la victime peut disposer comme elle l'entend de son droit à une indemnité, le céder, y renoncer,
le laisser prescrire. Elle est maîtresse de son droit, elle
peut l'abdiquer ou l'exercer selon ses convenances. Ce
n'est là qu'un des aspects de la loi. La réparation civile
présente encore un autre caractère. Non seulement, c'est
une affaire purement privée, mais la créance en indemnité est traitée comme toute autre créance. On ne lui accorde aucune faveur, parce qu'elle dérive d'un délit pénal.
On traite de la même façon la victime d'un délit et un
prêteur ou un vendeur imprudent. L'un, malgré lui, s'est
trouvé devenir le créancier du délinquant, l'autre a volontairement suivi la foi du débiteur, peu importe, la loi n'en
tient pas compte. Si le débiteur est insolvable, tous deux
subiront la loi du concours, tous deux verront réduire

leurs créances dans la même proportion. Bien différente est l'origine de leurs droits et, cependant, le même traitement leur sera appliqué.

A ce principe cependant une exception est apportée par la loi, et encore est-elle contestée. D'après l'article 55 du Code pénal, les individus condamnés pour un même crime ou un même délit sont tenus solidairement des restitutions et des dommages-intérêts.

Mettons à part cette règle, peu importante comme nous le verrons, l'efficacité de la réparation civile des délits n'est assuré par aucune garantie spéciale. Est-ce l'hypothèque judiciaire ? Elle résulte de tous les jugements. Le droit de poursuivre les personnes civilement responsables ? Il se retrouve aussi pour les simples faits dommageables. Il n'y a pour ainsi dire pas de théorie sur les indemnités dues par les délinquants à leurs victimes, il n'existe qu'une théorie des engagements nés d'actes illicites : celle des articles 1382 et suivants du Code civil, s'appliquant sans modification aux suites des délits pénaux.

Toutefois, il faut faire ici une double exception, le Code civil n'a jamais admis que la réparation civile méritât une faveur particulière, notre droit actuel ne l'admet pas davantage. Mais une idée voisine s'est fait jour depuis trente ans dans notre législation. Un juste sentiment de défaveur contre le débiteur l'a ici pénétrée. Le délinquant, débiteur de l'indemnité, n'a pas été jugé digne de certaines mesures de bienveillance que l'on accorde aux débiteurs en général, en raison de leur bonne foi présumée. C'est ainsi que la contrainte par corps abolie en matière civile et commerciale depuis 1867, a toujours été conservée pour assurer le paiement des restitutions et dommages-intérêts en matière criminelle, correctionnelle et de police. Jugée trop dure à l'égard des autres débiteurs, cette mesure d'exécution n'a pas paru trop rigoureuse à à l'égard de gens, dont les intentions mauvaises ont été constatées. Nous ne sommes pas ici en présence d'une faveur pour le créancier, mais d'une mesure autorisée par la situation du délinquant. Et, en effet, la contrainte autorisée contre l'auteur du délit ne l'est pas contre ses hériritiers. Elle s'exerce contre le coupable lui-même, mais contre personne autre.

La victime d'un délit jouit d'un autre avantage, tout de procédure, mais qui n'est pas sans importance : elle peut poursuivre son action civile en même temps et devant les mêmes juges que l'action publique (art. 3, Instr. crim.). Cette règle, dernier souvenir d'un temps où l'offensé jouait un rôle principal dans la procédure criminelle, n'a pas pour but principal d'assurer plus facilement à la personne lésée la reconnaissance de son droit. Ce résultat est plutôt accidentel et, en tous cas, fort incomplètement obtenu. Le législateur a surtout pensé à créer un auxiliaire pour le ministère public, activant la répression et prenant la parole devant le tribunal en faveur de l'accusation. Ensuite, on a été conduit par ce motif, tout de pratique, qu'il fallait éviter de faire deux procédures, là où une seule était suffisante, éviter d'ouvrir un nouveau débat sur les mêmes faits, lorsque la justice avait déjà en main tous les éléments pour statuer.

Telles sont, brièvement indiqués, les principes qui dominent la réparation du préjudice causé par les infractions aux lois pénales. Ils permettent d'expliquer les principales règles qui la régissent. Si le législateur ne les a pas proclamés d'une façon expresse, il les a admis implicitement, il en a consacré les principales conséquences.

Ces conséquences, ces règles, ont été déjà souvent étudiées dans les différents traités de droit criminel. Notre but ne consistera pas à indiquer, à choisir entre les différentes opinions qui y sont émises, ni à présenter le tableau complet de celles qui paraissent triompher en jurisprudence. Nous chercherons surtout à apprécier, au point de vue des résultats pratiques, les règles imposées par la loi, ou admises par la jurisprudence. Nous verrons comment les règles, tant celles particulières aux délits, pénaux que celles communes à tous les délits, et quasi-délits, assurent la réparation du préjudice causé, et dans quelle mesure.

Nous indiquerons d'abord rapidement dans quel cas, à la suite d'une infraction aux lois pénales, il peut y avoir lieu à une réparation, et en quoi elle consiste. Nous verrons ensuite les garanties attachées à la créance de la victime du délit : 1° Les garanties personnelles : droit de poursuivre les personnes civilement responsables ;

2° Les privilèges, hypothèques, cautionnements, qui peuvent assurer le paiement de la créance;

3° L'emploi de ce mode particulier d'exécution, qu'on nomme la contrainte par corps .

Enfin nous verrons quelles facilités, ou quelles difficultés la victime peut trouver à faire reconnaître son droit en justice, quelles voies lui sont ouvertes, dans quelle mesure elles le sont et pendant combien de temps.

CHAPITRE PREMIER

I

Il est de la nature de tout délit de causer un préjudice social : c'est même là, sinon l'unique raison, du moins un des motifs principaux pour le punir. Un délit qui ne constituerait pas un mal social ne se comprendrait même pas. Punir un pareil fait ne serait jamais qu'un acte de vengeance ou de tyrannie. Le délit constitue, en lui-même, indépendamment de ses résultats matériels, une atteinte à la conscience publique, il choque les sentiments de justice et de morale communs à tous les hommes, et c'est ce qui en facilite et en rend supportable la répression. Mais la société n'est pas un être existant en soi et différent de ses membres, comme une société commerciale existe indépendamment de ses actionnaires. Ce qui cause un trouble social, c'est ce qui cause un préjudice aux divers membres de la société. Le préjudice social résultant du délit, c'est donc un préjudice causé à un grand nombre d'individus. Et, de fait, il est facile de saisir, surtout dans les agglomérations peu nombreuses, où le lien social est moins affaibli, l'émotion que peut susciter un crime ou un délit commis. On n'a jamais pensé que le sentiment de l'insécurité sociale, réveillé par l'acte coupable, put appeler une autre réparation que le châtiment du criminel. Jamais l'on a soutenu que la condamnation infligée par le tribunal jouàt à ce point de vue un rôle insuffisant, que tout citoyen put ici prétendre à une indemnité pécuniaire.

Mais, à l'inverse, et comme à l'autre extrémité de la chaîne, on ne soutiendrait pas que la punition du coupable put constituer une réparation suffisante pour tout le dommage causé par le délit. Il y a des intérêts matériels, des intérêts moraux qui crient satisfaction, même après que le coupable a été puni. Il y a la victime matérielle du délit tout au moins qui demande une réparation spéciale. On ne peut refuser ce qu'elle demande.

Quels sont ces intérêts qui ont droit à une indemnité ? et comment tracer la limite entre les intérêts, suffisamment satisfaits par la condamnation à une peine, et ceux qui réclament encore autre chose après cette condamnation ? C'est ce que nous allons préciser dans une rapide étude sur les conditions de la responsabilité.

L'art. 1382 du Code civil, en posant le principe général de la responsabilité en matière de délits et de quasi-délits implique trois conditions nécessaires pour son existence. Il faut d'abord une faute, c'est-à-dire un acte illicite et imputable à son auteur. Celui qui ne ferait qu'user de son droit, celui qui n'est pas responsable de ses actes ne peuvent être obligés à réparation. Il serait presque contradictoire d'être titulaire d'un droit et de pouvoir être poursuivi pour l'exercice de ce droit. Quant à celui qui n'est pas responsable de ses actes, comme le fou ou l'enfant en bas âge ne pouvant avoir de volonté, il ne peut commettre de faute. Cette première condition, l'existence d'une faute, est commune aux délits civils et aux délits pénaux. Ces derniers, en effet, sont des actes illicites au premier chef, et ils ne peuvent exister qu'autant que leur auteur n'était pas en état de démence au temps de l'action (art. 64. Code pén.) Dès qu'il y a délit pénal, un des éléments de la responsabilité civile existe donc.

La présence des deux autres : un dommage et un lien de cause à effet entre la faute et le dommage ne se rencontre pas nécessairement.

Certains délits tout d'abord ne paraissent pas susceptibles de produire un dommage ; il en est ainsi de certains délits contre la sûreté de l'État : le simple complot ayant pour but de changer la forme du gouvernement (art. 87 Code pén.), le fait, pour un Français, de porter les armes contre sa patrie (art. 75). D'autres infractions peuvent se produire sans causer de préjudice à personne. Il en est ainsi le plus souvent en cas de crime simplement tenté, ou de crime manqué. Il en résulte donc que la question de la réparation civile ne se présente pas pour tous les délits commis, mais seulement pour le plus grand nombre d'entre eux.

Supposons qu'un délit a été commis et qu'il a causé un dommage à un ou plusieurs individus. Quand y aura-t-il dommage de nature à autoriser une demande en réparation ? Il faut pour cela que la personne lésée puisse invoquer une atteinte subie dans son patrimoine, dans ses intérêts moraux ou dans ses intérêts d'affection. C'est un point, sur lequel il n'est pas besoin d'insister, qu'une lésion subie dans le patrimoine donne lieu à une indemnité. La conception la plus matérialiste du droit ne peut se refuser à voir dans toute diminution de notre patrimoine un dommage tel que l'entend l'article 1382. Mais le droit, surtout à notre époque où il a pris une place prépondérante, ne saurait se placer uniquement à ce point de vue terre à terre. Depuis longtemps, on a commencé à tenir compte, en dehors des intérêts patrimoniaux, de deux autres sortes d'intérêts : les intérêts moraux et les intérêts d'affection. Expressions voisines qui semblent cependant différer légèrement : la première désignant principalement l'honneur et la considération, la seconde répondant plutôt des sentiments d'un caractère plus intime et plus variables. A Rome, Papinien disait déjà : *placuit prudentioribus affectus rationem in bonæ fidei judiciis habendam* (1). La doctrine et la jurisprudence moderne se sont avancées dans cette voie qu'avaient indiquée les prudents. Ainsi on admet que la diffamation peut justifier une demande en justice, alors même que la personne diffamée, étrangère au commerce et à l'industrie, ne peut invoquer aucune perte matérielle, ne peut alléguer aucune diminution de son crédit (2). On n'a pas pensé que l'honneur et la réputation devaient être moins protégés que la personne physique et le patrimoine (3).

(1) L 54, 17, I, *Dig*.

(2) V. en ce sens Meynial. Sanction civile des obligations. *Rev. prat.* 1884, II, p. 441.

(3) V. Aubry et Rau, IV, § 445, p. 748. — Larombière, VII, art. 1382, n° 4, p. 538. — Laurent, XX n° 395, p. 415. L'arrêt de Cass. du 19 janvier 1881, que l'on cite en sens contraire, ne tranche pas la question (Sir. 82, 1, 264). — V. aussi Cass., 20 février 1863. Sir. 63, 1, 321, et Poitiers, 1er décembre 1869. Dall., 71, 2, 17

La jurisprudence a même reconnu récemment qu'un électeur, ayant fait la preuve de fraudes qu'un bureau électoral avait pratiquées à l'occasion d'un scrutin, pouvait obtenir des membres du bureau une réparation (1). C'est là une des conséquences dernières de l'application de l'article 1382 en matière de dommage moral, conséquence contestée, mais contre laquelle on ne peut guère donner d'argument décisif.

Quoiqu'il en soit de cette application dernière, c'est un point qui paraît à peu près admis, qu'un parent peut demander une réparation pour la mort de son parent, sans invoquer d'autre motif que l'intérêt qu'il portait au défunt. On reconnaît ainsi le droit d'agir à un père pour la mort d'un enfant en bas-âge en dehors de tout préjudice matériel (2). On admet de même qu'un fils peut demander réparation du meurtre de son père, celui-ci fût-il à sa charge (3). De même des indemnités ont été allouées à des frères et sœurs (4) et même à la mère d'un enfant naturel non reconnu (5) à l'occasion d'un meurtre.

On reconnaît aussi généralement qu'une injure peut donner lieu à une réparation, même pour des personnes

---

(1) Montpellier, 10 nov. 1894, *Gaz. Palais*, 25-26 novembre 1894. V. sur cet arrêt Laborde. *Revue critique* 1895, p. 169 et Sir. 96, 2, 201.

(2) V. Bordeaux, 30 novembre 1881. Sir., 82, 2.183. P. 82, 1, 920. L'arrêt ajoute, il est vrai, qu'ils pourraient entrevoir un soutien pour l'avenir. Motif contestable, car c'est là un préjudice tout à fait éventuel.

(3) V. Aubry et Rau, IV, § 445, p. 748. Faustin Hélie, II, p. 353.

(4) V. Laurent, XX, n° 534, p. 578. — Bourges, 16 décembre 1872. Dall., 73, 2, 197. — Lyon, 18 mars 1865. Sir., 65, 2, 258. P. 65, 957.

(5) Paris, 16 novembre 1871. Dall., 72, 2, 62.

qui n'ont pas été directement injuriées. Ainsi, le père de famille peut poursuivre, devant les tribunaux, l'auteur d'une injure faite à sa femme ou à ses enfants (1).

Cependant, la jurisprudence reste encore bien incertaine en toutes ces matières, souvent les arrêts n'osent pas affirmer le droit à une réparation pour un dommage moral : ils accordent bien une indemnité, mais ils cherchent à l'étayer par d'autres motifs, ils invoquent un préjudice matériel même très contestable (V. notamment Toulouse, 27 juin 1864. Sir., 64. 2. 155).

Quelqu'étendus que soient les cas de réparation admis par la doctrine et la jurisprudence pour protéger les particuliers. ils ont pourtant une limite. Les auteurs et la jurisprudence ont toujours exigé que l'intérêt lésé fut un intérêt sérieux. Ils se sont toujours refusés à s'avancer sur une pente qui les mènerait forcément, à propos d'un délit quelconque, à reconnaître une action à peu près à tout le monde, ce qui est manifestement inadmissible (2).

D'après les exemples que nous avons donnés, il ressort que les personnes qui ont droit à une réparation ne sont pas uniquement celles qui sont les victimes directes, maté-

____

(1) V. Aubry et Rau, IV, § 445, p. 749. — Rauter, *Droit criminel*, II, 686. — Colmar, 3 mars 1810. Sir., 10, 2, 233. — *Contra* Chassan, *Délits de la parole*, II, p. 72. — Voyez sur ces points Larombière, VII, art. 1382, n°, 4 p. 538 et n° 36, p. 566. — Demolombe, XXXI, n° 671 et suiv., p. 575. — Chausse. L'intéret d'affection, *Rev. crit.* 1895, p. 436. — Note dans Dall., 72, 2, 97. Sir., 82, 4, 9. Cass. belge, 17 mars 1881. Cass., 20 novembre 1863. Sir., 63, 1, 321. -- Bruxelles, 13 janvier 1890. Sir., 90, 4, 23. P. 90, 2, 40.

(2) Cass., 25 janvier 1878. Sir, 78, 1, 389. — V. de même Cass., 15 juin 1894. Sir, 94, 1, 430. — Cass., 25 nov. 1882. Sir., 83, 1, 141, — *Contra* Douai, 19 mai 1845, cité en note.

rielles du délit. Le mari, qui poursuit l'auteur d'une injure faite à sa femme, le parent qui poursuit le meurtrier de son parent, avant même d'avoir accepté ou renoncé à sa succession (1), ne poursuivent pas un préjudice à eux causé directement. Le préjudice n'est ici qu'indirect, il n'arrive, pour ainsi dire, que par ricochet. Cependant, il n'y a aucun doute que celui-ci ne donne lieu à réparation. L'article 1382 est assez large dans ses termes, pour que l'on n'ait pas à s'attacher à ce point de vue étroit, qui considère seulement la personne frappé directement. Le cercle des personnes qui, pour un délit, peuvent demander réparation se trouve ainsi singulièrement vaste.

Mais la troisième condition dont nous ayons à parler apportera à la règle précédente une restriction nécessaire. Il faut un lien étroit entre le délit qui a eu lieu et le préjudice constaté. Cela ressort avec évidence des termes même de l'article 1382, « Tout fait quelconque de l'homme qui cause à autrui un dommage ». Le dommage doit être l'effet direct, nécessaire du délit. Il faut qu'au moment du délit, ce dommage fut fatal, inévitable ; non point qu'il fut un des éléments qui y ont contribué avec beaucoup d'autres. La jurisprudence nous offre un exemple qui met cette idée pleinement en lumière. A la suite d'un meurtre, un individu soupçonné avait été arrêté et mis en prison préventive. Ensuite le véritable auteur fut découvert et poursuivi. L'individu soupçonné à tort fut remis en liberté et il prétendit se porter partie civile contre le meurtrier. Cette prétention fut repoussée et avec raison.

(1) V. sur ce point Bordeaux, 5 avril 1852 Sir., 52. 2, 421.

Il y avait bien un crime, un dommage arrivé à la suite du crime, mais il n'y avait pas entre eux un lien suffisant. En l'absence du crime, le demandeur n'aurait pas éprouvé le préjudice qu'il avait souffert, mais la cause de ce préjudice n'était pas le crime même, il n'en était que l'occasion. La cause véritable était l'erreur commise par les magistrats qui avaient ordonné son arrestation.

Telles sont les indications qu'il nous a paru nécessaire de donner tout d'abord sur le dommage résultant des délits. Bien que très rapides, elles suffisent à donner un aperçu des cas nombreux. où il peut y avoir lieu à une réparation, à la suite d'une infraction aux lois pénales.

II

Par qui peut être exercée l'action en réparation ? Cette action, comme toute autre action en justice, peut être exercée, soit par le titulaire primitif, soit par ses hériters ou un cessionnaire, soit enfin par leur créanciers, en vertu de l'article 1166 du Code civil.

Tant que l'action en réparation resta à demi confondue avec celle de vengeance, la victime elle-même put seule demander une satisfaction à son agresseur. L'offensé seul pouvait réclamer ce qui lui était dû, demander la réparation de l'injure commise à son égard (1). Mais lorsque les deux éléments confondus dans la poursuite se furent peu à peu séparés, que la peine eut pris son carac-

(1) Toutefois en droit germanique, il en fut autrement, la famille étant solidaire pour recevoir comme pour payer le wergeld.

tère propre, la réparation suivit alors le sort de toute autre créance. L'offenseur ne se trouva plus libéré par la mort de sa victime. La demande d'indemnité put être présentée par l'héritier, comme elle pouvait l'être par son auteur. Ce droit passa sur sa tête, comme tout autre ayant appartenu au défunt. Cette transformation, que le droit romain vit s'accomplir, est depuis longtemps terminée. L'évolution est arrivée depuis longtemps à sa fin. Héritiers, créanciers, cessionnaires, tous peuvent, au nom de la victime, demander une indemnité. Une exception existe toutefois : la réparation des délits portant atteinte à l'honneur ne peut être demandée que par l'offensé lui-même. Cela s'explique par le caractère essentiellement personnel du dommage causé.

C'était déjà la doctrine de notre Ancien Droit, rien ne prouve que le droit nouveau ait entendu s'en écarter. Si la personne diffamée s'est abstenue d'agir, ses héritiers ne peuvent exercer la poursuite en son nom, on présume qu'elle a entendu renoncer à son droit. D'ailleurs, la loi sur la presse du 26 mai 1819 (art. 5), et celle du 29 juillet 1881 (art. 47 et 60), en exigeant pour la poursuite « la plainte de la personne diffamée ou injuriée », confirment cette interprétation.

La jurisprudence paraît même adopter des principes identiques lorsqu'il s'agit d'une atteinte causée à la personne physique. Si les héritiers ne peuvent pas prouver qu'ils ont personnellement éprouvé un dommage : par exemple, que le meurtre de leur auteur les laisse sans ressources, elle n'admet pas qu'ils puissent exercer une action au nom du défunt, ils ne peuvent agir à titre d'héritiers (1).

Quant aux cessionnaires, la jurisprudence leur reconnaît le droit d'agir en y apportant toutefois une restriction : elle n'admet qu'ils puissent user du droit de citation directe devant les tribunaux répressifs qui appartenait au cédant. Elle s'appuie sur les textes des art. 63 et 182, Instr. crim., qui n'ouvrent la voie criminelle qu'à « celui qui se prétendra lésé par un crime ou délit ». Elle ajoute que le droit de mettre en mouvement l'action publique ne peut faire l'objet d'un trafic (2). Cette théorie concorde évidemment avec l'esprit un peu étroit du droit actuel vis-à-vis de l'action civile, on peut même ajouter qu'en fait ces cessions ne seront pas toujours très dignes de faveur. Pourtant il vaudrait peut-être mieux ouvrir plus largement la voie répressive au cessionnaire. Qui sait si la poursuite des délits par les associations, qui paraît vouloir prendre chez nous quelque essor, n'y trouverait pas son compte ? Ne pourrait-on, au prix de quelques inconvénients, y trouver de grands avantages ? En tous cas, c'est une question de législation plus que de droit : la jurisprudence paraissant s'être ici conformée à l'esprit de la loi.

III

Il s'en faut de beaucoup que la société puisse offrir à ses menbres des modes de réparation aussi variés et aussi

(1) V. *Revue critique*, 1894, p. 25. Examen doctrinal de M. Laborde et les décisions par lui citées.

(2) V. Trib. de la Seine, 14 avril 1889, dont les motifs sont rapportés avec des observations de M. Gardeil. *Rev. critique*, 1890, p. 100 — Cass., 23 fév. 1897. *Pand. Franç.*, 1897, 1, 449.

nombreux que les moyens employés par les délinquants pour leur nuire. Les diverses manières de nuire à autrui sont innombrables, les diverses façons de réparer le mal sont, au contraire, en très petit nombre. En dehors des indemnités pécuniaires, la réparation ne peut revêtir que des formes peu nombreuses que nous allons indiquer.

Les articles 226 et 227 du Code pén. prévoyaient qu'en cas d'outrages adressés à des magistrats ou à diverses autres personnes revêtues d'un caractère public, il pouvait y avoir lieu à une réparation d'honneur. Cette réparation, qui pouvait se faire soit à l'audience, soit par écrit, était un souvenir d'une très vieille institution qui remonte au moins au xiiie siècle (1). Devenue d'une application très rare dès la fin de l'Ancien Régime, disparue en 1791, elle fut reprise en 1810, mais elle était complètement tombée en désuétude, lorsque la loi du 28 décembre 1894 l'a abrogée (2). Quoiqu'elle constituât une peine, c'est-à-dire qu'elle eut lieu d'office et même malgré l'opposition de la personne outragée, si le tribunal l'ordonnait, elle produisait cependant les effets d'une réparation civile. Son rôle était d'ailleurs restreint (3), la réparation d'honneur ne pouvant s'appliquer que dans les cas expressément visés par les textes. C'est ce que la Cour de Cassation

(1) V. Cauvet: *Droit criminel de la Normandie au XIIIe siècle*. *Rev. Wolowski*, t. 42, p. 265.

(2) V. *Annuaire de législation française*, 1894, p. 115. Notice de M. Dufourmantelle.

(3) Cass., 28 mars 1812, 8 juillet 1813, 20 juillet 1812. — Aubry et Rau, IV, § 445, p. 749, note 8. — Merlin, *Rep.* v° *Réparation d'honneur.* — Larombière, VII, art. 1382, n° 27.

avait reconnu de tout temps. C'est ce qu'il serait impossible de contester depuis 1894.

Ce moyen de réparation étant écarté, il ne reste plus guère, pour les intérêts moraux et les intérêts d'affection, que deux moyens de réparation : la publicité donnée au jugement et une indemnité pécuniaire.

La publicité des jugements peut intervenir dans différentes hypothèses. Elle intervient d'abord à la suite des condamnations à des peines criminelles (art. 36, Code pén.), elle est alors une peine accessoire. Elle peut intervenir d'office à la suite d'une décision du tribunal. La jurisprudence s'est fondée pour admettre ce droit sur l'article 1036 Proc., qui autorise les tribunaux « à prononcer même d'office des injonctions, supprimer des écrits, les déclarer calomnieux et ordonner l'impression et l'affiche de leurs jugements ». Elle en a conclu que les tribunaux pouvaient toujours prescrire des mesures pour publier leurs décisions, « comme une réparation du scandale causé par le fait de la partie condamnée » (1). On peut contester que cette extension soit conforme à l'esprit de l'article 1036, qui paraît viser simplement les cas où des actes de procédure calomnieux ont été produits. Quoiqu'il en soit, — et nous rentrons ainsi dans l'objet même de notre étude, — il se produit une conséquence intéressante : les juges pouvant ordonner l'impression et l'affiche de leur jugements dans toutes les circonstances où elle leur paraît utile, il pourra en résulter une réparation pour la victime du délit.

____

(1) V. Cass., 16 mai 1873. Sir., 73, 1, 235 et le rapport de M. Requier.

La mesure en elle-même ne constitue pas une réparation, cela est certain, néammoins elle pourra avoir pour effet direct de réparer le mal du délit. Et cette réparation se produira d'office : sans requête, sans intervention de la partie lésée.

L'insertion du jugement dans les journaux, ou son affichage, peuvent encore revêtir un troisième caractère. Elle peuvent constituer une réparation civile, ordonnée sur la demande de la partie lésée, et faite aux frais du délinquant. Ce caractère se dégage si nettement que les juges d'appel, étant saisis par l'appel du ministère public seul, la disposition du jugement ordonnant des insertions dans les journaux subsiste (1). Ce mode de réparation s'emploie naturellement au cas de diffamation et d'autres délits semblables. Mais les tribunaux l'ont étendu bien au-delà de son champ d'application naturel : notamment aux infractions à la police des chemins de fer (2). C'est, en réalité, plutôt une mesure d'intimidation pour des contrevenants possibles, qu'une façon d'indemniser les Compagnies elles-mêmes.

Comme la publication des jugements, la confiscation peut jouer parfois le rôle de réparation civile. Le plus souvent, elle constitue une peine : lorsqu'elle s'applique au corps ou au produit du délit (art. 11, Code pén.). Parfois, c'est une mesure de police, si elle s'applique à des objets nuisibles ou dangereux. Elle ne constitue une réparation civile que

(1) V. Cass., 23 oct. 1812. Sir., IV, p. 204.
(2) V. Paris, 7 mai 1890, Sir., 90, 2, 171. — Douai, 25 novembre 1890. Sir. 91, 2, 61. — Paris, 15 décembre 1896.

dans des cas exceptionnels. Ces cas se rencontrent dans les délits concernant la propriété intellectuelle.

Il en est ainsi dans les procès pour contrefaçon de produits littéraires ou artistiques (art. 427 et 429, Code pén.), d'objets brevetés (art. 49 de la loi du 5 juillet 1844), pour marque de fabrique frauduleusement apposée (art. 7 et 8 de la loi du 23 juin 1857). Tantôt obligatoire, tantôt facultative, la confiscation existe au profit de la victime du délit. Les objets contrefaits qui, d'après les principes généraux auraient dû être confisqués au profit de l'État, comme produits du délit sont remis sur l'ordre du tribunal à la personne lésée qui peut y trouver, et au-delà, de quoi compenser les pertes que le délit de contrefaçon lui a infligées. Cette mesure présente un certain intérêt, tant au point de vue pratique qu'au point de vue théorique. La réparation s'offre ici sous une forme intéressante et efficace.

On obtient, de cette façon, une indemnisation, tout au moins partielle de la personne lésée, en lui remettant des objets qui, autrement, seraient passés à l'État, à titre de produits du délit. Les lois sur la propriété intellectuelle que nous venons d'étudier, ont inauguré un mode particulier de réparation civile, en diminuant les droits de l'État. Nous aurons plus loin à examiner si ce mode exceptionnel de réparation, ne pourrait pas être généralisé, s'il n'y aurait pas là un moyen en présence de malfaiteurs insolvables d'assurer parfois la réparation due à la partie lésée.

Ces différents cas de confiscation présentent encore un trait intéressant en ce que la victime du délit obtient ainsi une indemnité sans frais, sans aucune demande de sa part, alors même qu'elle ne s'est pas constituée partie civile. Enfin, par l'application des règles que nous venons d'énoncer, la victime du délit peut recevoir et au-delà la valeur du préjudice subi. Ce préjudice pourra être très minime, et cependant elle aura droit à tous les objets confisqués, leur valeur fut-elle considérable. Mais cette attribution est loin de constituer un forfait d'indemnité pour la partie lésée. Celle-ci peut toujours obtenir de plus amples dommages-intérêts: la loi lui réserve formellement ce droit (art. 49, loi de 1844, et 14, loi de 1857).

En dehors de ces formes spéciales que peut revêtir la réparation du dommage causé par le délit et dont l'application est un peu exceptionnelle, la satisfaction accordée à la partie lésée prendra ordinairement la forme d'une restitution ou d'une indemnité pécuniaire.

La restitution consistera le plus souvent dans la remise de possession d'un objet détourné par le délinquant, en cas de vol ou d'escroquerie. Cette restitution est pure et simple ; dans un cas cependant, elle peut n'être faite qu'à charge de représenter les objets restitués, lorsqu'elle est faite à la suite d'un arrêt de contumace (art. 474. Instr. cr).

La restitution ne consiste pas seulement dans la remise d'objets à leur propriétaire : il y a restitution, dès qu'il y a rétablissement de l'état de choses antérieur au délit : si l'on ordonne la destruction de plantations ou de constructions faites sur le terrain d'autrui, l'annulation d'actes extorqués, la suppression d'actes faux, la réintégration à la masse des valeurs distraites par le failli (1).

____

(1) V. Garraud, II, no 14, p. 19. — Thiry, *Droit criminel*, no 371.

Ces divers actes ordonnés par le tribunal ne constituent pas, à proprement parler une réparation du dommage. Ils empêchent le mal causé par le délit de continuer à produire ses effets. Si le tribunal ordonne la remise de la chose qui m'a été volée, ils ne supprime pas le dommage qui m'a été fait, il empêche ce dommage de se continuer dans l'avenir. J'ai pu, entre temps, avoir eu à souffrir de la privation de mon bien. De la sorte, la restitution qui, au premier abord semblerait aboutir à une réparation *adequate* du délit, n'aboutit souvent qu'à un résultat imparfait. D'où la nécessité, dans certains cas, d'attribuer en outre à la victime des dommages-intérêts, c'est le cas formellement prévu par l'article 51 du Code pénal. D'après cet article, lorsqu'il y a lieu à restitution, le coupable peut être condamné en outre à une indemnité envers la partie lésée, si elle le requiert. Quoique imparfaites, les restitutions sont un moyen de réparation très utile, car elles ont lieu d'office, sans frais par conséquent pour la personne lésée, ce qui n'a pas lieu, nous le verrons, pour les indemnités pécuniaires.

On peut rapprocher des restitutions un droit reconnu par la loi sur la presse, qui joue quelquefois un rôle analogue. Nous voulons parler du droit de rectification et de réponse reconnu aux personnes désignées dans un article de journal par les articles 12 et 13 de la loi du 29 juillet 1881. Dans ce cas, il y a un moyen extra-judiciaire, pour une personne diffamée, d'empêcher le dommage à elle causé de se continuer, un moyen en quelque sorte de le tuer dans le germe, comme la restitution est un moyen pour empêcher le préjudice résultant du délit de se continuer. Une personne attaquée dans son honneur, par exemple, trouvera là un moyen rapide et commode pour arrêter le mal produit par la diffamation, avant même que les tribunaux n'aient été saisis de sa poursuite.

Le plus souvent, la réparation revêtira pour la partie lésée la forme d'une indemnité pécuniaire : elle consistera dans une somme d'argent allouée à la victime. Les tribunaux ayant, à cet égard, pleine liberté, ils pourront tantôt accorder une somme d'argent une fois pour toutes, tantôt attribuer à la victime une pension viagère ou temporaire (1). Cette indemnité peut intervenir dans tous les cas, qu'il y ait ou non restitution : il n'y a pas à s'arrêter à la rédaction défectueuse de l'article 51 du Code pénal qui semble exiger qu'il y ait une restitution pour qu'il y ait lieu à des dommages-intérêts. Elle peut aussi intervenir, quelque soit l'intérêt lésé : intérêt matériel ou moral. Il est vrai que dans ce second cas, elle constitue une satisfaction imparfaite, en mauvaise harmonie avec le mal tout intellectuel qu'il s'agit de faire disparaître. C'est même là un des grands arguments sur lesquels on s'est fondé pour écarter l'intervention des tribunaux dans ces matières. Argument qui n'a pas été admis, parce qu'après tout, il se fait une sorte de compensation entre la souffrance éprouvée et la jouissance accordée.

Quelles règles doivent être appliquées par les tribunaux, pour le montant des dommages-intérêts ? A lire l'article 51 du Code pénal, les juges jouiraient, en cette matière, d'un

____

(1) V. Larombière, VII, art. 1382, n° 27, p. 557. — Laurent, XX, n° 533, p. 576.

pouvoir absolument arbitraire. En réalité, il n'en est rien. Cette rédaction s'explique historiquement, il y a là l'abrogation d'une règle exceptionnelle qui dura de 1810 à 1832, rien de plus. D'après cette disposition, l'indemnité ne pouvait être inférieure au quart des restitutions, le nouvel article 51 a eu pour but unique de la faire disparaître. Désormais, il ne pourra plus y avoir lieu à pourvoi en Cassation pour appréciation inexacte de l'indemnité due, voilà tout. Mais les juges n'en doivent pas moins tenir compte de certains principes rationnels autant que légaux : ils devront mesurer l'indemnité sur la perte et le manque de gain éprouvés. Ils doivent accorder réparation (art. 1382 C. civ.), mais ils ne peuvent, sous ce prétexte, procurer un enrichissement à la victime.

Dans quelques cas, cependant, la loi établit un minimum au-dessous duquel les dommages-intérêts ne peuvent jamais descendre. Nous ne citons que pour mémoire l'ancien art. 51 du Code pénal, modifié depuis longtemps déjà. Plus récemment, en 1884, a disparu la loi du 10 vendémiaire an IV, loi fameuse, qui accordait des droits spéciaux aux victimes de délits commis par des attroupements. L'indemnité due, en ce cas, par les communes, ne pouvait être moindre que la valeur entière des objets pillés ou enlevés (titre V, art. 6).

Aujourd'hui encore, il subsiste quelques textes du même genre, les articles 117 et 119 du Code pénal, qui, en cas de détention illégale ou arbitraire, prescrivent que l'indemnité due pour chaque jour de détention ne pourra, en aucun cas, être moindre de vingt-cinq francs. De même, l'article 202 Instr. cr. ne permet pas, en matière forestière, d'adjuger

des dommages-intérêts inférieurs à l'amende fixée par le
jugement. Enfin l'article 71 de la loi du 15 avril 1829, sur la
pêche, reproduit des dispositions identiques. N'insistons
pas davantage sur ces règles exceptionnelles, explicables
seulement par une idée de pénalité admise quelquefois
par le législateur. Il y a là le reste d'une forme primitive
de la répression, des règles plutôt appelées à disparaître
qu'à s'étendre.

Les droits accordés à la partie lésée sont-ils suffisants
abstraction faite des difficultés pour les exercer ?, Peut-on
soutenir qu'en face d'un délinquant solvable, cas malheureusement trop rare, la victime peut obtenir une
satisfaction suffisante ? On peut, sans hésitation, répondre
que oui. Les tribunaux tiennent compte des différents
intérêts auxquels le délit a pu porter atteinte. Intérêts
matériels et moraux ont reçu d'eux une égale protection.
Les tribunaux hésitent parfois trop à accorder une indemnité pour un dommage moral, cela est possible. Néanmoins, la personne lésée a droit à la réparation intégrale
à elle causée, et cela quel que soit la nature de ce préjudice.

Ainsi compris, les droits théoriquement reconnus à la
victime, comme réparation civile, nous paraissent répondre complètement aux besoins de la pratique. D'autres
législations ont autrement compris la situation de la victime, au point de vue des sommes d'argent qu'elle peut
obtenir. C'est ainsi que le Code pénal allemand admet
l'existence d'amendes au profit de la partie lésée (1).

(1) Ces amendes se nomment *Busse*, v. art. 186 et 187. *Code pénal
allemand*.

Nous aurons à comparer cette conception avec la nôtre. Nous voulons simplement indiquer, pour le moment que, l'idée seule de réparation étant admise, elle nous paraît avoir été appliquée de façon satisfaisante par les tribunaux, ceux-ci nous paraissent en avoir usé pour accorder à la victime les plus larges droits.

Les positivistes italiens, enclins à dénigrer ce qu'ils nomment « les lois protectrices du crime », ont reproché aux magistrats de se limiter « à compenser très strictement la perte subie par le demandeur au cas de coups donnés, d'exiger les notes du médecin et du pharmacien, de donner simplement l'ordre de les payer, toute autre prétention leur paraissant exagérée » (1). Nous ne savons quelle est, à cet égard, la jurisprudence italienne, mais; pour notre pays, pareille critique nous semble exagérée. On pourrait citer de nombreux arrêts qui répondent péremptoirement aux affirmations que nous venons de citer (2).

(1) Garofalo. Ripparazione alle vittime del delitto (Turin. 1887), p. 4.

(2) V. Besançon, 6 juillet 1892. Sir., 94, 2, 94.

CHAPITRE II

La loi et la jurisprudence reconnaissent aux victimes des délits le droit à une réparation suffisamment étendue. Malheureusement, il s'en faut de beaucoup que la personne lésée obtienne en fait ce à quoi elle aurait droit. Une procédure onéreuse, l'insolvabilité véritable ou dissimulée du défendeur rendent en pratique ses poursuites impossibles ou vaines. Elle se trouve le plus souvent obligée à des frais relativement importants, ayant peu de chance de jamais les recouvrer, et encore moins de toucher l'indemnité qui lui est due.

Avant de développer ces critiques, de prouver leur exactitude et de chercher les moyens d'y remédier, montrons les garanties attachées à la créance de la personue lésée, étudions les mesures de protection établies pour elle, les facilités dont elle jouit, réservant pour la suite l'étude des obstacles qu'elle rencontre. Indiquons tout d'abord contre quelles personnes la victime du délit peut poursuivre son dû. Examinons les sûretés personnelles que la loi a assurées à la victime. Voyons contre qui, dans quel cas et dans quelle mesure, la personne, ayant souffert un dommage, peut diriger son action.

Nous rencontrons ici deux ordres de personnes placées sur des plans différents, exposés tous deux, mais dans une mesure inégale, aux poursuites de la victime. Au premier plan, les auteurs, co-auteurs et complices du délit ; au second, les personnes civilement responsables. Deux classes de débiteurs qu'il importe de distinguer. Nous allons les étudier successivement.

I

A toute infraction portant préjudice matériel ou moral à autrui, correspond une obligation civile de le réparer. Cette obligation ne pouvait frapper personne plus justement que les divers co-participants du délit. Tombant sous le coup de la justice pénale, de celle qui demande le plus de conditions pour condamner, ils ne pouvaient échapper à la justice civile, qui se contente d'une faute pour rendre responsable. Les divers co-participants du délit peuvent donc être poursuivis par la victime en paiement de l'indemnité. C'est ici qu'intervient une règle importante posée par l'article 55 du Code pénal. D'après cet article, « tous les individus condamnés pour un même crime ou un même délit sont tenus solidairement des restitutions et dommages ».

Quelle est la portée de ce texte ? Rien n'est plus controversé. Pour les uns, son effet serait limité. La victime pourrait réclamer le tout à chacun des délinquants, mais à cela se bornerait l'effet de la loi. Aucune des autres règles qui caractérisent l'obligation solidaire ne se retrouverait ici. La solidarité visée par le texte ne serait pas la solidarité visée par le Code civil, ce ne serait qu'une solidarité tronquée, incomplète, pour mieux dire, imparfaite.

Mais la jurisprudence s'est orientée ici de toute autre façon. Elle déclare qu'il y a ici « solidarité ». C'est ce que soutient avec elle une partie de la doctrine. Pour elle, la solidarité dont la loi parle ici serait, semble-t-il, la solidarité telle qu'elle est réglée par le Code civil. Non seulement chacun des codélinquants peut être obligé à payer le tout, mais les autres effets de la solidarité ordinaire se produisent sans exception. La mise en demeure de l'un des débiteurs, l'interruption de prescription produisent ici les mêmes conséquences que s'il s'agissait d'une dette solidairement contractée.

Cette opinion, la plus favorable à la victime du délit, paraît aussi être la plus juste. Elle donne au texte son sens le plus naturel. Il est impossible en effet, d'expliquer que le Code ait pu employer ici le mot solidarité pour désigner quelque chose dont il n'aurait nulle part réglé les effets. Dans toutes nos lois, on ne parle que d'une seule espèce de solidarité. Ce ne peut-être que de celle-là, dont l'article 55 a ici parlé.

Sans vouloir épuiser la discussion sur ce sujet, notons simplement que l'argumentation présentée en sens contraire n'est nullement décisive. On a prétendu qu'il n'y avait pas ici ce mandat réciproque, cette société entre les débiteurs qui est à la base de la solidarité, que la solidarité ne pouvait, par conséquent, exister. Cette raison ne peut être convaincante. Quelque soit la valeur de cette explication courante de la solidarité, peut-on écarter un texte formel ? La loi, d'ailleurs, n'est-elle pas libre d'admettre la solidarité là où elle veut ? Il y a eu en fait une société entre les co délinquants, cette société qui a produit ses effets contre la victime, pourquoi ne pas les lui faire produire en sa faveur, unir les coupables dans la réparation, comme ils l'ont été dans le mal ?

Ce principe de la solidarité étant admis, et dans la pratique, il ne fait plus de doute (1), il faut en déterminer la sphère d'application.

La solidarité s'applique-t-elle au cas de délits connexes ? Les auteurs de délits accomplis en vertu d'un concert formé à l'avance, ou commis dans le but de se faciliter l'un l'autre, sont-ils responsables chacun solidairement de toutes les conséquences des divers délits ? La jurisprudence a depuis longtemps répondu par l'affirmative (2). Cette opinion paraît, en effet, la meilleure : la connexité, qui existe entre les délits, rend les auteurs de l'un en quelque sorte complices des autres auxquels ils n'ont pas directement pris part. Il est de toute justice de leur en faire supporter tout au moins les conséquences civiles.

Se conformant à l'intention du législateur, qui a voulu assurer un recours efficace aux victimes des crimes et délits, les tribunaux ont reconnu, avec raison, que la participation de plusieurs à un même délit une fois cons-

_____

(1) V. Cass., 1er décembre 1868. Sir., 69, 1, 354. — Cass., 5 avril 1895. Sir., 95, 1, 428. Cass., 26 juin 1894. Sir., 96, 1, 167, cf. Blanche, I, nos 409 et suiv., p. 498.

(2) Cass., 5 avril 1895. Sir., 95, 1, 428. — Cass., 9 mars 1889. Sir., 90, 1, 373, cf. Chauveau et F. Hélie, I, no 154. — Blanche, I, no 420.

tatée, il devait y avoir solidarité. C'est ainsi que l'on a reconnu l'existence de la solidarité, même en dehors de toute disposition contenue dans le jugement. C'est d'ailleurs ce qui paraît implicitement consacré par le texte de l'article 55. En outre, cette interprétation ressort de la comparaison de cet article avec l'article 52 qui, employant une formule analogue au sujet de la contrainte par corps, a toujours été interprété comme entraînant de plein droit ce mode d'exécution (1).

De même la jurisprudence, pour donner à l'article 55 toute sa portée, a reconnu son application même devant les tribunaux civils, statuant sur les dommages-intérêts dûs pour le délit (2). D'ailleurs, admettre le contraire serait consacrer une distinction injustifiable. La solidarité existe de plein droit, elle est attachée à la créance de la victime dès le jour du délit, celle-ci ne saurait être moins bien garantie parce que son existence est reconnue par telle juridiction plutôt que par telle autre.

Enfin, la tendance générale paraît bien être d'appliquer l'article 55, sans distinguer si les coparticipants du délit ont été condamnés par le même jugement. En ce qui touche notre question, le doute ne nous semble guère possible, étant donné notre point de départ. La solidarité existant de plein droit, dérivant de la nature de la créance et étant simplement constatée par le jugement, chaque codélin-

(1) Cass., 19 juillet 1855. Sir., 55, 1, 861. — Cass., 18 octobre 1821. Dall. V° *Obligations*, n° 1475. — Cf. Blanche, I, n° 428, p. 477.

(2) Cass., 23 décembre 1818. Sir., 19, 1, 278. — 1er décembre 1825. — *Contrà*, Paris, 18 février 1837. Sir., 37, 2, 482. Dall., 37, 2. 115. Cf. Blanche, I, n° 425. — Sourdat, I, n° 163. Dall. V° *Responsabilité*, n° 81.

quant est responsable de toute la réparation, sans qu'il y ait à distinguer si d'autres personnes ont pu être condamnées avant pour le même fait ou le seront après. « Il serait par trop singulier, comme on l'a fait remarquer, que l'un des coupables put, en retardant sa condamnation, paralyser l'action de la loi ». Certains auteurs, cependant, semblant croire que la solidarité dérive du jugement, n'admettent pas qu'un des auteurs puisse être tenu des condamnations prononcées dans la suite contre les autres (1). Mais, leur point de départ étant en opposition avec le texte formel de la loi, la conséquence doit être abandonnée avec lui. La solidarité dérivant de la loi existe en dépit de toutes les complications de procédure qui peuvent se présenter.

La loi ne parle de solidarité que pour les auteurs d'un même crime ou délit, elle est muette pour le cas de contraventions commises par plusieurs, aussi, lorsqu'il s'agit de ces infractions, la jurisprudence semble reconnaître qu'il n'y a pas solidarité de plein droit. Elle se fonde avec raison sur le texte de l'article 55 du Code pénal comparé avec la loi des 19-22 juillet 1791 (art. 42, titre II) dont le texte visait directement les contraventions, et édictait la solidarité entre leurs auteurs (2). Il en résulte donc que les dom-

---

(1) V. Carnot, art. 55, n° 10. Sourdat, I, n° 156, p. 157. — *Contrà*, Larombière, III, art. 1202, n° 20. Blanche, I, n° 431, p. 581. — Villey, en note sous Chauveau et Helie, I, p. 236. — Cf. Chauveau et Helie qui n'admettent jamais de solidarité s'il y a plusieurs jugements, I, n° 135, p. 236. — V. Lyon, 5 janvier 1821. Dall. V° *Obligation*. n° 1475, au cas de responsabilité pour les condamnations prononcées antérieurement.

(2) Cass., 9 avril 1869. Sir., 70, 1, 229. — *Contrà*, Duranton, XI, n° 194.

mages-intérêts résultant de contraventions suivent les
mêmes règles que s'ils résultaient de simples quasi-délits.
Mais quelles sont ces règles ? La jurisprudence est loin
d'être nette, la doctrine l'est moins encore. Les tribunaux
semblent bien reconnaître qu'il y a « solidarité » au cas
où la responsabilité ne peut être divisée, où le préjudice
résulte d'un acte commun (1). Et pourtant, peut-on se fier
absolument à ces décisions, quand on lit, dans les arrêts,
des considérants comme celui-ci : « Ceux qui ont commis
un délit ou un quasi-délit sont tenus solidairement de
réparer le dommage qu'ils ont causé » (2).

La doctrine est plus obscure encore que la jurisprudence. Chaque auteur semble avoir son système. Cependant, trois courants distincts semblent se faire jour :
les uns admettraient qu'il peut y avoir, en pareil cas, une
solidarité parfaite, semblable à celle des articles 1200 et
suivants du Code civil (3). D'autres, au contraire, admettraient qu'il n'y a là qu'une solidarité imparfaite, une
obligation *in solidum*, permettant au créancier de réclamer le tout, mais ne créant pas cette sorte de société tacite, de mandat réciproque sur laquelle repose la solidarité (4). D'autres enfin n'admettraient pas que le créancier
put toujours demander le tout à l'un des codébiteurs : il

(1) Cass., 12 fév. 1879. Sir., 79, 1, 217. — Cass., 28 mai 1889.
Sir., 90, 1, 9 et la note. — Cass , 11 juillet 1892. Sir., 92, 1, 508.
— Cass., 17 octobre 1894. Sir., 95, 1, 488. — Cass., 15 juillet 1895.
Sir., 95, 1, 349.

(2) Cass., 26 juin 1894. Sir., 96, 1, 167.

(3) Blanche, I, n° 438, p. 589.

(4) Aubry et Rau, IV, § 298 *ter*., p. 22. — Sourdat, I, n° 473 et
suiv., p. 518. — Demolombe, XXVI, n°s 297 et suiv., p. 235. — Marcadé, art. 1202, n° 604.

ne pourrait demander à chacun qu'une somme propor·
tionnelle à sa part dans le dommage total, exception faite
toutefois pour les divers cas où il serait impossible d'évaluer, même approximativement, la responsabilité de chacun (1). Cette opinion est celle qui semble le plus se rapprocher de la jurisprudence. En même temps, c'est celle
qui paraît la plus juridique. En dehors des cas de solidarité établis par la loi, il est bien hardi de reconnaître, en
dépit du principe que la solidarité ne se présume pas, qu'il
peut y avoir des codébiteurs solidaires. Quant à admettre
une obligation *in solidum*, une solidarité imparfaite, il
n'y a guère d'autre moyen de se tirer de la difficulté dans
les cas où l'on ne peut pas fixer la responsabilité de chacun. Toutes les fois que l'on ne peut pas dire : la participation de tel individu à l'acte dommageable a augmenté le préjudice dans telle proportion, toutes les fois
que la présence d'un seul aurait suffi à faire tout le mal,
il est naturel de permettre au créancier de demander à
chacun le tout.

L'importance pratique de la solidarité entre codélinquants peut être énorme. En permettant à la victime de
demander le tout à chacun des coparticipants, on donne
à l'action en réparation une certaine efficacité. La solidarité pourra être très efficace à l'égard des délinquants
d'occasion. Il y a quelque espoir que l'un d'entre eux
présente par lui-même, quelquefois aussi par ses proches,
assez de solvabilité pour garantir la victime. Mais là où
la solidarité peut présenter une importance toute particu-

(1) Laurent, XVII, nᵒ 293.

lière, c'est à l'égard des recéleurs. De nombreux délits sont commis par des délinquants d'habitude. A leur égard, on se heurtera à une insolvabilité absolue. Mais, à côté d'eux peut-être, pourrait-on trouver dans les recéleurs des gens d'une certaine solvabilité, capables, sous des moyens de contrainte énergiques, de fournir certaines réparations, ou tout au moins de faire certaines restitutions. C'est là un résultat auquel pourrait conduire la combinaison de l'article 55 avec les principes sur le recel qui font de lui une complicité, si les moyens de contrainte étaient suffisants.

Il est donc très important pour les délits voisins des délits principaux, comme le recel de choses ou de personnes, de distinguer s'ils constituent des cas de complicité, ou bien des délits principaux. Y a-t-il complicité, l'auteur de cet acte de complicité répond solidairement avec l'auteur principal des suites du délit ; sinon il est déchargé de la solidarité. Tandis que le recéleur de choses, étant considéré par la loi comme un complice, répondra de toutes les suites du délit, ceux qui auront fourni des lieux de refuge ou de réunion à des bandes de malfaiteurs, étant les auteurs d'un délit distinct, échapperont à toute obligation civile, si on ne peut les convaincre de faits de complicité. Par suite de principes généraux du droit pénal, il y a là, au point de vue de la réparation civile, des dispositions assez discordantes auxquelles il conviendrait d'apporter des modifications.

A défaut des coauteurs et complices du délit, une autre classe d'obligés principaux se présente : ce sont leurs héritiers. Cette transmission passive des obligations n'a plus rien que de naturel. Nous n'aurions même pas à la signaler, tant elle semble évidente, si elle n'était, elle aussi, la marque de l'évolution suivie par la responsabilité civile. Le droit romain ne connut à peu près rien de semblable. Ce fut le droit canonique qui dégagea cette idée. Elle vint alors à son heure. Elle indiquait la transformation qui s'opérait dans les esprits. Confondue auparavant avec la vengeance et la répression, s'éteignant avec elle, la réparation se dégageait pleinement, prenait sa place naturelle au milieu des obligations civiles, pour se transmettre comme elles, suivant les mêmes règles et les mêmes modes.

II

A côté des divers coparticipants du délit, apparaissent comme obligés à la réparation, sortes de cautions des coupables, les personnes civilement responsables.

Très pratique encore aujourd'hui, cette théorie de la responsabilité civile n'est pourtant qu'un pâle reflet de ce qu'elle était à une époque plus primitive. Avec le développement de la civilisation, son rôle s'est amoindri, en même temps qu'elle a pris une autre forme. Son application s'est sensiblement restreinte, et tandis que les responsabités étaient autrefois collectives, aujourd'hui au contraire, elles sont individuelles.

Et cela s'explique aisément.

Avant que l'individualisme n'eut pris le développement qu'il a aujourd'hui, l'individu se trouvait puissamment encadré dans un groupe social : famille ou tribu, peu importe, qui était responsable de ses infractions. Ce groupe lui devait protection contre les étrangers. N'était-il pas juste, à l'inverse, qu'il répondit de ses délits contre les gens du dehors, qu'unis dans le droit à la réparation, les membres de la famille le fussent dans l'obligation de réparer ? Une autre raison dut aussi intervenir. Cette responsabilité collective fut un moyen énergique, dans des sociétés mal organisées, de rendre les crimes moins fréquents en intéressant plus de monde à les empêcher. Aussi, là où cette responsabilité n'existait pas, on vit le pouvoir social l'organiser (1). Quelqu'en fut l'origine, naturelle ou légale, cette responsabilité n'avait pas moins pour effet d'assurer à la victime un recours contre tout le groupe auquel appartenait l'agresseur de fortifier largement son droit d'action.

Mais, avec la civilisation, le pouvoir devenant plus fort, les groupes se désunissant peu à peu, la responsabilité collective n'est bientôt devenue qu'un souvenir. Nous la retrouvons parfois encore à l'heure actuelle, mais c'est seulement dans les conditions de civilisation qui la firent éclore. Chez nos tribus arabes d'Algérie, en Tunisie, la responsabilité collective des douars existe toujours, et elle ne paraît pas près de disparaître (2). Mais, pour notre

(1) C'est ainsi qu'un édit de Clotaire II. de 595, forma toutes les familles en centuries et en décanies responsables des vols commis sur leur territoire. V. Capitulaire de Baluse, I, col. 20.

(2) V. *J. off.*, 1897, Ch. des Députés. Annexe n° 2194 : Projet de loi sur la protection des bornes et autres points trigonométriques en Algérie. — Isaac. Rapp. au Sénat, 1895. *J. off.* Annexes, p. 81, col. 3. — Bompard. Législation tunisienne, p. 125 et 180. — Cf. loi serbe, 20 mars 1892, sur la responsabilité des délits (Ann. 1892).

métropole, c'est une théorie morte, qui appartient plus au passé qu'à l'avenir. Avec elle a disparu un puissant secours accordé aux offensés. Toutefois, un faible rejeton est apparu à la place du rameau tombé. On a admis des responsabilités individuelles. C'était la seule chose compatible avec l'individualisme grandissant. Désormais, outre le coupable, ceux-là seuls purent être obligés à réparation qui, par une faute, avaient facilité le délit. Bien restreinte devenait dès lors la responsabilité des tiers étrangers au délit. C'est ce nouvel état du droit, qui est le droit actuel, que nous allons examiner.

La responsabilité civile, telle qu'elle est édictée par le Code civil, s'applique à trois ordres de personnes : aux parents, pour les faits de leurs enfants mineurs ; aux commettants, pour les délits de leurs préposés dans l'exercice de leurs fonctions ; aux instituteurs et artisans, pour les personnes soumises à leur garde.

Quelles sont les conditions et le rôle pratique de ces responsabilités ?

D'après l'article 1384, le père et la mère sont responsables des délits de leurs enfants mineurs habitant avec eux. Toutefois, on les exonère de toute obligation, s'ils prouvent qu'ils n'ont pu empêcher le fait. C'est qu'en effet cette responsabilité repose sur un défaut de surveillance présumée de leur part. Mais à cette idée, seule indiquée par Pothier, s'en mêle de plus en plus un autre, qui rétrécit beaucoup l'exception. Les parents du coupable sont présumés avoir mal élevé leur enfant, ils doivent répondre à l'égard des tiers de leur devoir d'éducation mal rempli. De plus en plus, cette conception nouvelle se fait jour en doctrine et en jurisprudence (1).

Une des conséquences, c'est que les parents répondent de leurs enfants momentanément confiés à des tiers, envoyés pour quelques jours chez des amis, par exemple. C'est là une extension importante de la responsabilité paternelle.

Ces idées étant admises, la responsabilité des parents pour les délits de leurs enfants, mendiants ou vagabonds, ne peut plus faire aucun doute. Les parents qui ont laissé leurs enfants quitter la maison paternelle, sans s'occuper de leurs moyens d'existence, ou de leur genre de vie, restent responsables des délits par eux commis. Ils ne pourraient soutenir qu'il leur était matériellement impossible d'empêcher le délit, au moment où il a eu lieu. Il y a de leur part une faute antérieure qui engage leur responsabilité.

La responsabilité des parents a été aussi généralement admise pour les délits de leurs enfants émancipés, exception faite du cas où l'émancipation résulte du mariage. Les uns ont dit qu'il y avait là un fait des parents, qui ne pouvait suffire à les décharger de leur responsabilité. D'autres, que l'autorité morale subsistant après l'émancipation suffisait pour que le père ne fut pas libéré de son

---

(1) V. Laurent, XX, n° 553, p. 591. — Zachariæ (Edit. Massé et Vergé), IV, par 628, p 22, note 4. — Demolombe, XXXI, n°562, p. 491. — Garraud, II, n° 5, p. 6. — Chauveau et F. Hélie, I, p. 558. — Cass., 29 mars 1827. Sir., 28, 1, 373. — Bourges, 9 mars 1821, Sir., 22, 2, 238. Bordeaux, 1er avril 1829, Sir., 2, 259. — Aix, 11 juin 1859, Sir., 60, 2, 193. Dall., 59, 2, 195. — Dijon, 19 février 1875, Sir., 75, 2, 81. Dall., 76, 2, 70.

obligation. Quelque soit la valeur de ces explications, elles paraissent absolument admises. Seuls quelques auteurs ne paraissent pas vouloir adhérer à ce système, et, même au cas d'émancipation expresse, ils décident que la responsabilité des parents est définitivement éteinte (1).

On admet généralement que les père et mère naturels sont responsables des délits commis par leurs enfants mineurs. Cette question ne saurait faire aucun doute. Les parents naturels ont les mêmes devoirs moraux à l'égard de leurs enfants. Ils sont également en faute de ne pas veiller à leur éducation. L'article 383 ne leur donne-t-il pas de moyens de contrainte à l'égard de leurs enfants rebelles (2).

Examinons une dernière question : à qui, du père ou de la mère, incombe la responsabilité ? L'article 1384 répond « au père et, après son décès, à la mère » Toutefois l'on s'accorde à ne pas appliquer strictement ce texte ; on reconnaît que, du vivant même du père, la mère peut être responsable. (3) La loi a statué simplement de *eo quod ple-*

---

(1) Laurent. XX, n° 558. — Toullier, XI, n° 277. *Contrà* Aubry et Rau, IX par 447, p. 757. — Duranton, XIV, n° 715, p. 733. — Massé et Vergé, IV par 628, p. 22, note 3. — Marcadé, V, art. 1384, II, p. 285. — Lot. Responsabilité du fait d'autrui. Thèse, p. 159. — Larombière, VII, art. 1384, n° 4. — Chauveau et Hélie, I, p. 557. — Lainé, *Droit criminel*, n° 487.

(2) V. Aubry et Rau, IV, § 447, p. 758. — Duranton, XIII, n° 717. — Zachariæ (éd. Massé et Vergé, IV, par 628, p. 22, note 2. — Demolombe, XXXI, n° 571. — Blanche, II, n° 377, p. 493. Comp. Rouen, 18 novembre 1878. Sir., 80, 2, 316. Dall., 80, 2, 38.

(3) V. Aubry et Rau, IV par 447, p. 758. — Vazeille, II, p. 427. — Laurent, XX, n° 554, p. 592. — Duranton, XIV, n° 716, p. 734. — Marcadé, V. art, 1384, II, p. 285. — Demolombe, XXXI, n° 566. — Larombière, VII, art. 1384, n° 2.

rumque fit. C'est ainsi, qu'au cas de séparation de corps, ou de divorce, la mère seule sera responsable des enfants dont elle a la garde. Il en serait de même si elle avait la garde des enfants, à raison de l'absence, de la démence, ou de l'emprisonnement du mari.

Mais lorsque la mère a temporairement la garde exclusive de l'enfant, par suite d'un voyage du mari, par exemple, on hésite beaucoup plus à déclarer qu'elle est encore responsable. Cependant, un arrêt s'est prononcé contre la mère, dans un cas où le mari exerçait un emploi dans une autre ville (1). La doctrine reste encore partagée à ce sujet.

Faut-il appliquer au tuteur la responsabilité édictée par la loi pour les père et mère ? Cette question ne paraît pas avoir inquiété la pratique : il convient cependant de l'indiquer, car, sur ce point, la doctrine est à peu près divisée en deux camps égaux. Les uns se prévalant du caractère restrictif de l'article 1384, les autres invoquant les pouvoirs donnés au tuteur et les devoirs qui lui incombent. Au fond, la question est de peu d'importance, car les faits suffiront le plus souvent à montrer une faute du tuteur, si la pupille commet un délit, et la victime se trouvera ainsi garantie.

Quel rôle peut jouer cette responsabilité des parents pour les délits de leurs enfants, au point de vue pratique ? Elle ne peut jouer un rôle efficace qu'à une condition : les parents doivent être solvables. Malheureusement, cela n'ar-

____

(1) V. Nimes, 20 mai 1858. Sir., 58, 2, 430. Compar. Cass., 16 août 1841. Sir., 41, 1, 751.

rivera presque jamais dans les cas où les délits sont le plus à redouter. C'est précisément dans les familles très pauvres que se recrutent le plus de jeunes délinquants. Le père et la mère, obligés de gagner leur vie, de travailler toute la journée dans des ateliers, ne peuvent faire autrement que de laisser leurs enfants à eux-mêmes. Ceux-ci, sans surveillance, pendant tout ou partie de leur temps, ont plus de chance que d'autres d'être enrôlés dans l'armée du vice et du délit. Dans la grande majorité des cas, la règle du Code civil restera donc sans utilité pratique.

Pour lui supposer quelque efficacité, il faut considérer des parents plus fortunés. Il y aura là un utile remède contre les imprudences, souvent très graves, de leurs enfants, ou contre les délits volontaires de mineurs précocement pervers. C'est, somme toute, un rôle relativement restreint.

Le second cas de responsabilité édicté par le Code civil vise celle des maîtres et commettants, à raison des faits de leurs domestiques et préposés dans l'exercice de leurs fonctions. On s'accorde généralement pour dire que cette responsabilité vient de la faute commise par le préposant, en choisissant mal ce préposé. De là résulte que le préposant n'est jamais admis à prouver qu'il ne pouvait empêcher le délit (arg. art 1384 par 5). C'est ce que la loi admet implicitement. Il est fort difficile d'expliquer cette seconde règle, si l'on veut faire reposer la première —, et cerains auteurs l'ont voulu (1), sur un défaut de sur-

(1) Larombière, VII, art. 1384, n° 3, p. 601. — Chauveau et F. Hélie, I. p. 615. — *Contrà* Demolombe, XXXI, n° 610, p. 530. — Garraud, II, n° 7, p. 8. — Laurent, XX, n° 570, p. 606. — Colmet de Santerre, V, n° 365 *bis*; VII. — Huc, VIII, n° 444.

veillance, sur le droit du maître de commander à son préposé. Cette explication se heurte d'ailleurs à l'opinion de Pothier, d'après lequel cette responsabilité a été établie « pour rendre les maîtres attentifs à ne se servir que de bons domestiques ». Elle ne contredit pas moins les explications fournies au Tribunal, où Bertrand de Greuille disait : « Les maîtres n'ont-ils pas à se reprocher d'avoir donné leur confiance à des hommes méchants, maladroits ou imprudents ? » (1).

L'opinion que nous exposons ne paraît point faire doute en pratique. Mais où s'élèvent les difficultés graves, c'est lorsqu'il s'agit de déterminer, quand ou se trouve en présence d'un commettant et d'un préposé, d'un maître et d'un domestique. On s'entend facilement, lorsqu'il s'agit de reconnaître les domestiques ; ce sont toutes les personnes attachées au service d'une autre, soit pour les soins intérieurs de la maison, soit pour ceux d'une exploitation agricole. On admet également que ce n'est là qu'une variété de préposés. Mais la controverse s'élève lorsqu'il s'agit de définir les préposés. Deux opinions ici se sont fait jour. La première, contenue principalement, par M. Laurent, la seconde défendue par la majorité de la doctrine et par la jurisprudence. Pour M. Laurent, la responsabilité n'exige qu'une condition : le choix d'une personne par une autre. Toute personne choisie par une autre, pour une fonction donnée, est un préposé, alors même qu'elle échapperait aux ordres et à la surveillance du prétendu préposant (2). Que cette théorie soit admis-

____

(1) Locré, XIII, p. 42, n° 14. — Cf. Pothier. *Obligations*, n° 121.
(2) Laurent, XX, n° 571, p. 607.

sible en législation, cela est possible. Mais, en droit, à prendre les intentions du législateur, elle ne l'est guère. Elle n'a d'ailleurs trouvé que peu d'écho. La seconde doctrine, qui exige un droit pour le commettant de surveiller le préposé et de lui donner des ordres, est généralement suivie. Elle peut se résumer par cette définition : « La condition des préposés se caractérise essentiellement par leur dépendance, leur subordination et leur obéissance nécessaire à la direction, à la surveillance et aux ordres d'un maître ou commettant. » (1) Quelles personnes rentrent dans cette définition ?

Sont évidemment des préposés ceux qui représentent une personne de façon permanente, comme un agent d'assurances, un représentant de commerce, un régisseur, tous ceux qui sont employés dans une maison à titre de clerc, de commis, d'employé, de caissier, de chef d'équipe (2). On s'accorde également à reconnaître qu'un concierge est le préposé du propriétaire (3). De même le gérant d'une société est le préposé de cette société (4). L'entrepreneur de transports est le commettant des cochers qu'il emploie (5). Une compagnie de chemins de fer l'est également à l'égard de ses divers employés ; de même un armateur est un préposant à l'égard du capitaine (6). Tous ces points ne sont pas contestés.

(1) Larombière, VII, art. 1384, n⁰ 8, p. 601.
(2) V. Douai, 27 juin 1881. Sir., 84, 2, 7.
(3) Paris, 7 octobre 1856. Sir., 57, 2, 445, cf. Demolombe XXXI, n⁰ 618, p. 537.
(4) V. Cass., 15 janvier 1872. Dall., 72, 1, 165. cf. Laurent XX, n° 576.
(5) Seine, 28 mai 1872. Sir., 72, 2, 153.
(6) V. *Revue critique*, 1876, p. 538 et 604.

A l'inverse, on s'accorde, tant en doctrine qu'en jurisprudence, à placer hors de la classe des préposés, ceux sur lesquels nous n'avons aucune direction, aucune direction, aucune surveillance à exercer. Il en est ainsi de tous les entrepreneurs avec lesquels nous traitons pour des travaux. C'est ainsi que la Chambre criminelle a formellement reconnu qu'une compagnie de chemins de fer n'avait pas à répondre de l'homicide par imprudence causé par un entrepreneur, celui-ci n'étant lié avec elle que par un contrat à forfait (1).

La question paraît plus délicate lorsqu'il s'agit de la responsabilité d'un maître à raison des actes d'un ouvrier qu'il emploie. La jurisprudence, fidèle à sa distinction, admet des solutions différentes, suivant qu'il s'agit d'une petite entreprise, ou d'un ouvrier soumis à la direction et à la surveillance d'un maître. Sommes-nous en présence de quelqu'un travaillant pour son propre compte, où, quand et comme il l'entend, avec des ouvriers de son choix, restant maître de l'ouvrage, sans subordination aucune » (2) ou « d'un ouvrier d'une profession connue et publiquement employé comme tel », si aucun fait particulier n'établit de rapport plus intime (3), il n'y a ni préposant, ni préposé. Y a-t-il, au contraire, non seulement deux personnes liées par un contrat, mais deux personnes dont

(1) Cass., 20 août 1847. Sir., 47, 1.855. — Paris, 24 novembre 1842. Sir., 42, 2. 521. — Cass., 17 mai 1865. Sir., 65, 1, 326. — Cass., 30 déc. 1875. Bull. n° 367. — Lyon, 25 février 1867. Sir., 67, 2, 353. — Pau, 12 juin 1893 et 27 novembre 1895. Sir., 97. 2, 14.

(2) Cass., 10 nov. 1859. Sir., 60, 1, 185. — Cass., 30 décembre 1875. Sir. 76, 1, 91. —*Contrà* Paris, 30 mai 1862. Sir., 62, 2, 375.

(3) V. Cass., 23 mars 1824, Sir., 24, 1, 422. Dall. V° *Louage*, n° 367.

l'une est soumise à l'autre, et nous sommes en présence d'un préposé. Et cela, peu importe que l'ouvrier ait été pris pour un travail déterminé, du moment que son co-contractant exerce sur lui une surveillance, lui donne des ordres (1). La jurisprudence se place donc uniquement au point de vue des faits, au point de vue de l'équité, pour décider notre question. Elle fait complètement abstraction des données juridiques, dans les litiges qu'on lui soumet ; peu lui importe la nature du contrat qui unit les deux parties.

La jurisprudence s'est également placée au point de vue des faits pour résoudre divers autres points délicats. Il en est ainsi pour la question de savoir quelle est la responsabilité du commettant, à l'égard des sous-préposés. Suivant elle, le commettant ne répond de ces derniers, que si le premier agent a été autorisé à prendre des agents secondaires. Et en effet, dans ce cas seulement, on peut dire qu'il existe des rapports, un droit de surveillance entre le commettant et le sous-préposé (2). Partout ailleurs, il ne peut y avoir de responsabilité pour le préposant, car il ne connaît pas le sous-préposé. Par application des mêmes principes, la jurisprudence ne tient pas compte du caractère illicite du contrat existant entre deux individus, pour trancher notre question de responsabilité (3).

Dans quelle mesure existe la responsabilité des commet-

______

(1) Cass., 13 décembre 1856. Dall., 57, 1, 442. — Toulouse, 3 mars 1883. Sir., 84, 2, 161. — Dijon, 24 juillet 1874. Sir., 75, 2, 73.

(2) Cass., 5 novembre 1855. Sir., 57, 1, 375. Dall,, 56, 1, 353. — Comp. Grenoble, 28 novembre 1838. Dall. V° *Responsabilité*, n° 618.

(3) *Req.*, 1er août 1866. Dall. 67, 1, 26.

tants ? L'article 1384, répond à cette question : « les maîtres et commettants sont responsables du dommage causé par leurs domestiques et préposés, dans les fonctions auxquelles ils les ont employés ». Comment faut-il entendre les mots : actes faits dans la fonction ? D'après Aubry et Rau, ces expressions sont synonymes de « faits dommageables commis dans l'exercice des fonctions auxquelles le préposé a été employé (1) ». Cette explication nous semble absolument conforme au texte de la loi, en même temps qu'elle rend compte des principales décisions de la jurisprudence. Elle a cependant été critiquée en théorie. L'interprétation proposée, a-t-on dit, ne doit être admise qu'autant que le fait commis à l'occasion de la fonction, sera lui-même un acte d'exercice ou de la fonction, sous la condition qu'il constituera dans tous les cas un fait de charge (2). Ceci ne nous paraît pas exact. L'acte fait dans la fonction, ce n'est pas seulement l'acte qui constitue la fonction, mais celui qui est fait parce que l'on exerce la fonction. Quelques exemples vont éclaircir cette idée, en nous montrant, en même temps, l'importance de la garantie concédée ici par la loi à l'action en réparation civile.

L'acte commis dans l'exercice de la fonction, cela comprend toutes les maladresses, les imprudences commises par le préposé dans l'exécution des ordres qu'il reçoit. Ainsi le chef d'équipe, le contre-maître imprudent, qui or-

____

(1) Aubry et Rau, IV, § 447, p. 761.

(2) V. Demolombe, XXXI, n° 615, p. 535. — *Contrà*, Laurent, XX, n° 582. — Massé et Vergé, IV, par 628, p. 24, note 7. — *Compar.* Larombière, VII, art. 1384, n° 9. — *Revue pratique*, 1856, II, p. 313.

donnent l'exécution d'un travail dangereux, qui ne prennent pas, ou ne font pas exécuter des mesures pour éviter un accident, engagent la responsabilité du patron. Il y a exercice de la fonction, il y a service mal fait (1). Le commettant est en faute d'avoir choisi un préposé maladroit ou imprudent. Nous sommes évidemment dans l'esprit de la loi. On reconnait également qu'il y a responsabilité du commettant pour les actes ne rentrant pas directement dans la fonction du préposé, mais auxquels il devait se livrer, étant donnée sa fonction. C'est ainsi qu'on a déclaré un propriétaire responsable de l'incendie causé par l'imprudence d'un bûcheron. La fonction du bûcheron était d'abattre les arbres, non de faire du feu ; mais, étant donné la saison, la situation, le bûcheron devait faire du feu. Le propriétaire était donc responsable de l'incendie déterminé par ce feu mal surveillé (2).

Les tribunaux ont également reconnu la responsabilité du commettant pour les actes du préposé dans d'autres cas : lorsque l'acte n'était pas de ceux qu'il avait mission de faire, mais que l'acte ne formait qu'un avec ceux de sa fonction, ou n'en était qu'une exagération. C'est ainsi qu'une Compagnie d'assurances a été déclarée responsable des diffamations de ses agents à l'égard d'une compagnie rivale. Les agents n'avaient aucune instruction pour cela, mais la diffamation ne faisait qu'un avec les pourparlers

(1) Douai, 27 juin 1881. Sir., 84, 2, 7. — Amiens, 15 nov. 1883. Sir., 84, 2. 6. — Cass., 28 août 1882. Sir., 85, 1, 19. — Bordeaux, 3 juillet 1878. Sir., 79, 2, 4.

(2) V. Toulouse, 3 mai 1883. Sir., 84, 2, 161. Comparez. Cass., 13 décembre 1856. Sir., 57, 1, 442.

engagés avec les clients par les agents d'assurance : il y
avait bien acte dans la fonction (1).

Enfin, la tendance générale de la pratique semble être
de reconnaître la responsabilité du commettant toutes les
fois qu'en l'absence [de la mission donnée à son agent
ou à son employé, le délit n'aurait pas eu lieu. Et cela,
alors même qu'il n'y aurait aucun rapport de nature entre
le fait commis et la fonction. C'est ainsi qu'une Compagnie
de chemins de fer a été déclarée responsable du délit de
contrebande commis par un de ses employés « La fraude
n'a eu lieu et n'a été possible qu'à l'occasion des fonctions ; sans elles la fraude n'aura pu avoir lieu », il y a là
un lien suffisant (2).

Cependant, il faudrait se garder de prendre cette affirmation au pied de la lettre. Si l'on lit les arrêts les plus
récents, on voit que la Cour de Cassation est plus réservée dans ses motifs, elle se contente de parler de circonstances qui rattachent suffisamment le délit aux fonctions
auxquelles les délinquants ont été employés » (3). On peut
trouver bien des arrêts dans ces dernières années, beaucoup moins affirmatifs que l'arrêt de Lyon que nous avons
cités. Souvent les Cours d'appel et la Cour de Cassation,
elle-même, ont refusé de voir un cas d'application de l'article 1384, alors même que, sans les fonctions dont il était

____

(1) V. Cass., 5 novembre 1855. Sir., 57, 1, 375. — Paris, 16 juin
1896. Sir., 96, 2, 208. — Cass., 3 décembre 1846. Dall. 47, 4, 442. —
Cass., 13 mai 1820. Dall. V° *Responsab.*, n° 698.

(2) Lyon, 1ᵉʳ juillet 1872. Sir. 73, 2, 42. — Compar. Alger,
29 mars 1879. Sir., 80, 2, 79. Trib. de la Seine, 28 mai 1872. Sir.,
72, 2, 153.

(3) Cass., 15 décembre 1894. Sir., 95, 1, 151.

chargé, le préposant n'aurait pu commettre le délit. Il y a là surtout une question de fait : tout semble tenir dans une question de plus ou de moins (1).

Etant donné le motif qui explique, selon nous, l'article 1384, le mauvais choix fait par le commettant, il en résulte, — et cette conséquence est implicitement contenue dans les textes, — que la victime du délit peut poursuivre le commettant, sans s'inquiéter de savoir s'il y a eu négligence de sa part. Elle peut même agir contre lui, alors qu'il démontrerait que le fait a eu lieu contre son ordre, qu'il n'a commis aucune négligence. Peu importe sa vigilance au moment du délit (2) : la question n'est pas là. Avoir pris à son service un homme imprudent, maladroit, ou mal intentionné, voilà en quoi a consisté la faute. Le délit n'est que la réalisation du dommage déterminé par cette faute première.

La responsabilité imposée par la loi au commettant s'applique aussi aux diverses personnes morales, aux administrations publiques et à l'État lui-même. Mais il faut toutefois que les fonctionnaires poursuivis rentrent dans la classe des préposés. Les délits d'un magistrat qui agit d'une façon indépendante dans les limites de son autorité, ne sauraient obliger l'État. La situation est absolument différente de la situation dépendante des préposés (3). Mais,

(1) V. Dans le sens de la non-responsabilité. Cass., 15 déc. 1894 précité. — Douai, 14 février 1894. Sir., 94, 2, 161. — Cass., 3 mars 1884. Sir., 85. 1, 21.

(2) V. Cass., 5 novembre 1855. Sir. 57, 1. 375. — Cass., 3 décembre 1846. Dall. 47, 4, 422.

(3) Cons. d'État, 8 janvier 1875. Sir., 76, 2, 277. Cf. Laurent, XX, n° 591, p. 631.

dès qu'on se trouve en présence d'un fonctionnaire préposé, agent des contributions, ingénieur des travaux publics, la responsabilité de l'article 1384 s'applique.

Conformément à ces principes, les tribunaux ont reconnu la responsabilité de villes ou départements, pour les délits de leurs fonctionnaires et même pour ceux d'entrepreneurs qui, par suite de circonstances, se trouvaient être préposés (1).

Mais lorsqu'une personne a été victime d'un délit commis par un agent de l'État, son recours contre l'État comme personne responsable des délits de ces agents présente beaucoup plus de difficultés. En dehors des questions de compétence et d'autorisation, le droit d'agir en responsabilité est contesté. Certaines lois spéciales, comme celle du 9 floréal, an VII, sur les douanes, celle du 1er germinal an XIII, sur les contributions indirectes, affirment la responsabilité de l'État. En dehors de ces textes spéciaux, règne une grande incertitude. Il y a sur ces questions, dont l'examen spécial offrirait à lui seul un vaste champ d'études, une nombreuse jurisprudence de la Cour de Cassation et du Conseil d'État sur laquelle nous ne voulons pas insister. La Cour de Cassation semble en général affirmer la responsabilité de l'État : c'est ainsi qu'en matières de postes, elle s'est appropriée la doctrine d'un arrêt de la Cour de Paris, qui appliquait nettement l'article 1384 à l'État, et cela malgré le doute que peut soulever

(1) V. Cons. d'État, 7 mai 1863. Sir., 64, 2. 56. — Cass., 15 janvier 1889. Sir., 89, 1, 74.

la loi du 5 nivôse, an V, limitant la responsabilité de l'administration (1).

Le Conseil d'État a souvent reconnu la responsabilité de l'État, quoiqu'il se soit absolument séparé de la Cour de Cassation sur certains points, notamment pour la responsabilité des Postes (2). Mais il a émis dans ces arrêts certains considérants que le tribunal des conflits a maintes fois repris dans ces dernières années et qui sont singulièrement dangereux pour les victimes des délits On a affirmé, en effet, que la responsabilité pouvant incomber à l'État pour les dommages causés à des particuliers par le fait des personnes à son service, ne peut être régie par les principes du Code civil. « Cette responsabilité n'est ni générale, ni absolue, elle a ses règles spéciales qui varient suivant les besoins du service et la nécessité de concilier les droits de l'État avec les droits privés » (3). Si ces considérants visent plus loin que la question de compétence, les intérêts des parties lésées courent ici un singulier risque (4).

(1) Cass., 12 mai 1851. Sir., 1851. 1, 349. — Cf. *Trésor public*. Paris, 25 janvier 1833. Sir., 33, 2, 410. — Paris, 3 mars 1834. Sir., 34, 2, 85. — Cass., 29 décembre 1836. Sir., 36, 1, 293.

(2) Cons. d'État, 6 décembre 1855, 2 arrêts. Sir., 56, 2, 308. Ont admis la responsabilité de l'Etat préposant : Cons. d'État, 30 mars 1867. Sir., 68, 2, 128. Cons. d'État, 11 mars 1881. Sir., 82, 3, 53.

(3) Cons. d'État, 6 décembre 1855 précité. — Trib. des conflits, 20 mai 1884. Sir., 84, 3, 41. — *Id.* 15 février 1890. Sir., 90, 3. 73. — *Id.* 10 mai 1890. Sir., 90, 3, 105. — *Id.* 29 novembre 1890. Sir., 90, 3, 147.

(4) V. sur ces points Aubry et Rau, IV, p. 759. — Laurent, XX, nº 591 et suiv., p. 631. — Larombière, art. 1384, nº 13. — Block *Dictionnaire*, Vº Responsabilité. — Sanlaville. Responsabilité de l'État en matière de postes. — Marcadé. V, art. 1384, III. — Blanche, II, nº 389. — Garraud, II, nº 10, p. 12.

Cette incertitude regrettable quant aux obligations de l'Etat mise à part, la responsabilité des commettants constitue pour la victime d'un délit une arme sérieuse, d'autant plus qu'elle viendra rarement s'émousser contre l'insolvabilité du patron. En matière de délits d'imprudence, et l'on sait si leur nombre et leurs conséquences sont considérables, il y aura là un moyen très efficace d'obtenir réparation. Il suffit d'ailleurs de parcourir les recueils de jurisprudence au mot « Responsabilité des commettants » pour voir quel rôle cette responsabilité joue dans les homicides et les blessures par imprudence. Quant aux délits volontaires, l'article 1384 offre ici des applications moindres, mais cependant très réelles. En tous cas, il ne pourra guère s'appliquer qu'à des délinquants primaires, à des criminels d'occasion. Il sera rare qu'un récidiviste se voie confier le rôle de préposé. Quant aux malfaiteurs de profession, la question ne se pose même pas pour eux. C'est d'ailleurs un trait intéressant à noter, et qui s'explique facilement : toutes les sûretés que la loi actuelle reconnaît aux victimes d'un délit ne s'appliqueront en fait qu'à des délinquants d'occasion. Elles seront sans effet lorsque le délit ou le crime sera commis par les gens les plus dangereux, par des récidivistes.

Les malfaiteurs de profession, formant une sorte de clan séparé dans la société, il n'y a personne parmi les honnêtes gens, qui ait avec eux un lien social suffisant pour pouvoir répondre de leurs méfaits. C'est une idée que nous ne faisons qu'indiquer, nous aurons à y revenir plus loin, en examinant les remèdes à apporter à cette situation.

En dehors de la responsabilité des maîtres et commettants, de celle des parents, l'art. 1384 indique un troisième cas de responsabilité : « les instituteurs et artisans sont responsables du dommage causé par leurs élèves et apprentis, pendant le temps qu'ils sont sous leur surveillance ». Cette responsabilité est fondée, comme celle des parents, sur le devoir de surveillance, qui incombe à ces personnes. Ils sont présumés en faute, lorsque ceux qui leur sont confiés, commettent un délit. Une surveillance plus active de leur part aurait ordinairement pu empêcher l'acte dommageable. Mais, lorsqu'ils prouveront avoir fait tout ce qui était humainement possible de leur part, ils devront être absous, comme le seraient les parents. La présomption de la loi étant inexacte, ne pourrait plus produire ses effets (1). Cette obligation civile des instituteurs et artisans se rapproche encore de celle des parents, en ce qu'elle en forme le complément. A l'occasion des délits du mineur, la victime pourra poursuivre ou ses maîtres, ou ses parents, la responsabilité des uns cessant ordinairement quand commencera celle des autres, et réciproquement. La partie lésée aura donc toujours quelqu'un à qui s'adresser, si le délit pouvait être empêché.

Nous ne dirons rien de plus de la responsabilité des artisans, devenue presque inutile, l'apprentissage devenant de plus en plus rare. Ce nouvel état de chose rend sans intérêt une controverse, qui divisait la doctrine concernant la responsabilité pour les délits des apprentis majeurs (2). Quant aux instituteurs, on s'accorde en doctrine

____

(1) Arg. art. 1384 5°. V. Cass., 13 janvier 1890. Sir., 91, 1, 49.
(2) V. pour la responsabilité, Laurent, XX, n° 556, p. 604. — Duranton, XIII, n° 721, p. 738. Larombière, VII, art. 1384, n° 16, p.

et en jurisprudence, à reconnaître qu'il faut entendre par là tous ceux qui ont à la fois la mission d'instruire et de surveiller, non seulement les instituteurs, mais les professeurs des collèges et des lycées (1) ; certains auteurs y comprennent même les professeurs donnant des leçons à l'heure, ce qui paraît assez admissible ; ce dernier point toutefois est contesté.

En dehors de l'article 1384, la législation actuelle contient un certain nombre d'autres cas de responsabilité civile. Il y a un certain nombre d'hypothèses où la victime d'une infraction aux lois pénales peut diriger son action en réparation contre d'autres que l'auteur même du délit. Ces divers cas de responsabilité peuvent se diviser en deux groupes. Tantôt cette responsabilité civile présuppose que l'auteur du fait est connu : la responsabilité des parents, des commettants, aurait pu y rentrer, la partie lésée a alors deux actions à sa disposition, elle peut exercer l'une ou l'autre, ou les deux à la fois. Tantôt cette responsabilité civile ne suppose pas pour pouvoir être mise en mouvement que le délinquant est connu. Elle s'exerce par cela seul que le délit a été constaté, sans qu'on ait à s'inquiéter de savoir qui en est l'auteur. Dans le premier cas, l'action en responsabilité constitue une garantie donnée à la créance en réparation. Dans le second, l'exercice de cette action sera peut-être en fait le seul moyen pour la victime d'exercer sa créance.

618. *Contrà* Demolombe, XXXI, nᵒˢ 606 et 607, p. 525. — Zachariæ, éd. Massé et Vergé, IV par 628, p. 25, note 9.

(1) V. Cass., 13 janvier 1890. Sir., 91, 1, 49. — Paris, 16 février 1880. Sir., 80, 2, 169.

Voyons tout d'abord les cas de responsabilité où l'auteur du délit est nécessairement connu.

Tout d'abord, en vertu de l'article 73 du Code pénal, les aubergistes et hôteliers sont responsables civilement des crimes et délits commis par des voyageurs pendant leur séjour. Aux termes même de l'article, cette responsabilité exige deux conditions : les voyageurs doivent avoir séjourné plus de vingt-quatre heures, ensuite l'hôtelier doit avoir négligé d'inscrire leurs noms et domicile sur son registre. La responsabilité édictée ici par la loi est une sanction complémentaire de l'article 475 du Code pénal, qui prescrit la tenue de ce registre, sous peine d'une amende. Cette responsabilité, contre laquelle la commission du Corps législatif avait protesté et que certains auteurs regrettent (1), peut se justifier. Comme on l'a répondu au Corps législatif : « faute par les aubergistes et hôteliers de remplir une formalité facile et simple, ils fournissent aux coupables les moyens de se dérober plus aisément aux recherches. » On peut ajouter qu'il peut aussi y avoir, dans ces cas, une entente secrète avec le délinquant, une sorte de complicité à l'état latent à laquelle on peut attacher un des effets de la complicité légale. Cette responsabilité ne peut s'appliquer que dans les termes du texte ; elle est donc inapplicable aux contraventions, la loi ne parlant que des crimes et délits. Cela est équitable, étant donné le peu d'importance de ces infractions.

La loi du 3 mai 1844 sur la police de la chasse rend civilement responsables les père, mère, tuteurs, maîtres et

____

(1) V. Séance du 19 décembre 1800. Locré, XXIX, p. 258. — V. Chauveau et F. Hélie, I, p. 553.

commettants, pour les délits de chasse de leurs enfants mineurs non mariés, pupilles demeurant avec eux, et de leurs domestiques et préposés (art. 28). L'article 206 For. admet les mêmes responsabilités [pour les délits et contraventions forestières, il ajoute toutefois la responsabilité du mari pour les infractions de sa femme aux lois forestières. C'est un des cas exceptionnels où le mari répond du dommage causé par sa femme.

La loi du 15 avril 1829 sur la pèche fluviale édicte les mêmes responsabilités pour les dommages résultant des délits de pèche (art. 74). La loi des 26 septembre-6 octobre 1791, sur la police rurale, admet les mêmes principes pour les délits ruraux (titre II, art. 7).

Citons encore la responsabilité des adjudicataires de coupes de forêts pour les délits et contraventions de leurs divers employés (art. 46, For.)

Les responsabilités édictées par ces diverses lois de police ne seront pas, en général, très efficaces. Les infractions visées par ces lois sont en effet commises le plus souvent par [des gens pauvres. Il y a, en effet, dans les campagnes, toute une population de personnes sans aucun bien qui commettent la majorité des infractions à la police rurale, à celle de la pèche et de la chasse, et qui vivent en partie du produit de ces délits. Ordinairement, les parents, maris ou tuteurs de ces délinquants ne seront pas moins pauvres que les délinquants eux-mêmes. Seule, la responsabilité des commettants aura ordinairement plus d'utilité. Mais il faut remarquer que, dans la plupart des cas, le dommage causé par ces délits et contraventions sera assez minime. En supposant impayée la somme due à la victime, la perte subie par elle ne sera pas considérable.

Signalons encore, dans la même série de responsabilités civiles spéciales, les décrets du 6 juillet 1810 (art. 59). et du 18 août 1810 (art. 27) qui rendent les greffiers des cours et tribunaux responsables de toutes les infractions, dont leurs commis se sont rendus coupables dans l'exercice de leurs fonctions.

Enfin, la loi du 29 juillet 1881 sur la presse, rend les propriétaires de journaux et écrits périodiques responsables des condamnations civiles prononcées au profit des tiers contre les gérants, éditeurs et auteurs. C'est là une innovation de la loi de 1881. Auparavant, l'efficacité de la réparation due aux victimes des délits de presse, était assurée au moyen du cautionnement. Ce cautionnement, établi par la loi du 9 juin 1819, un instant supprimé par le décret du 10 octobre 1870, rétabli presque aussitôt par la loi du 6 juillet 1871, était encore régi en 1881 par cette dernière loi. Comme sa devancière, la loi de 1819, la loi de 1871 affectait le cautionnement par privilège aux diverses condamnations pécuniaires, auxquelles les propriétaires, gérants et auteurs pouvaient être exposés. Sur ce cautionnement, les dommages-intérêts n'étaient primés que par les frais (art. 4).

Depuis le 29 juillet 1881, le cautionnement a disparu. On a vu là une de ces mesures qui mettent la presse hors de ce fameux droit commun, auquel on voulait la soumettre. La loi a remplacé cette institution par la responsabilité des propriétaires de journaux. Il y a là une sage disposition. Comme le disait à la Chambre des députés

M. Agniel : « Préoccupons-nous de la liberté de la presse, mais aussi de la sécurité, de la tranquillité des citoyens ; il n'y a qu'un moyen... d'accorder une juste réparation aux personnes troublées par la diffamation et l'injure publiques, c'est la réparation pécuniaire et, ce qu'il faut atteindre, c'est la caisse du journal, la caisse de l'exploitation ». C'est ici un retour aux principes généraux de l'article 1384 du Code civil ; le gérant est le préposé du propriétaire. Celui-ci doit répondre des délits du premier. Cependant cette responsabilité avait été méconnue par la jurisprudence antérieure. Le législateur de 1881 a donc sagement agi en l'affirmant expressément. Il a assuré aux personnes diffamées le seul recours qui fut à peu près toujours efficace : celui contre le propriétaire du journal ; celui contre la caisse de l'entreprise (1). Au point de vue pratique, la loi de 1881 a donc abouti, chose curieuse, à mettre les délits de presse dans une situation exactement inverse de celle faite aux autres infractions. Pour les délits ordinaires, la répression est suffisante et la réparation ne l'est pas ; ici au contraire, la réparation est assurée, et la répression pénale, très imparfaite.

Il y a, avons-nous dit, d'autres cas de responsabilités : ce sont ceux où la personne responsable peut être poursuivie, le coupable restât-il inconnu. Il n'est pas sans intérêt de les distinguer ; à notre époque, les crimes et délits restés impunis sont en augmentation constante. A l'heure actuelle, ils atteignent cette effrayante quotité de 16 % des infractions constatées, soit le sixième. Dans tous ces

(1) V. Garraud, II, n° 9, p. 10. — Fabreguettes : *Infractions de la parole*, etc., II, n°⁸ 1861 et suiv., p. 274.

cas, la victime n'obtient aucune satisfaction, si elle ne trouve une des responsabilités, dont nous allons parler, responsabilités malheureusement très limitées.

On peut citer, dans cette classe, la responsabilité des dépositaires des registres d'état civil, pour les altérations qui y surviennent (art. 51, Code civ.) ; celle des gardes champêtres, pour les délits dont ils ont négligé de faire le rapport dans les vingt-quatre heures (loi des 26 septembre-6 octobre 1791 (titre I, section VII, art. 7) ; celle des gardes forestiers, pour les délits commis dans leurs triages qu'ils n'ont pas dûment constatés (art. 6, Code for.), celle aussi des employés des arsenaux, à raison des vols d'armes qui y sont commis (arrêté du 7 nivôse an VI).

Mais le cas de responsabilité civile le plus important est celui édicté par l'article 106 de la loi du 5 avril 1884. D'après cet article, « les communes sont civilement responsables des dégâts et dommages résultant des crimes ou délits commis à force ouverte ou par violence, sur leur territoire, par des attroupements ou rassemblements armés ou non armés. »

Auparavant, la loi du 10 vendémiaire an IV édictait une responsabilité semblable. Mais la commune encourait aussi une responsabilité pénale. Elle était considérée comme ayant commis un délit, elle devait à l'État une amende. C'était la responsabilité collective des époques primitives dans toute sa rigueur. Aujourd'hui, la responsabilité des communes a un autre caractère, elle repose sur une toute autre idée. La commune est responsable de n'avoir pas pris toutes les mesures nécessaires pour éviter des troubles. La commune a l'obligation de maintenir le bon ordre sur son territoire. Si elle ne l'a pas fait, si ses représentants légaux n'ont pas pris toutes les dispositions qui étaient en leur pouvoir, une faute grave a été commise, les personnes lésées peuvent poursuivre la commune.

Cette responsabilité, étant fondée sur une faute présumée, se trouve, par cela même, limitée : elle disparaît toutes les fois que l'absence de faute ressort des circonstances : lorsque toutes les mesures d'ordre ont été prises, lorsque la municipalité était paralysée dans son action, n'ayant pas à sa disposition la force armée, comme cela a lieu à Paris et à Lyon, toute action est par cela même refusée contre la commune aux victimes de l'émeute. C'est ce qui est explicitement affirmé par l'article 108 de la loi municipale (1).

Cette responsabilité des communes, en dehors du recours efficace qu'elle assure aux intéressés, présente aussi une importance théorique toute particulière. C'est la responsabilité collective, mais sous sa forme moderne, ne concernant que la responsabilité civile. Il y a là cette idée très intéressante de la puissance publique responsable de ses actes faits comme puissance publique. Il y a là une responsabilité, limitée sans doute, mais importante cependant à l'égard des pouvoirs publics dont la mauvaise administration a favorisé ou n'a pas empêché les crimes et les délits. Il y a là un germe déposé dans notre législation.

____

(1) V. sur cette loi, Spire, *Responsabilité des communes en cas d'attrouppements*. — Cf. sur la loi de vendémiaire, an. IV Rudorrf, *Responsabilité des communes*. — Feraud-Giraud, *Revue Walonski*, t. XLIV, p. 322. — *Revue critique*, 1881, p. 827.

Est-il appelé à se développer plus complètement ? Faut-il souhaiter qu'il se développe, que les pouvoirs publics soient rendus responsables de tous les délits qui se commettent ? Faut-il, au contraire, demander que le principe consacré ici par la loi ne reçoive que des applications limitées ? Ne peut-on pas dire que cette disposition, utile dans des cas exceptionnels, serait nuisible, étant admise de façon générale ? C'est une question que nous ne voulons pas trancher ici, et sur laquelle nous reviendrons, quand nous aurons abordé les questions législatives.

On peut rapprocher de la responsabilité des communes celle qui incombe aux membres du bureau dans une réunion publique (loi du 30 juin 1881, art. 8). Il y a une faute à leur égard de n'avoir pas pris les mesures pour maintenir l'ordre, ou de n'avoir pas dissous la réunion, s'ils ne pouvaient faire respecter les lois (1).

En dehors de ces divers recours accordés à la victime d'un délit en vertu de la loi, la personne lésée par l'infraction peut avoir, en vertu de contrats antérieurs, une action à exercer pour la réparation du préjudice qui lui a été causé. Je puis recourir contre le dépositaire, ou le voiturier, si la chose que je lui avais confiée, ou donnée à transporter a été volée, sauf à lui à faire la preuve prescrite par la loi pour se libérer. Je puis recourir contre mon hôtelier à raison du vol des effets que j'ai apportés chez lui. Si un tiers a mis volontairement le feu à ma maison, je puis recourir contre la Compagnie d'assurances à laquelle

____

(1) V. Fabreguettes, *op. cit.*, II, nᵒˢ 1813 et 1814, p. 251.

je me suis antérieurement assuré. Si une personne est victime d'un homicide par imprudence, ses héritiers peuvent poursuivre la compagnie d'assurances avec laquelle elle a signé une police d'assurance sur la vie.

Nous ne voulons pas multiplier indéfiniment les exemples, tout le droit civil y passerait. Ceux que nous avons donnés suffisent pour faire une observation générale. En dehors des cas de responsabilité légale, la convention peut ouvrir à la victime un champ presque indéfini de responsabilités contractuelles. Et même, il y a un contrat qui prend de jour en jour plus d'ampleur, qui entre toujours davantage dans la pratique : le contrat d'assurance, dont le but est précisément de créer cette responsabilité. Il garantit la personne lésée contre l'insolvabilité du délinquant si celui-ci est connu, il lui donne un recours, si le coupable ne peut être découvert. Peut-être y a-t-il dans le développement de ce contrat un utile remède contre la situation faite aux personnes lésées par un délit.

Nulle part, remède ne fut plus nécessaire. Les responsabilités civiles, nous allons le voir par la suite, sont à peu près la seule arme convenable que les personnes lésées aient à leur disposition.

Et pourtant, combien y a-t-il de cas où elles ne peuvent s'en servir ! Mettons de côté ces responsabilités spéciales que nous venons de passer en revue, dont le rôle ne peut être que secondaire. Que reste-t-il ? des actions en responsabilité pour les délits des mineurs et des préposés comme tels, c'est-à-dire de gens peu à redouter en général, à cause de leur âge, ou de la situation régulière qu'ils occupent. S'agit-il de récidivistes, de malfaiteurs de pro-

fession, « des grognards du crime et du délit », leurs délits, seront bien rarement réparés. La victime n'a à sa
disposition qu'un droit de saisie sur des biens habituelle-
ment dissimulés, ou le droit d'exercer une contrainte
par corps toujours onéreuse, souvent inutile (1).

(1) En 1894, sur 32.056 contraintes par corps exercées, 26.052 furent sans résultat.

CHAPITRE III

La victime d'une infraction aux lois pénales peut avoir comme garantie de sa créance des sûretés réelles. A défaut de recours contre des tiers étrangers au délit, tout au moins aurait-elle pu puiser, dans certains droits de préférence, dans des privilèges ou des hypothèques un moyen de se protéger contre l'insolvabilité du délinquant, d'assurer le payement de sa dette en présence d'autres créanciers. Ces sûretés, malheureusement, sont très peu nombreuses et plusieurs, tout au moins, seront à peu près inefficaces. Nous allons les passer en revue, en essayant de dégager leur utilité pratique.

Une seule garantie est spéciale aux actions en réparation des délits : c'est le privilège de la créance en dommages-intérêts sur l'amende. D'après l'article 54 du Code pénal, en effet, en cas de concurrence de l'amende avec les restitutions et les dommages-intérêts sur les biens insuffisants du condamné, ces dernières condamnations obtiendront la préférence. Cette règle paraît fort ancienne, on la voit appliquée dès le commencement du xive siècle par le Parlement de Paris (1). Elle fut ensuite consacrée par

(1) Arrêt de 1306 à la Saint-Martin. V. Imbert éd. Guenoys, p.572.

certains textes des coutumes et par le Code de 1810. Celui-ci avait même étendu le privilège sur les objets confisqués, mais cette extension a disparu en 1832, sans qu'il y en ait de bonnes raisons. Et, comme dans l'Ancien Droit, les dommages-intérêts ne sont privilégiés que sur l'amende.

Cette disposition de l'article 54 se réduit à fort peu de chose. Lors de l'ouverture de la contribution ou de l'ordre, sur les biens du condamné, l'Etat, pour l'amende, la victime, pour ses intérêts civils, n'auront aucun rang de préférence, ils seront payés suivant la date de leur hypothécaire judiciaire, s'ils ont fait inscrire cette hypothèque, sinon au marc le franc, comme les autres créanciers chirographaires. Tout le privilège de la personne lésée se réduira à ceci : au cas où elle n'aurait pas touché tout ce qui lui est dû, l'Etat lui abandonnera, sur ce qu'il a lui-même reçu, la somme nécessaire pour parfaire son indemnité. Mais il n'en restera pas moins privilégié pour ses frais de justice et il n'aura, de ce chef, aucun abandon à faire à la personne lésée (1).

Ce privilège de l'article 54 est fort équitable, puisque l'amende a pour but, non pas l'enrichissement de l'Etat, mais l'appauvrissement du condamné à titre de châtiment. Il serait en outre étrange que la situation de la victime fût empirée parce que l'acte dommageable constitue un délit, parce qu'il y a lieu à une amende.

Mais on voit combien minimes seront les effets pratiques de l'article 54, de quel médiocre secours sera cette

(1) Blanche, I, nos 406 et suiv., p. 551. — Haus, II, no 1018, p. 294. — Thirry, no 377, p. 259.

disposition pour la victime. Le seul privilège spécial à la réparation civile se trouve donc à peu près sans force.

Une autre sûreté est affectée à la réparation civile, mais celle là ne lui est pas spéciale. Lorsque les dommages-intérêts ont été reconnus par jugement, le créancier peut prendre une hypothèque générale sur les immeubles de son débiteur (art. 2132 du Code civ.). C'est la garantie que la loi attache à tous les jugements définitifs ou provisoires. Tandis qu'ordinairement elle présente une utilité considérable, ici, au contraire, elle sera presque toujours sans effet. Tantôt, et c'est le plus fréquent, le délinquant ne possédera aucun immeuble. Tantôt il appartiendra à cette classe de financiers véreux, de directeurs de banques borgnes, véritables écumeurs de la finance ; et s'il possède des immeubles, ceux-ci auront été mis depuis longtemps sous le nom de tiers, lorsqu'interviendra le jugement ; ou bien, ils seront grevés, pour plus que leur valeur, par des hypothèques vraies ou fictives. D'où nécessité, pour la victime, du délit d'entamer des procès coûteux, de faire une preuve souvent fort difficile de la fraude. Après seulement, peut-être trouvera-t-elle sur quoi faire porter ce droit, en apparence si important, d'hypothèque sur tous les biens présents et à venir du coupable.

Une dernière sûreté peut appartenir à la victime d'un délit. C'est la seule qui soit presque toujours efficace. Mais elle ne s'applique que dans des cas exceptionnels. C'est le privilège établi par l'article 2102 du Code civ., sur le cautionnement des fonctionnaires. D'après un grand nombre de lois spéciales, les officiers ministériels : avoués, greffiers, agents de change (loi du 25 nivôse an XIII),

notaires, (loi du 19 ventose, an **XI**), certains fonctionnaires
de l'État : les conservateurs des hypothèques, les receveurs
et directeurs des postes, les trésoriers-payeurs généraux et
receveurs particuliers, les chanceliers diplomatiques, etc.,
sont astreints à fournir un cautionnement variable,
suivant l'importance des responsabilités qu'ils peuvent
encourir. Ce cautionnement, et les intérêts qui peuvent
en être dus, sont affectés, par privilège, au paiement des
créances résultant d'abus et de prévarications commises
dans l'exercice des fonctions. Parmi ces créances, figure-
ront parfois celles résultant de délits. Mais elles ne joui-
ront, à l'égard des autres créances pour faits de charge,
d'aucune préférence. De plus, d'après une jurisprudence
constante, les seuls délits, donnant lieu au privilège, sur
le cautionnement seront ceux résultant de l'exercice légal et
obligé de la fonction. Malgré cette double restriction,
dans la mesure où il existe, le privilège sur le cautionnement formera, en fait, une garantie largement suffisante
pour assurer le complet paiement de l'indemnité. Il y a,
pour ce cas spécial, un moyen très efficace pour assurer la
réparation de certains délits. Mais on voit en même temps
combien sa sphère d'application sera toujours restreinte.
Une pareille sureté n'est pas susceptible d'extention. En
dehors des personnes dépendants plus ou moins de l'État,
le cautionnement ne peut pas raisonnablement s'appliquer.
Comprendrait-on qu'on obligeât les industriels ou les commerçants au versement d'un cautionnement en vue des
délits qu'ils peuvent commettre ? Il n'est ni juste, ni utile
en dehors de ces cas spéciaux, de venir drainer les fortunes

particulières, de détourner des capitaux susceptibles d'un emploi lucratif. Il n'est pas moins mauvais d'accumuler des capitaux énormes entre les mains de l'État, et par une voie détournée, d'augmenter sa dette flottante.

CHAPITRE IV

VOIES D'EXÉCUTION SUR LES BIENS ET LA PERSONNE DU COUPABLE

Le créancier pour réparation civile d'une infraction jouit de deux moyens de contrainte pour obtenir le paiement de sa dette : une voie d'exécution sur les biens : la saisie ; et une voie d'exécution sur la personne : la contrainte par corps. Tandis que les sûretés personnelles ou réelles tendaient à prémunir le créancier contre l'insolvabilité de son débiteur : le délinquant, ces divers modes d'exécution : la saisie et la contrainte par corps constituent des armes données par la loi contre la mauvaise volonté possible du débiteur. Nous allons montrer la portée et l'efficacité de ces deux procédures.

I

Tous les créanciers peuvent au moyen de divers formalités indiquées par le Code de Procédure saisir les divers droits appartenant à leurs débiteurs pour en opérer la vente et se faire payer sur le prix. La victime d'un délit peut user des mêmes droits, et sous les mêmes conditions que tout autre créancier. Nous n'aurions rien de plus à ajouter,

quant à l'exécution sur les biens du délinquant, si le
créancier ne jouissait ici de certaines faveurs, s'il ne pouvait ici saisir certains biens, qui seraient insaisissables à
l'égard d'un individu créancier par contrat.

Parmi les valeurs sur lesquelles la victime du délit pourra
se faire payer, et qui sont ordinairement insaisissables,
les unes sont telles par la volonté de l'homme, les autres
par les dispositions de la loi.

Dans la première catégorie, il faut faire rentrer les biens
qu'une femme a déclarés dotaux par son contrat de mariage et ceux qu'un testateur, ou donateur ont donnés
sous condition d'insaisissabilité (art. 581, Code de proc.).
Dans ces différents cas, aucun doute n'existe plus aujour-
d'hui. La situation des biens du légataire, du donataire,
ou de la femme dotale, ne peut être pour eux, un moyen de
nuire impunément à autrui. Ils ne peuvent se prévaloir de
leurs conventions, pour écarter l'action des victimes de leurs
délits. L'intérêt privé doit céder le pas à l'intérêt public (1).
Ces clauses d'insaisissabilité, n'ont d'ailleurs été autorisées
que pour empêcher les femmes mariées et les donataires,
de s'engager par des contrats imprudents, on ne peut les
étendre et en faire des brevets d'impunité, pour ceux à qui
elles sont imposées. Il y aurait là un fait absolument
scandaleux, absolument contraire aussi à l'esprit de la
loi.

Quant aux sommes et objets déclarés insaisissables par

____

(1) V. Pour l'obligation de la femme dotale par ses délits. Cass.,
16 février 1880. Sir., 81. 1. 351. — Cass., 27 février 1883. Sir., 84,
1, 185. — Cass., 16 janvier 1886. Sir., 89, 1, 212. — Cass., 29 mars
1893. Sir., 93, 1, 288. — cf. Sourdat, I, nos 171 et suiv., p. 169.

la loi, la question est plus délicate. Les termes des textes sont absolus. Peut-on y déroger ? Il semble qu'il faut distinguer, selon le motif qui a inspiré la loi, en édictant l'insaisissabilité. Si elle est écrite dans un intérêt public, elle pourra être opposée, même au créancier pour délit. Est-elle au contraire, écrite dans un intérêt privé, par faveur pour une personne digne d'intérêt, elle pourra disparaître, lorsqu'il s'agira de dettes nées d'un acte illicite. Ce principe est loin de trancher toutes les difficultés. Il permet cependant de résoudre un certain nombre d'hypothèses parmi lesquelles nous énumèrerons rapidement les plus pratiques.

L'insaisissabilité des rentes sur l'État étant édictée dans un intérêt d'ordre public, ne saurait recevoir d'exception, même à l'égard des créanciers pour délits. Elle a été édictée pour assurer le crédit public, elle ne servirait plus à rien, si des créanciers, quels qu'ils soient, pouvaient former des oppositions entre les mains du directeur de la dette, si les détenteurs des titres de rentes pouvaient en être privés.

Il semble aussi qu'on devra, la plupart du temps, déclarer insaisissables, même à l'égard des victimes d'un délit, les portions des traitements des fonctionnaires pour lesquelles la loi n'autorise pas d'opposition. On craint que le fonctionnement du service public ne soit troublé, si les personnes chargées de ce service étaient privées de leurs traitements. Il y aurait là des entraves au bon ordre de l'administration que la loi a voulu écarter.

Au contraire, il semble que les tribunaux pourraient admettre, dans une certaine mesure, des saisies sur les provisions ou pensions alimentaires qu'ils ont accordés, car l'insaisissabilité établie par la loi l'est ici dans un but d'intérêt privé. Et surtout il y a une raison de sentiment dont il faut tenir compte toutes les fois qu'on le peut : il faut autant que possible éviter le scandale d'un délinquant vivant dans une certaine aisance, si la victime est dans la misère (1).

Au point de vue de l'efficacité de la réparation du délit, que résulte-t-il de tout cela ? Dans les quelques cas où le créancier pour délit peut seul saisir, il y a pour lui une situation comparable à celle d'un créancier privilégié. En pratique, invoquer un privilège sur un bien, ou être seul à pouvoir se faire payer sur ce bien, c'est tout un. La faveur qui en résulte, pour le créancier, est la même au point de vue des effets. Il y a donc là un moyen indirect, capable d'assurer l'efficacité de la réparation. Nous pouvons encore ajouter ici la même remarque, déjà faite bien des fois. Le droit spécial reconnu ici au créancier, ne trouvera guère lieu de s'appliquer, que pour des délits involontaires, ou en tous cas, qu'à l'égard de délinquants d'occasion. Pour avoir des valeurs insaisissables, il faut avoir des biens. Or les gens les plus à craindre n'en ont ordinairement aucun. Il y a encore là une mesure utile en soi, mais sans grande portée.

Quant aux biens qui restent insaisissables dans tous les cas, il n'y a pas longtemps à insister sur les effets déplorables que produit chaque jour l'insaisissabilité des rentes sur l'État. On sait trop avec quelle audace des spécu-

____

(1) V. Sur ces questions. Sourdat, I, nᵒˢ 175 à 184, p. 174, cf. loi 12 janvier 1895.

lateurs sans scrupule se sont servis de cette règle pour
tromper tous leurs créanciers. Les protestations contre
cette disposition de nos lois se sont souvent fait entendre.
Il ne semble pas qu'elle ait aujourd'hui de défenseurs.
D'autant plus qu'avec le temps la gravité de cette mesure
ne fait que s'accentuer. L'augmentation de la dette publique a accru les valeurs ainsi mises en dehors du droit
commun, a plus que décuplé les sommes que les débiteurs
sans scrupule peuvent soustraire impunément à leurs
créanciers. Nous ne pouvons donc qu'en demander ici,
comme partout ailleurs, la prompte abrogation.

Quant aux autres insaisissabilités que l'on peut opposer
même à la victime d'un débit, il ne paraît pas que la pratique ait eu à souffrir de ces dispositions. Les délits des
fonctionnaires sont heureusement choses fort rares. Cependant il nous semble que l'insaisissabilité prescrite par
la loi pourrait être ici abrogée sans inconvénient, ou tout
au moins réduite. L'intérêt public a plus à souffrir de l'atteinte portée ici au droit de la victime que du prétendu
trouble dans un service public venant de l'opposition sur
le traitement d'un employé. On aurait tort d'envisager
l'abrogation de ces règles comme une perturbation sérieuse
dans les administrations.

II

La contrainte par corps, que la loi du 22 juillet 1867
a conservé pour le paiement des restitutions et dommages-

intérêts adjugés en matière criminelle, correctionnelle et de police, semblerait devoir empêcher les inconvénients que nous venons de signaler. En apparence, elle est un moyen excellent pour amener ceux qui possèdent des biens insaisissables ou des valeurs dissimulées à payer leurs créanciers. En réalité, elle est beaucoup moins efficace qu'on ne pourrait le supposer. Elle entraîne des dépenses telles que le créancier hésitera bien souvent à l'employer.

Si l'on en juge par les remaniements qu'elle a subis, la loi sur la contrainte par corps devrait pourtant être une des meilleures de nos lois. Admise par le législateur de 1791 à la suite de notre Ancien Droit, réglée à nouveau en 1832, réglée une seconde fois en 1848, remaniée complètement en 1867 pour les cas où elle subsistait, modifiée encore en 1871, elle formerait pour la partie lésée un moyen de contrainte efficace, si le législateur n'avait ajouté les dispositions nécessaires pour empêcher de s'en servir.

La loi reconnaît bien que la contrainte par corps existe de plein droit pour assurer le paiement des diverses réparations civiles. Elle l'attache même aux condamnations des tribunaux civils, dès que le caractère délictueux du fait a été reconnu par la juridiction répressive (1). La durée de la contrainte, plus longue que dans beaucoup de législations actuelles, peut même atteindre deux ans. Elle varie suivant l'appréciation du juge, qui ne peut s'exercer cependant que dans la mesure fixée par la loi, suivant l'importance des condamnations (art. 9). La loi permet

____

(1) Art. 3 loi du 22 juillet 1867.

en principe l'exécution de la contrainte par corps contre toute personne : même contre les femmes. Elle n'a guère admis que les exceptions strictement nécessaires : réduisant simplement la durée de la contrainte de moitié au profit des sexagénaires. Elle n'en interdit l'emploi que contre les personnes mineures de seize ans lors du délit et entre proche parents (art. 13 et 15). Elle ne l'autorise pas davantage contre les personnes civilement responsables. Seuls les auteurs et les complices de l'infraction y sont soumis, règle également explicable, car il serait excessif de traiter celui qui n'a commis qu'une faute d'omission aussi durement que le coupable lui-même.

A côté de ces principes, combien en est-il au contraire qui constituent autant d'entraves pour l'efficacité et surtout l'emploi commode de la contrainte par corps ! Tout d'abord la contrainte cesse après la moitié de la durée à laquelle elle était fixée, si le contribuable prouve son insolvabilité. Cette règle serait sage, si la loi ne se contentait comme preuve de l'insolvabilité de titres insuffisants. Il suffit de présenter un extrait du rôle des contributions constatant que l'on paie moins de six francs de contribution et un certificat d'indigence signé par le maire (art. 420 Inst. crim.). La loi sur l'assistance judiciaire exige des preuves à peu près semblables, pour obtenir la faveur de la loi (art. 10, loi du 22 janvier 1851) ; elle donne déjà lieu à des fraudes très nombreuses ; bien des personnes, sans mériter cette faveur, trouvent moyen de l'obtenir. Les contraignables par corps ne sont certainement pas moins habiles pour arriver à sortir de prison.

La contrainte a aussi le défaut de ne pouvoir être renouvelée. C'est une arme que la loi accorde, mais dont on ne peut se servir qu'une fois. Quelque soit la cause qui l'ait fait cesser, elle ne peut par la suite être reprise (art. 12). Le créancier est alors placé dans une alternative singulièrement embarrassante. S'en servira-t-il de suite ? Il risque, si elle reste sans effet, de n'avoir plus de moyen d'action efficace, le jour où son débiteur regagnerait quelque argent. Attendra-t-il le moment propice ? Il lui sera souvent difficile de le connaître, et il attendra peut-être très longtemps avant de l'exercer, c'est-à-dire avant d'être payé.

Ajoutez à ces inconvénients que la jurisprudence exempte de la contrainte les condamnés à des peines perpétuelles : elle soutient qu'on ne peut l'exercer contre eux, fussent-ils graciés par la suite, prétextant que ces deux condamnations ne peuvent coexister dans le jugement (1).

Mais le reproche le plus grave qu'on peut adresser à la loi, c'est de n'avoir permis l'exercice de la contrainte que dans des conditions onéreuses pour le créancier. Celui-ci est obligé de consigner d'avance les sommes pour pourvoir à la nourriture de son débiteur, faute de quoi la contrainte cesse et ne peut plus être reprise (art. 6 et 7). Cette obligation qui s'expliquait en un temps où la contrainte par corps était d'un emploi général, ne se comprend plus, étant donné que sous tant de rapports, on la traite comme une peine. En tous cas, c'est une lourde charge, qui est bien faite pour éloigner les créanciers de cette mesure contre leurs débiteurs. La victime n'est guère disposée à faire des frais qui n'aboutiront souvent qu'à procurer à son agres-

___

(1) V. Cass., 7 novembre 1861. Bull n° 249.

seur quelques mois de repos. Car les débiteurs enfermés pour dettes ne sont pas contraints au travail. Ils peuvent vivre dans l'oisiveté aux frais de leurs victimes, quand celles-ci ont l'imprudence d'exercer la contrainte à leur égard. Il y a là une mesure d'humanité mal comprise qui a les plus fâcheux effets. On ne peut s'expliquer qu'un créancier ait à nourrir à ne rien faire, un débiteur récalcitrant. Aussi il y a tout lieu de supposer que, sur les 30,000 condamnés contraints par corps annuellement, bien peu le sont à la requête des particuliers. Les statistiques sont malheureusement muettes à cette égard. Nous ne croyons cependant pas nous tromper en disant que presque toujours c'est l'administration qui exerce la contrainte pour se faire payer les frais ou l'amende.

A côté de la contrainte par corps, notre législation possède encore un autre moyen indirect pour obliger le condamné au paiement des dommages-intérêts. La loi du 3 juillet 1852, en refondant les règles de la réhabilitation a imposé (art. 623 Instr. Crim.) entre autres conditions que le condamné justifiât du paiement des dommages-intérêts, ou de la contrainte par corps subie par lui, ou enfin de la remise qui lui en a été faite. La loi du 14 août 1885 a complété ces dispositions; elle a dispensé de ces justifications en cas de prescription; et, en cas de condamnation solidaire, elle a chargé la Cour d'appel « de fixer la part des dommages-intérêts à payer par le demandeur ». Ce sont là des dispositions très justes. Actuellement, ce sont les seules de nos lois qui établissent quelque lien entre la réparation accomplie et la cessation de la peine. Par là, le paiement de l'indemnité ouvre au coupa-

ble l'espoir de voir cesser les incapacités qui le frappent.
Malheureusement, en pratique, la victime d'un délit ne peut
en attendre un grand secours. Le nombre des réhabilitations est assez faible eu égard au total des condamnations
Malgré les facilités établies par le législateur de 1885, la
plupart des condamnés ne cherchent pas à obtenir cette
attestation de leur relèvement moral (1).

III

Nous avons parcouru les diverses garanties, dont la victime d'une infraction aux lois pénales peut user, pour obtenir le paiement de la réparation civile. Avant d'aborder
les moyens pratiques pour la victime de faire reconnaître son
droit, essayons de montrer, par un rapide examen, dans
quelle mesure celle-ci est armée pour obtenir le paiement
quels moyens a-t-elle pour triompher de l'insolvabilité, ou
de la mauvaise volonté du délinquant ? Rien ne serait plus
important que de lui donner des moyens d'action énergiques.
car il y a souvent lieu de penser qu'elle viendra se heurter à
la paresse ou à la mauvaise volonté de son débiteur, qu'elle
rencontrera en face d'elle une grande force d'inertie. La loi,
ici, est bien imparfaite, il faut le reconnaître. Comme l'a dit
exactement M. Garofalo (2), « les juristes ont arrêté en principe que la condamnation du prévenu entraîne l'obligation

(1) En 1894, 2848 réhabilitations ont eu lieu, ce qui est très peu
étant donné que les tribunaux répressifs prononcent plus de 200000
condamnations.

(2) Criminologie, trad. française, éd. 1888, p. 350.

de dommages-intérêts. Ce principe établi, ils ont cru n'avoir pas autre chose à faire, car la manière dont l'offensé se fera payer la somme qui lui est due à cause du délit rentre dans les règles ordinaires de la procédure. L'obligation *ex delicto* est traitée comme le serait une obligation *ex contractu*. Ce n'est plus l'affaire des criminalistes. »

La vérité est que, sauf le droit d'exercer la contrainte par corps, et nous savons ce qu'il vaut, la victime d'un délit de droit pénal ne peut guère user des droits qui lui soient spéciaux. A défaut de la solidarité, elle aurait souvent contre les coparticipants du délit, une action *in solidum*, dont le résultat ne différerait pas énormément dans bien des cas. Car il ne faut pas se faire trop d'illusions sur l'importance des articles 1205 et suivants du Code civ. Le principal, c'est de pouvoir demander à chacun le tout, et on l'aurait presque toujours pu, étant donnée l'impossibilité de diviser la responsabilité entre les divers auteurs. Comptera-t-on pour un bénéfice bien grand le droit d'être payé par préférence à l'État pour l'amende ?

Que reste-t-til ? Les garanties accordées à tout créancier pour délit ou quasi-délit : le droit de poursuivre les personnes civilement responsables, un privilège sur certains cautionnements, enfin l'hypothèque qui résulte de tous les jugements. Nous l'avons vu, tout cela suppose pour s'appliquer, une personne occupant une situation sociale régulière, peu portée par cette situation même, à commettre des délits, en tout cas en ayant rarement commis. Il y a là des garanties pour divers délits qui ne constituent pas, le plus souvent, des délits de droit naturel : homicide ou blessure par imprudence, certaines infractions à la police de la pêche ou à la police rurale. Les règles du droit civil assurent à peu près le paiement de la réparation dans ces diverses hypothèses.

Ces hypothèses mises à part, dans la plupart des cas où il s'agit de délits volontaires, dans les cas surtout où ces délits ont été commis par les professionnels du crime ou du délit, que peut obtenir la partie lésée? Rien ou à peu près. De sûretés spéciales, parce que son droit résulte d'un délit, il n'y en a pas, nous venons de le dire, ou les rares sûretés qui existent sont sans effet. Qu'attendre de la solidarité? Qu'attendre de ce privilège insignifiant sur l'amende? Faut-il compter plus sur les dispositions du droit commun? Non. On s'adresse à des gens qui n'ont pas de biens, ou du moins n'ont pas de biens apparents. Ces sûretés ne peuvent donc s'appliquer directement.

C'est ici que pourrait utilement intervenir la contrainte par corps. Tantôt, elle pourrait constituer une épreuve de solvabilité pour celui qui a su soustraire ses biens aux poursuites, en les faisant passer aux mains de personnes complaisantes. Tantôt, elle pourrait constituer une menace sérieuse pour un débiteur réellement insolvable, de nature à réveiller son zèle, à le faire travailler pour acquitter au moins partiellement sa dette. Mais depuis déjà trente ans, la contrainte par corps ne constitue plus, entre les mains des particuliers, qu'une machine à demi brisée et hors d'usage. Quel service attendre d'une pénalité d'une durée souvent trop courte, qui n'aura souvent qu'un résultat : procurer au débiteur quelques mois d'oisiveté aux dépens de son créancier? Un pareil moyen ne peut être d'aucun effet, et il est d'autant plus inapplicable que les victimes des délits ne sont souvent guère plus riches que leurs agresseurs. Le monde, les quartiers où ils sont obligés de vivre, bien d'autres conditions prédisposent les plus malheureux à être dans leurs personnes ou leurs biens, exposés aux atteintes des malfaiteurs.

Toutes ces raisons que nous ne faisons qu'indiquer, que nous aurons à reprendre, chemin faisant, rendent nécessaires d'importantes améliorations dans notre législation, et aussi dans celles des autres États européens, qui ne paraissent pas à cet égard aboutir à de meilleurs résultats que la nôtre.

Des réformes sont particulièrement nécessaires à deux points de vue : tout d'abord, parce que le nombre des délits commis par des récidivistes augmente constamment. Il y a là un progrès inquiétant qui a pour effet de laisser la plupart des délits sans réparation, car on a affaire à des débiteurs tels qu'il est fort difficile d'obtenir d'eux quoique ce soit. De plus, et ce n'est pas là le côté le moins épineux du problème, le nombre des délits dont les auteurs n'ont pu être découverts, augmente d'année en année, atteignant actuellement près de 100.000, soit près du cinquième du nombre des infractions constatées (1). La victime, sauf dans les cas très rares que nous avons précédemment signalés : responsabilité des communes, des gardes champêtres, etc., n'a alors aucun droit à prétendre. C'est un mal auquel il importe de chercher un remède.

(1) En 1893, 91.937 sur 536.010 délits ou crimes constatés : exactement 16 0/0.

CHAPITRE V

LA RÉPARATION CIVILE ET LA PROCÉDURE CRIMINELLE

Les diverses garanties accordées à la victime du délit
pour obtenir une réparation présentent un défaut manifeste : leur insuffisance. Si nous exceptons la contrainte
par corps, que la loi a organisée d'une façon défectueuse,
les diverses sûretés qu'offre la loi ont le grave défaut de
ne pouvoir ordinairement s'appliquer : on ne trouvera, le
plus souvent, ni biens à saisir, ni personnes solvables
ayant à répondre des suites civiles du délit. La loi mérite
moins de critique à raison de dispositions mauvaises, que
par l'absence de dispositions efficaces.

Lorsqu'il s'agit de la procédure que devra suivre la victime pour faire constater et liquider ses droits, pour obtenir un titre exécutoire, la législation actuelle présente
d'autres défauts : tout d'abord, la victime du délit est rejetée au second plan dans la procédure criminelle. La lutte
qui se livre devant le tribunal répressif, entre le ministère
public et l'accusé ou le prévenu, absorbe toute son attention. La réparation civile du délit a été laissée absolument
dans l'ombre : la loi ne s'en occupe que très peu. Cette
idée que l'intérêt social doit passer avant l'intérêt privé,
qu'il faut pourvoir à la sécurité sociale, alors même que

la personne lésée garderait le silence, a tellement préoccupé le législateur, elle semble avóir pris un tel empire
sur son esprit, qu'il n'a pas tardé à l'exagérer. A force
de se répéter ces idées parfaitement justes de la préémi-
nence de l'intérêt social sur la volonté des personnes lésées,
on est peu à peu arrivé à regarder l'intérêt privé comme
quantité négligeable. Ajoutez à cela un certain esprit de
défiance vis-à-vis des parties civiles, suspicion éternelle,
et bien humaine de l'État, vis-à-vis de ce qui n'émane pas
de lui, vis-à-vis surtout de ceux qui peuvent avoir à contre-
carrer ses agents. Enfin, et plus que tout le reste, il faut
constater un esprit de fiscalité déplorable et mal entendue, qui empêche les victimes d'agir, paralyse souvent
les revendications les plus légitimes, et finalement se
retourne contre l'intérêt du Trésor et contre le bien
public.

I

Le grand principe qui domine toute la procédure de la
réparation civile, c'est que la victime d'un délit ne peut
obtenir de réparation que si elle le demande. En règle générale, les tribunaux n'ont pas à ordonner d'office la réparation du délit. Cela est d'évidence, s'il s'agit du tribunal civil, puisqu'il ne peut statuer *ultra petita.* Cela est
décidé formellement pour les tribunaux répressifs pour
l'article 51 du Code pén., d'après lequel la partie lésée pourra
obtenir des dommages-intérêts « si elle le requiert »,
cela l'était déjà par divers articles du Code d'Instruction
criminelle (art. 191, 358, 366,). Et la Cour de Cassation a

toujours maintenu cette règle, en cassant les arrêts qu'ils l'avaient violée (1).

A ce principe, la loi apporte certaines exceptions. La confiscation, lorsqu'elle intervient à titre de réparation civile et la remise à la victime du délit des objets confisqués, à ce titre, interviennent d'office, alors même que le tribunal n'aurait reçu, à ce sujet aucune demande de la personne lésée. Nous avons indiqué, plus haut, dans quel cas la confiscation pouvait intervenir comme réparation civile, en vertu des lois sur la propriété artistique et littéraire, les marques de fabrique et les brevets d'invention. Nous n'y insistons pas.

Les restitutions sont également ordonnées d'office.

Nous avons vu en quoi elles consistaient, en quoi elles se distinguaient des dommages-intérêts, nous n'avons pas à y revenir. Signalons seulement que cette règle est interprétée et appliquée d'une façon large. La jurisprudence contenue por la majorité de la doctrine, admet que la restitution doit être ordonnée, alors même que la victime n'élève aucune protection, ne forme aucune demande sous quelque forme que ce soit (2) ; elle peut être également ordonnée, quoique l'accusé conteste à la victime la propriété des objets (3). La restitution peut intervenir alors

(1) V. Cass., 30 mars 1843. Dall. 43, 1, 1248. — Cass., 16 janvier, 1808. — Cass., 16 novembre 1821. Dall. t. 1º p. 63 et 204. — Cass. 13 décembre 1824 (non imprimé, cité par Mangin, I, p. 12).

(2) V. Cass., 6 juin 1845. Dall., 45, 1, 287, cf. Merlin. Rep. Vº *Partie civile*, nº 7 et Vº *Restitution de chose volée*, nº 2. — Trebutien, I, p. 266. — Rodière, p. 302. — Blanche, I, nº 237. — Haus. nº 793. Lesellyer, I, nº 324, p. 457. — Compar. Imbert, livre 3, chap. 1, nº 10.

(3) Cass., 5 février 1858. Sir., 58, 1, 553. Bull., nº 34.

même que le tribunal est incompétent pour statuer sur les dommages-intérèts, comme un tribunal militaire (1). C'est ce qui est affirmé formellement par le Code de justice militaire.

Il résulte. en outre de l'article 366. Inst, crim, que la restitution peut être ordonnée par la Cour d'assises, alors même que le fait incriminé ne constituerait ni un crime, ni un délit, qu'il y aurait lieu, par conséquent, à un acquittement. Dès que l'accusé a été reconnu détenteur d'objets ne lui appartenant pas, alors même que cette détention n'aurait aucun caractère délictueux, il y a lieu à restitution. C'est ce que la jurisprudence a toujours admis (2). Il en est autrement, lorsqu'un acquittement intervient devant le tribunal correctionnel ou de simple police. L'article 191 implique, en effet, qu'il n'y a pas ici à statuer sur les prétentions autres que celles du prévenu acquitté. C'est ce qu'a reconnu la jurisprudence. Mais c'est ce qui, en fait, est souvent deplorable, si le tribunal correctionnel reconnaît qu'une personne détient illégalement, mais sans fraude, la chose d'autrui, comme il n'y a pas délit, la victime, pour retrouver ce qui lui appartient est obligée d'engager toute une procédure souvent onéreuse, alors qu'il était facile de lui donner immédiatement satisfaction (3).

Ajoutons, en terminant, que, dans certains cas spéciaux, en matière de délits de pêche et de délits fores-

----

(1) V. Art. 53 Code de justice militaire, cf. Molinier. Etudes sur le code de justice militaire, nᵒ 12.

(2) V. Cass., 30 mars 1843. Sir., 43, 1. 649. Bull., nᵒ 73. — Cass., 21 février 1852. Sir., 52, 1, 589. Bull., nᵒ 72. — Cass., 5 déc 1861, Sir., 62, 1, 333. Bull., nᵒ 265.

(3) V. Cass., 7 septembre 1820. Bull., nᵒ 118.

tiers (1), les dommages et intérêts peuvent être prononcés sans une demande de la personne lésée.

Mais ces divers hypothèses, mises à part, la victime d'un délit ne peut jamais obtenir une réparation civile que si elle le demande. C'est un principe dont nous allons avoir à examiner les conséquences fort onéreuses pour les individus lésés. Conséquences parfois assez bizarres. La chose volée, qui se retrouve en nature, doit, en effet, être restituée d'office. Si, au contraire, elle a été vendue ou échangée, la restitution devient inapplicable : il y a lieu à des dommages-intérêts, il faut se lancer dans une procédure tout au moins coûteuse, sinon inutile. Ce sont les conséquences bizarres qu'un arrêt de la Cour de Cassation, absolument en harmonie avec la loi, a dû consacrer (2). Cela tendrait peut-être à prouver que la règle, c'est-à-dire la nécessité d'une demande pour que le tribunal puisse ordonner une réparation civile devrait être abrogée. C'est peut-être aussi ce qu'on pourrait conclure des efforts faits par la Cour de Cassation elle-même pour sortir de la règle étroite de la loi (3), de deux arrêts fort intéressants comme tendances, autant que contestables au point de vue stricte-

----

(1) V. Loi des 28-30 avril 1790, art. 8. Arrêtés du 28 vendem. an V, art. 4 et 3 et du 19 vent. an VI, art. 4 et 5. — Art. 159 et 184 For. Cf. Cass., 8 mai 1835. Dall.. 35, 1, 272. — Cass., 27 janvier 1837. Dall., 37, 1, 508. — V. Loi du 27 avril 1829, art. 5, 36 et 61.

(2) V. Cass., 6 juin 1845. Sir., 45, 1, 478. Bull., n° 191.

(3) V. Cass., 12 août 1872. Sir., 73, 1, 553. Cet arrêt a ordonné une restitution au marc le franc de sommes volées. Conf. Cass., 30 mars 1843. Sir., 43, 1, 639 et la note. — V. Cass., 20 février 1863, Dall.. 64, 1, 99. Sir., 63, 1, 321 et le rapp. de M. Nouguier Cet arrêt accorde des dommages et intérêts à une personne hors de cause en même temps qu'à un autre qui les avait demandés, admettant ici une sorte de gestion d'affaires.

ment juridique. Mais bien des éléments sont à considérer ici et les changements réitérés, en cette matière, de certaines législations étrangères, en particulier, celle de l'Autriche, ne sont pas faits pour enlever les hésitations. Il y a là une question que nous nous contentons de poser sans la résoudre, et dont l'étude complète trouvera sa place naturelle lors de l'examen des questions législatives.

II

La réparation civile, ne pouvant être ordonnée d'office, elle doit être demandée à la justice, toutes les fois que le coupable ne répare pas volontairement le mal qu'il a causé. Quand, dans quelle forme, à quelles conditions peut être formée cette demande ? Quelles règles, justes ou mauvaises, libérales ou restrictives, favorisent ou entravent la réparation civile, en tous cas, réagissent sur son efficacité ? Telle est la question qui se présente naturellement à l'esprit. Mais, l'étudier complètement serait extrêmement long. Toute la procédure criminelle pourrait y passer. En outre, ce travail serait presque inutile, ayant été fait souvent avant nous. Nous nous contenterons donc d'indiquer les règles les plus importantes au point de vue de l'efficacité de la réparation, sur les autres points, la situation de la partie lésée ne présentant rien de spécial. Nos explications se grouperont sous les paragraphes suivants :

Du choix de la victime entre les tribunaux civils et criminels.

Quand et comment la partie civile peut se constituer devant le tribunal criminel ?

Des voies de recours et de leur insuffisance.

Du droit d'obtenir des dommages-intérêts en cas d'acquittement du prévenu.

De l'obligation aux frais.

III

La personne lésée peut, en principe, porter sa demande d'indemnité devant le tribunal répressif ou devant le tribunal civil. Le choix lui est laissé entre ces deux partis : agir devant le tribunal criminel chargé de juger l'action publique, et pour cela, se porter partie civile, ou poursuivre isolément ses droits devant la juridiction civile. Cette seconde voie, quoique la plus récemment ouverte historiquement à la partie lésée, est celle de droit commun. On peut toujours y recourir (1). La victime demanderesse, en s'adressant au tribunal civil, trouvera de précieux avantages : elle pourra obtenir l'assistance judiciaire, si elle est dans l'indigence. Elle pourra poursuivre devant ce tribunal les personnes civilement responsables seules, évitant des frais inutiles, si le délinquant est notoirement insolvable. Enfin, elle pourra exercer ici toutes voies de recours ordinaires. Ce sont là de précieux avantages qu'elle ne retrouvera pas complètement ailleurs. Mais cette juridiction est la plus lente. En même temps, la victime préferera sou-

(1) L'art. 46 de la loi du 29 juillet 1881 apporte une exception pour raisons politiques. V. Sur ce point Larombière, VII, art. 1382, n° 45, p. 577. — Fabreguettes. Infractions de la parole. etc., II, nᵒˢ 1916 et suiv. p. 307.

la voie criminelle, surtout parce qu'en suivant cette voie, elle contribuera au châtiment du coupable.

C'est de la voie criminelle que nous allons avoir désormais à nous occuper. Car, si l'action est exercée par la voie civile, il n'y a rien de particulier à étudier, la victime a dans ce cas un droit d'action aussi efficace que tout autre demandeur au civil. Ce que l'on pourrait dire ici au sujet de l'efficacité, ou de la non efficacité de l'action, au sujet des dispositions bonnes ou mauvaises de la loi, s'appliquerait à la procédure civile toute entière.

La voie criminelle, au contraire, mérite un examen plus spécial : elle est, en principe, ouverte à la partie lésée à une seule condition (1) : il faut que l'action publique soit en même temps portée devant le tribunal répressif. Celui-ci est, en principe, incompétent pour statuer sur l'action en réparation seule, il ne peut y statuer qu'accessoirement à l'action publique. C'est ce qui est affirmé par l'article 3, Instr crim.

De ce principe découlent deux règles : l'action civile ne peut être portée devant le tribunal répressif lorsque l'action publique est éteinte. Le prévenu étant décédé, la peine ne pouvant plus, par conséquent, être prononcée, l'action en réparation du dommage ne peut être portée que devant les tribunaux civils. De même, les personnes civilement responsables, n'étant pas exposées à une peine, ne peuvent avoir à comparaître devant le tribunal répressif que si le prévenu y est lui-même traduit. C'est une

_____

(1) Toutefois il faut noter que les tribunaux militaires sont incompétents pour statuer sur l'action civile : art. 53 Code de justice militaire.

règle qu'il ne fait plus doute en jurisprudence (1). Ce sont
là des conséquences très justes : la procédure criminelle
est sans doute plus rapide, elle présente divers autres
avantages que nous indiquerons bientôt. Mais il ne faut
pas, pour ces raisons, surcharger la justice criminelle
d'affaires purement civiles. Deux raisons principales, d'ailleurs, expliquent la règle de l'article 3, Instr. crim :
l'ordre social est plus complètement rétabli, si le
même jugement donne satisfaction à tous les intérêts privés et publics, si le même jugement répare toutes les conséquences du crime. Ensuite, à un point de vue plus pratique, on ne fait qu'une procédure au lieu de deux, on
évite deux débats sur les mêmes faits. Aucune de ces raisons n'existe plus si l'action publique est éteinte.

IV

Avant de signaler les entraves trop nombreuses que la
victime d'un délit rencontrera, en portant son action devant la juridiction criminelle, nous avons à indiquer quand
et comment elle pourra y porter son action en réparation,
à examiner à quel moment de la procédure elle pourra
se constituer partie civile. C'est ici que se rencontrent les
dispositions les plus libérales de la loi, celle qui contri-
buent le plus à faciliter l'action en réparation.

La personne lésée par le délit peut se constituer partie
civile sur une procédure déjà commencée, ou même avant
que la poursuite répressive ne soit entamée.

____

(1) Cass., 18 juin 1847. Sir., 47, 1, 783. — Cass., 27 février 1848.
Sir., 48, 1, 415. — Cass., 2 déc. 1881. Sir., 83, 1, 44.

Lorsqu'une procédure est déjà en cours devant la juridiction répressive, la constitution de partie civile et possible à tout moment, devant les juridictions d'instruction comme devant les juridictions de jugement. Pendant
tout le cours du procès, la victime peut présenter une demande en indemnité. Ce droit lui est formellement reconnu par l'article 67, Inst. crim. Cet article décide toute
fois que la constitution doit être faite avant la clôture
des débats. Limitation parfois regrettable, car la partie
lésée ne peut plus demander des dommages-intérêts à la
Cour d'assises, entre le moment où le jury a rendu son
verdict et celui où la cour se retire pour délibérer. En
effet, lorsque le jury a rendu son verdict, on se trouve
après la clôture des débats (art. 363, Inst. crim.), on n'est
plus dans les termes de la loi (1).

La partie lésée ne jouit pas de droits beaucoup moindres, lorsque les juridictions répressives ne sont pas saisies de l'action publique. Elle peut provoquer l'exercice
de cette action, en déposant une plainte entre les mains du
ministère public, qui intentera des poursuites, s'il le juge
à propos. Ces poursuites commencées, la personne lésée
pourra se constituer partie civile, comme dans le cas précédent. Mais elle jouit d'autres droits en dehors de cette
intervention officieuse auprès du parquet. Elle peut directement intenter son action en réparation devant le tribunal répressif, et l'action publique se trouve, par ce seul
fait, mise en mouvement. Cela ne peut être contesté, lors-

____

(1) V. Cass., 14 juin et 2 août 1838. Bull. nᵒˢ 167 et 255. — Cass.,
26 déc. 1861, Dall., 62, 5, 10.

que le tribunal compétent est le tribunal correctionnel, ou celui de simple police. Deux articles absolument formels : les articles 145 et 182 Inst. crim., déclarent en effet, que ces deux tribunaux peuvent être saisis par la citation de la partie civile au prévenu. Nous n'avons pas à indiquer les difficultés, surtout théoriques, que l'on peut soulever au sujet de ces articles, au sujet de la mise en mouvement de l'action publique qu'ils prévoient. Il est, au fond, sans intérêt pratique de savoir si c'est la citation elle-même qui met l'action publique en mouvement, ou seulement les conclusions prises à l'audience par le ministère public. Constatons simplement deux choses, sur lesquelles aucun doute n'est possible. A la suite de la citation donnée par la personne lésée, le tribunal répressif peut infliger une peine au prévenu, et, en fait, cette condamnation à une peine présentera un grand intérêt pour la victime, c'est l'espoir de cette condamnation qui, le plus souvent, la décidera à conduire son adversaire devant les tribunaux criminels. Le second point incontestable, c'est que le tribunal correctionnel ou de simple police aura en même temps à statuer sur les intérêts civils. En même temps qu'il condamnera à une peine, il pourra adjuger à la partie civile des dommages-intérêts.

La question est plus compliquée, lorsque le dommage, dont on veut obtenir réparation, résulte d'un crime. Lorsqu'il s'agit d'un fait semblable, la loi ne souffre pas qu'une accusation aussi importante soit présentée au grand jour de la Cour d'assises sans une information préalable, sans un examen des juridictions d'instruction, sans un arrêt de renvoi de la Chambre des mises en accusation. Personne

ne peut citer directement pour crimes devant la Cour
d'assises, pas plus le ministère public que la personne
lésée. Cette dernière peut toujours se joindre à la procédure commencée par le ministère public, pour l'instruction et le jugement du crime. Elle peut aussi provoquer le
procureur de la République, sans l'y contraindre, à intenter une action, à commencer des poursuites auxquelles
elle même, viendra se joindre. Pour cela, elle déposera une
plainte auprès du ministère public, et le juge d'instruction
une fois chargé par lui de l'information, elle se constituera
partie civile devant lui.

Mais, à défaut de ces moyens, peut-elle, elle-même, obliger les magistrats instructeurs à informer sur le crime,
dont elle a été victime, comme elle pouvait obliger le tribunal correctionnel à statuer sur le délit qui lui avait
causé un dommage? C'est là une difficulté fameuse dont
la solution importe au plus haut point à l'efficacité de la
réparation civile. Les textes du Code d'instruction criminelle sont assez obscurs sur cette question. L'article 63
parle simplement pour la victime de « rendre plainte et se
constituer partie civile devant le juge d'instruction ». Mais
le droit, pour la partie lésée, de faire ouvrir une instruction, peut s'appuyer tant sur les travaux préparatoires du
Code que sur la législation Révolutionnaire. Le Code de
brumaire an IV, aussi bien que les déclarations de Cam-
bacérès au Conseil d'État sont suffisamment explicites sur
ce point (1). C'est dans ce sens aussi que se décide la ma-

____

(1) Locré, XXV, p. 147, séance du 11 juin 1808. « Lorsque l'accusé se plaint, disait-il, lorsqu'il se porte partie civile, il ne faut pas que
le procureur impérial puisse le paralyser par un refus de poursuivre. »

jorité de la doctrine. La jurisprudence des Cours d'appel paraît également incliner de ce côté. Un certain nombre d'ordonnances rendues par des premiers présidents ont même admis cette théorie d'une façon absolument explicite (1). Toutefois la question reste discutée.

De tout ceci résulte un principe général : la victime du délit a toujours la faculté de porter son action en réparation devant le tribunal répressif. Toutes les fois que l'action publique n'est pas éteinte, l'action en réparation peut être poursuivie devant les tribunaux de police et la Cour d'assises. Il y aura toujours là pour la personne lésée un avantage incontestable : celui de pouvoir suivre une procédure ordinairement plus rapide que celle des tribunaux civils. Un autre avantage beaucoup plus considérable viendra parfois se joindre au premier. Toutes les fois que, les auteurs du délit étant inconnus, il faudra procéder à une instruction préparatoire pour les découvrir, la personne lésée profitera de cette instruction. Les preuves diverses qui pourront y être recueillies viendront fortifier son droit : au lieu d'une créance existant théoriquement, mais sans valeur parceque le débiteur est inconnu, elle pourra avoir un droit ayant une valeur pratique qu'elle saura contre qui exercer.

V

A côté de ces dispositions sages et libérales, qui favorisent la réparation civile, en même temps qu'elles peu-

(1) V. Cassation, 8 décembre 1826. Sir., VIII, p. 479. Montpellier, 24 mars 1851. Cf. *Revue critique* 1884, p. 567.

vent créer un utile auxiliaire pour le ministère public, il faut en citer beaucoup d'autres qui constitueront souvent de sérieuse entraves pour la victime du délit. Parmi celles-ci, citons d'abord, quoique ce soit la moindre, l'insuffisance des voies de recours pour la partie civile. Insuffisance qui se retrouve aussi bien à l'égard des décisions de juridictions d'instruction que de celles de jugement.

Toutefois, à l'égard des décisions rendues par les juridictions d'instruction, cette constatation ne peut s'appliquer lorsqu'il s'agit du droit d'opposition aux ordonnances d'un juge d'instruction. L'article 135 pose, en effet, un principe général : la partie civile peut recourir contre toutes les décisions « faisant grief à ses intérêts civils ». Le droit de la partie civile à la réparation est donc suffisamment garanti.

Il en est autrement lorsqu'il s'agit du droit de se pourvoir contre les arrêts de la Chambre d'accusation. On reconnaît bien à la partie civile le droit de se pourvoir contre les arrêts statuant sur la compétence, car il y a des textes formels. La question n'a pu ici faire aucun doute en pratique (1). Ce cas excepté, la partie civile ne peut déférer à la Cour suprême un arrêt de la Chambre d'accusation. En droit, cela est absolument logique. Et, en effet, former un pourvoi ne serait-ce pas exercer l'action publique ? Amener les tribunaux à statuer, alors que le ministère public ne le veut pas ? Or, n'est-ce pas un principe qui domine toute la procédure criminelle que la partie civile, si elle

_____

(1) Art. 531, 533, 539. Instr. crim. Cf. Cass , 26 nov. 1812. Pal, X, p. 884.

peut mettre l'action publique en mouvement, ne peut pas en poursuivre l'exercice ? Ce droit appartient au ministère public et à lui seul. La partie civile n'a à sa disposition que l'action en réparation. Elle ne peut, sous prétexte de l'exercer, exercer celle qui appartient à la société représentée par le ministère public. Ces raisons en droit sont incontestables. Les solutions que l'on donne ici sont en parfaite harmonie avec les principes généraux sur l'exercice de l'action publique : l'acte initial seul de la procédure pouvant être fait par la partie civile, le reste ne dépendant plus d'elle. C'est en ce sens aussi que s'est toujours prononcée la jurisprudence (1).

Mais cela n'est-il pas de nature à entraver la réparation du délit ? L'accès des tribunaux civils reste bien ouvert à la victime. Mais celle-ci n'aura plus à sa disposition la contrainte par corps. Car cette garantie n'existe que si le caractère délictueux du fait dommageable a été reconnu par un tribunal répressif. La décision de non-lieu rendue par la Chambres des mises en accusation peut donc porter un préjudice très réel à la victime du délit. Nous négligeons la question de savoir s'il ne vaudrait pas mieux laisser à la victime une certaine place dans l'exercice de l'action publique, si, par delà ses intérêts matériels, il n'y a pas chez la victime des intérêts moraux à protéger, s'il ne convient pas de donner aux personnes lésées une part plus active dans la répression. Mais, même au point de vue de la réparation purement pécuniaire, il y a une idée

____

(1) V. Cass., 3 novembre 1887. Sir., 88, 1, 48. — 17 août 1878. Sir., 79, 1, 436. — 2 janvier 1896, Sir., 96, 1, 112. — Cass., 1er mai 1896, Sir., 96, 1, 300.

trop étroite, une conception rigoriste de nature à nuire aux intérêts civils de la victime. Comme le disait avec raison un magistrat au congrès pénitentiaire de Paris (1), il faut que la « mise en mouvement de l'action publique procure dans la limite du possible à la partie lésée le moyen d'avoir une réparation. C'est manifestement ce qui n'aurait pas lieu si l'impulsion donnée était arbitrairement arrêtée avant d'avoir franchi toutes les étapes judiciaires dont elle est susceptible, le recours en cassation, comme les autres ».

Contre les décisions des juridictions de jugement, les voies de recours sont également ouvertes, de façon trop étroite. Lorsqu'il s'agit de recourir contre les jugements des tribunaux de police, la partie civile a reçu de la loi des droits suffisants pour sauvegarder ses intérêts (art. 202 et 413, Instr. crim.). Mais il en est autrement lorsqu'il s'agit de se pourvoir contre un arrêt de Cour d'Assises.

L'article 373 permet bien à la partie civile de se pourvoir contre les dispositions d'un arrêt qui font grief à ses intérêts civils. Une protection suffisante serait, par là, assurée à la partie civile, si l'article 412 n'avait apporté à cette règle une exception peu justifiée : en cas d'acquittement ou d'absolution, le droit de se pourvoir est refusé à la partie civile. Elle se trouve ainsi sans recours contre une décision qui peut lui porter préjudice, elle peut bien dans ce cas obtenir une indemnité, malgré l'acquittement; mais cette indemnité n'est pas protégée par les garanties

____

(1) M. Pascaud. Rapport sur les moyens de rendre plus efficace la réparation civile.

qui sont attachées à la réparation civile des délits, elle perd notamment le bénéfice de la contrainte par corps. Aujourd'hui que la contrainte par corps est peu efficace, l'intérêt est assez minime ; mais si, comme le propose la science pénale moderne, on attache aux indemnités dues pour un délit d'autres garanties, l'intérêt apparaîtra dans toute son étendue, les inconvénients de l'article 412 éclateront davantage. Inconvénients mal compensés par le silence dont la loi a voulu couvrir cette poursuite criminelle terminée par un acquittement.

VI

Les tribunaux répressifs ne sont compétents pour juger l'action civile, qu'autant qu'ils sont saisis de l'action publique, c'est-à-dire autant seulement qu'il y a fait délictueux. Si le caractère délictueux du fait vient à disparaître, l'action civile ne peut plus se produire devant le tribunal répressif, il n'y a plus de base pour la compétence de ce tribunal. Il peut bien rester un délit civil ou un quasi-délit civil, mais c'est à la juridiction civile seule, qu'il appartient de juger ce fait, désormais pur de tout caractère délictueux. De là résulte qu'au cas d'acquittement, le tribunal répressif doit renvoyer la partie civile à se pourvoir devant les tribunaux civils. C'est ce qui résulte de la combinaison des articles 191 et 212 Instr. crim. pour les tribunaux de police correctionnelle. La partie civile, qui a prouvé les faits matériels qu'elle invoque, prouvé leur caractère illicite et dommageable, mais qui ne peut démontrer l'intention criminelle de l'agent, est renvoyée

par le tribunal, elle a perdu son temps et ses frais, elle
est obligée de recommencer une instance devant la juridiction civile, souvent devant les mêmes magistrats sié-
geant en audience civile (1). Il n'y a plus de délit de droit
pénal, c'est possible, mais la partie civile ne mérite-t-elle
pour cela aucune considération ? La personne lésée, crai-
gnant de ne pouvoir prouver l'intention coupable du délinquant sera souvent amenée à prendre la voie plus lente
et plus onéreuse de la justice civile. Pourquoi lui refuser
toujours le droit à des dommages-intérêts, et même dans
le cas où elle n'a fait que se joindre à une poursuite intentée par le ministère public ? La loi n'a-t-elle pas un
peu trop sacrifié les résultats équitables à la logique
stricte ?

Il faut reconnaître toutefois que le législateur a apporté à
son principe une heureuse dérogation lorsqu'il s'agit de poursuites pour crime (2). Lorsque le caractère délictueux des
faits, jugés par la cour d'assises, n'est pas reconnu et que
l'acquittement a été prononcé, la Cour peut encore accorder à la partie civile des dommages-intérêts à l'occasion du
fait incriminé, s'il présente les caractères d'un délit civil,
s'il tombe sous le coup de l'article 1382 du Code civ. On
a expliqué cette exception en disant que la Cour d'assises ne
statuant qu'après une instruction préparatoire, il n'y avait
pas à craindre qu'une personne lésée, par un simple délit
civil, appelât son adversaire devant la Cour d'assises. Une

____

(1) Cela est constant en jurisprudence. V. Cass., 12 juin 1886. Sir.,
86, 1, 490.

(2) Cette dérogation n'existe pas pour les délits de presse : art. 58,
loi du 29 juillet 1881.

pareille fraude, au contraire, serait possible devant le tribunal correctionnel, où l'on peut citer directement le prévenu.

Cette raison est valable dans certain cas, mais elle ne suffit pas à expliquer complètement la règle. Pourquoi ne pas statuer sur les dommages-intérêts, toutes les fois que la victime du fait dommageable n'a fait que se joindre à une poursuite déjà intentée par le ministère public ? Dans ce cas, en effet, aucune fraude n'est à craindre. Il y a encore là une règle gênante pour la partie lésée, cause pour elle de frais et de retards et souvent inutile.

VII

Le vice le plus grave de notre procédure criminelle à l'égard de la réparation civile, celui contre lequel on a de tout temps protesté, celui aussi, hélas ! qui a peut-être le plus de chances de substituer longtemps, c'est la situation faite à la partie civile quant à la responsabilité des frais et quant à la consignation de ces mêmes frais. La personne lésée qui poursuit le paiement de ses dommages-intérêts devant le tribunal de police correctionnelle ou de simple police, est en effet condamnée, aux dépens alors même qu'elle obtient gain de cause, elle est de plus obligée de consigner une somme équivalente aux frais avant toute poursuite.

Cette seconde charge est établie par l'article 160 du décret du 18 juin 1811. D'après cet article, en matière de simple police et de police correctionnelle, la partie civile est tenue, avant toutes poursuites, de déposer au

9

greffe la somme supposée nécessaire pour les frais de la procédure. Il semble que la loi présume en quelque sorte son insolvabilité. C'est là une lourde charge pour la partie civile. C'est une obligation qui est souvent de nature à arrêter la partie civile ; elle pourra hésiter si elle est obligée de faire de suite un déboursé important. La loi apporte, il est vrai, une exception en exemptant de la consignation les personnes indigentes, mais cette exception est minime. La jurisprudence en a reconnues de plus considérables : elle a décidé qu'il n'y avait lieu à consignation ni au cas de constitution de partie civile faite à l'audience, (1), car le décret dit : « avant toutes poursuites », ni au cas de citation directe, car le droit de citation directe est proclamé par la loi sans réserves (2). De là résulte que la consignation n'a lieu que si la personne lésée provoque une poursuite en déposant une plainte accompagnée de constitution de partie civile entre les mains du ministère public. C'est ce que la Cour de Cassation a reconnu. Cela crée une situation absolument bizarre. Le ministère public, dont on ne peut inspecter l'indépendance, a pensé qu'il y avait lieu de poursuivre ; nulle part une poursuite téméraire n'est moins à redouter. Et c'est dans ce cas que la personne lésée est obligée de consigner les frais, qu'on entrave les

(1) V. Cass., 8 juillet 1881. Sir., 82, 1, 95. — Cass., 22 janvier 1887. Sir., 89, 1, 141.

(2) Cass., 4 mai 1833. Sir., 33, 1, 433. — Cass., 1er juin 1893. — Cass., 26 juillet 1889. Sir., 89, 1, 400. Cf. *Revue critique*, 1889, p. 20. *Examen doctrinal*, par Gardeil et 1894, p. 21. *Examen doctrinal*, par Laborde. Les cours d'appel résistent toutefois : Alger, 14 février 1879. Sir., 81, 2, 85.

droits de la partie civile par des dispositions fiscales maladroites.

A côté de cette obligation, une autre plus onéreuse encore pèse sur la partie civile : c'est la responsabilité qu'elle encourt quant aux frais. Peu d'institutions sont organisées d'une façon moins satisfaisante et constituent un pareil abus de fiscalité. Les réformes et les changements n'ont pourtant pas manqué ici depuis un siècle. Rétablie au sortir de la Révolution par la loi du 5 pluviôse an XIII, consacrée à nouveau par le Code d'instruction criminelle, cette responsabilité n'existait en 1808 que de façon limitée. Alors la partie civile ne payait les frais, que si elle succombait (art. 162, 164 et 368, Instr. crim.) Si elle obtenait gain de cause, elle en était exonérée. Le décret du 18 juin 1811 lui enleva cet avantage (art. 157). Dès lors: toute distinction fut abolie, gagnant ou perdant, la partie civile fut condamnée aux frais. Pour toute fiche de consolation, il ne lui restait qu'un recours contre le condamné et les personnes civilement responsables, recours trop souvent illusoire.

Cette situation fut modifiée par la loi du 28 avril 1832, qui est revenue à la règle du Code d'Instruction criminelle pour les affaires soumises à la Cour d'assises (1). De là, un régime bâtard : le système de 1808 étant rétabli pour toutes les infractions soumises à la Cour d'assises, le décret de 1811 étant au contraire conservé pour les infractions soumises au tribunal correctionnel, ou au tribunal de simple police.

(1) Cela s'étend aux délits soumis à la Cour d'assises, c'est ce qu'a décidé formellement la loi du 3 avril 1896 pour les délits de presse.

La règle adoptée pour les frais dans les affaires soumises au jury est, en principe, assez équitable. Il est juste que la partie civile, qui obtient des dommages-intérêts, ne soit pas condamnée aux frais, il ne l'est pas moins qu'elle ait à supporter cette condamnation, dans le cas où sa poursuite a été imprudente ou téméraire. On peut cependant regretter que la jurisprudence ait parfois tiré de ce principe des conséquences discutables et peu équitables en pratique. Au cas où l'accusé est acquitté, mais est cependant condamné à des dommages-intérêts, elle admet que la partie civile doit être condamnée aux frais. Décision fâcheuse, car de cette façon, le condamné est mieux traité que s'il avait été poursuivi au civil (1). Cette question de détail mise à part, la règle adoptée ici par la loi est cependant satisfaisante, elle n'est pas de nature à nuire à l'efficacité de la réparation.

Il en va tout autrement de la règle suivie dans les affaires soumises au tribunal correctionnel ou au tribunal de police. L'article 157 du décret de 1811 continue à produire ici ses déplorables effets (2). La partie civile continue à être condamnée aux frais, alors même que le prévenu a été reconnu coupable. Elle conserve bien un recours contre le condamné, mais si celui-ci est insolva-

_____

(1) Cass., 1er décembre 1855. Sir., 56, 1, 467 ; 5 déc. 1861. Sir., 62, 1, 133. — 13 février 1862. Bull. no 44. — V. Blanche, I, no 350. — Trébutien, I, no 417. — *Contrà* Chauveau et F. Hélie, II, no 100, p. 248.

(2) C'est du moins la jurisprudence. Cass., 16 décembre 1837. Dall., 38, 1, 426. — Cass., 26 septembre 1839. En ce sens, Trébutien, no 416. *Contrà* Chauveau et F. Hélie, I, p. 208.

ble, ce qui arrivera très souvent, ce recours sera purement illusoire.

De la sorte, non seulement la partie victime du délit n'aura qu'une créance sans valeur contre le délinquant, mais encore, pour faire reconnaître son droit en justice, elle aura été obligée à des déboursés dans lesquels elle ne pourra pas rentrer. Non seulement le dommage qu'elle a souffert ne sera pas réparé, mais elle aura été entraînée à faire de nouvelles dépenses. Un pareil abus n'explique-t-il pas, dans une large mesure, pourquoi les citations faites à la requête des parties civiles sont si rares, pourquoi, dans ces dernières années, 7.000 jugements de police correctionnelle ont été provoqués par des personnes lésées, tandis que 227.000 l'ont été par le ministère public (1).

Cet esprit de fiscalité exagéré du décret de 1811, cette nécessité de consigner les frais, cette condamnation de la partie civile aux dépens, alors même qu'elle a obtenu gain de cause, nuisent considérablement aux intérêts de la réparation civile. Ils écartent des tribunaux des demandes souvent bien fondées, la victime préfère renoncer à ses droits plutôt que de s'exposer à des frais dont elle ne peut espérer le remboursement. Les infractions poursuivies à la requête des particuliers étant peu nombreuses, les poursuites intentées par le ministère public croissent en pro-

____

(1) Année 1893 : 6.920 jugements à la requête de parties civiles, 227.511 à la requête du ministère public et 13.457 à la requête d'Administrations. — En 1894, 6462 jugements à la requête des parties civiles, contre 230.486 à la requête des parquets. La disproportion ne cesse donc de s'aggraver.

portion et les frais incombant à l'État se trouvent augmentés d'autant. La disposition injuste et maladroite du décret de 1811 se retourne donc, en fin de compte, contre les intérêts du Trésor qu'on a voulu protéger.

CHAPITRE VI

PRESCRIPTION DE L'ACTION EN RÉPARATION CIVILE

En terminant ce rapide aperçu sur l'efficacité de l'action
en réparation civile, nous ne voulons pas passer sous silence la règle établie par la loi pour la prescription de cette
action. Nous n'avons pas à faire de cette règle une étude
complète, ce qui serait en dehors du cadre de notre sujet.
Nous voulons simplement signaler une disposition qui
crée souvent à la victime d'une infraction aux lois pénales
une situation très défavorable.

Dans notre droit civil, toute action se prescrit en principe par trente ans. Ce long espace de temps jugé seul
suffisant pour équivaloir la renonciation du créancier à
son droit, devrait s'appliquer plus particulièrement dans
notre matière, où le créancier mérite évidemment quelque
intérêt. Cependant la loi (art. 637, 638 et 640, Code d'instr.
crim.), en a disposé autrement. La prescription de l'action civile est la même que celle de l'action publique.
Quand un temps assez long a lentement éteint le souvenir
du crime, la loi ne veut point qu'on vienne la raviver,
qu'une main indiscrète vienne agiter à nouveau dans la
société un sujet de crainte depuis longtemps oublié.
Comme les Anciens cherchaient à effacer à jamais le sou-

venir des pires forfaits, le législateur moderne ne souffre
pas qu'on reparle du crime, quand la loi, en déclarant la
répression prescrite, a renoncé à le punir. Dès lors, on
ne tolère plus que le souvenir du crime puisse être rappelé même par une simple action en réparation civile.
Pour éviter ce résultat scandaleux d'un tribunal constatant lui-même les infractions qu'il n'a pas réprimées en
temps voulu, peut-être pour rendre les personnes lésées
plus diligentes dans leurs poursuites (1), elle sacrifie leurs
actions dès qu'elles n'ont pas été mises en mouvement
dans les trois ou les dix ans du délit ou du crime.

Quelque soit la valeur des raisons qui ont guidé le législateur, il faut reconnaître que la règle de l'article 637
du Code d'Instr. Crim. nuit gravement à la réparation
civile. Tandis qu'un débiteur n'est ordinairement à l'abri
des poursuites de son créancier [qu'après trente ans, au
bout de dix, de trois ou d'un an, le délinquant se trouve
libéré à l'égard de sa victime, celle-ci se trouve absolument désarmée. Rien n'est plus mauvais en pratique. La
classification de la loi en crimes, délits et contraventions
est sans rapport exact avec l'importance du dommage
causé par ces infractions. Telle contravention peut être
la source d'un préjudice important, et au bout d'une année
seulement, il n'y aura plus lieu ni à une peine, ni à une
réparation (2). Combien ne voit-on pas de faits domma-

____

(1) C'est un motif généralement admis : V. Garraud, II, n° 68, p.
112. — *Revue critique*, 1893, p. 38. *Revue critique*, 1875, p. 81.
— Villey, p. 268. — *Contrà* Haus, II, n° 1335, p. 558. — Le Sellyer, II, p. 193.
(2) V. notamment l'art. 475, 7° Pén.

geables dont le caractère délictueux n'est qu'absolument secondaire : par exemple, les accidents dont les ouvriers sont victimes dans leur travail. La personne lésée attend quelque temps pour agir, elle essaye de s'entendre amiablement avec son adversaire et, le jour où elle veut l'assigner, la prescription est accomplie. Tous les jours des gens s'y font prendre, les recueils judiciaires regorgent d'hypothèses de ce genre (1). Au point de vue de la réparation civile, tout cela est absolument regrettable.

Par surcroît, la jurisprudence, ailleurs plus soucieuse de l'utilité pratique, semble poursuivre l'application de cette ègle avec un soin jaloux. Nous ne voulons point lui reprocher les solutions admises par elle, qui donnent à l'article 637 sa portée véritable. Les tribunaux admettent que l'action civile est éteinte après trois ou dix ans, même si elle est portée devant le juge civil (2). Cela est de nature à nuire à la personne lésée, mais, s'il faut donner quelque sens à notre règle, il faut bien en passer par là. Si la répation pouvait encore être poursuivie devant la juridiction civile, la loi serait inutile : il est bien certain que l'action civile ne peut plus être portée au tribunal criminel, puisque l'action publique n'existe plus.

Nous admettons également, comme l'a fait la jurisprudence, que la prescription doit être opposée alors même que le demandeur se serait présenté comme la victime d'un simple quasi-délit. Sous couleur d'une action civile

____

(1) V. Cass., 4 août 1886. Sir., 87, 1, 169. -- Cass., 1er février 1882. Sir., 83, 1, 155.

(2) V. Cass., 4 août 1886. Sir., 87, 1, 169 (sol. implic.). Lyon, 30 juin 1887. Sir., 89, 2, 65,

ordinaire, le créancier ne doit pas pouvoir présenter une demande en réparation d'un crime. Dès que les caractères du délit sont reconnus, la demande doit être rejetée. C'est d'ailleurs ce que paraît admettre la Cour de Cassation (1). Etant donné le principe de la loi, étant donné le résultat scandaleux que l'on veut éviter, la conséquence nous paraît forcée. Mais nous voyons, une fois de plus, les résultats bizarres auxquels on arrive : des malheureux cherchent à dissimuler la gravité du fait dont ils ont été victimes, c'est la gravité même du fait qui leur ôte l'espoir d'une réparation.

Nous admettons aussi, avec la jurisprudence, que la prescription spéciale du Code d'instruction criminelle s'applique à l'action contre les personnes civilement responsables (2). Du moment que l'on considère le motif de la loi, du moment qu'on est frappé du scandale possible et que l'on ne veut pas rappeler un crime impuni, il faut en venir là. Pour la victime, cela est déplorable, juridiquement cela est très logique.

Mais, où on peut reprocher à la jurisprudence d'avoir encore renchéri sur les rigueurs de la loi, c'est quand on la voit appliquer le texte en dehors même de ses motifs. Appliquer la loi partout où existe la raison qui l'a dictée, cela est juste, cela ne peut être critiqué. Mais nous ne pouvons admettre, comme l'ont fait les tribunaux, que,

---

(1) Cass., 4 août 1886 précité.

(2) V. Cass., 13 mai 1868. Sir., 68, 1, 356. — Montpellier, 10 janvier 1870. Sir., 70, 2, 143. — Cass., 1er mai 1876. Sir., 76, 1, 445 et 10 janvier 1877. Sir., 77, 1, 270. — Trib. de Marseille, 30 décembre 1886. La Loi, 2 mai 1887. C'est aussi la doctrine, à l'exception de M. Beudant.

l'action publique étant éteinte par la mort, ou par la condamnation du coupable, la prescription trentenaire ne reprenne pas.

Un crime a été commis, mais le criminel est mort, ou il a été condamné à une peine. La société n'a plus rien à réclamer. Le souvenir du crime ne peut plus exciter aucune crainte, et pourtant les tribunaux se refusent à ce qu'on le rappelle devant eux. La jurisprudence n'admet pas que la prescription de trente ans commence à courir contre les héritiers, ou contre le condamné. S'enfermant ici strictement dans le texte, elle se refuse à tenir compte de sa raison d'être. Considérant les motifs, lorsqu'il s'agit d'étendre la loi, elle les laisse de côté, lorsqu'il s'agit de la restreindre (1).

Toutefois la jurisprudence a admis dans ses arrêts un principe que nous ne pouvons qu'approuver. La prescription est de trente ans lorsque la victime fonde son action, non sur le délit lui-même, mais sur un droit préexistant : propriété ou obligation, peu importe (2). Rien n'est plus juste. La victime qui demande la restitution de l'objet volé, ou des sommes extorquées exerce un droit de propriété, ou un droit de créance indépendants du délit. Celui-ci n'est que le fait, à l'occasion duquel le droit est exercé, rien de plus.

Ces indications suffisent à préciser la portée pratique des

____

(1) V. Cass., 3 août 1841. Sir., 41, 1, 753, — Lyon, 17 juin 1842. Sir., 42, 2, 343. — Cass., 4 décembre 1877. Sir., 78 ,1, 449, — Cass., 6 janvier 1855. Sir., 55, 1, 133.

(2) V. Rouen, 29 décembre 1875. Sir., 77, 2, 166. — Paris, 14 novembre 1880. Sir., 82, 2, 17. — Cass., 5 mai 1863. Sir., 63, 1, 301. C'est aussi l'opinion générale de la doctrine.

articles 637 et suivants du Code d'Instruction criminelle. Elles ajoutent un dernier trait au tableau de la procédure que nous venons d'esquisser. C'est une gêne de plus pour la personne lésée. C'est un point, comme tant d'autres, sur lequel une réforme serait nécessaire.

Malgré les défauts considérables que nous venons de signaler, la situation faite à la personne lesée n'est pas à critiquer de tous points. Tous les codes étrangers, notamment, n'ont pas permis aux tribunaux de statuer sur les intérêts civils. A côté de nous, le Code allemand, le Code hollandais, en Amérique, le Code de New-York obligent la victime à s'adresser aux tribunaux civils, pour obtenir une indemnité. Notre législation n'a pas craint, comme eux, de voir le juge préoccupé à l'excès par la considération du dommage. Pourquoi faut-il que cette disposition si sage, si libérale, se trouve gâtée par tant d'imperfections. L'activité du ministère public en atténue sans doute quelques-unes. Il ne laisse passer aucune plainte sans procéder à une enquête au moins officieuse, ce qui rend moins utile pour la victime le droit de saisir le juge d'instruction. Mais son zèle ne peut remédier à tout. D'autres défauts restent, et non des moindres. L'obligation aux frais, qui est le plus palpable, pèse toujours sur la partie civile. De la voie la plus rapide, il fait la plus coûteuse, d'autant plus que l'assistance judiciaire n'existe pas devant les tribunaux criminels.

SECONDE PARTIE

AMÉLIORATIONS LÉGISLATIVES

« Redresser les torts de tout son pouvoir, recouvrer ce qui est perdu, dédommager pour ce qui est tué, essayer enfin, compensant le dommage entre le coupable et la victime, de les réconcilier et de faire succéder l'union à la discorde (1). » C'est en ces termes, qu'il y a près de vingt-trois siècles, Platon traçait déjà le devoir du législateur. Mais combien s'en faut-il, qu'après deux mille ans, le droit ait atteint le but que fixait à ses yeux le philosophe de l'Académie ! Exposé à tous les heurts du chemin, soumis à toutes les difficultés de la pratique, ici entraîné par l'aveuglement de l'opinion publique, enchaîné ailleurs par l'aberration du pouvoir, sans cesse ballotté au milieu des changements de la civilisation, le droit ne peut s'avancer qu'avec lenteur sur la route dont le philosophe grec avait du premier coup atteint le terme. Le chemin semble en effet souvent se dérober sous ses pas, les règles en apparence les mieux conçues ne sont jamais que des instruments imparfaits et les faits échappent toujours par quel-

---

(1) Platon. Les lois, livre IX, p, 144. Trad. Grou et Saisset.

que côté à leur étreinte. Gêné par les difficultés de toute nature, limité par les résistances de la nature humaine, le jurisconsulte ne peut construire que pierre par pierre l'édifice sans cesse vacillant, que l'imagination du philosophe a pu entrevoir terminé.

L'aurore du siècle prochain verra-t-elle du moins s'ajouter de nouveaux progrès à ceux déjà réalisés ? La question pourrait sembler douteuse si l'on considère les controverses qui ont remué les fondements de la pénalité jusque dans leurs dernières assises. Depuis vingt ans, toutes les questions qui touchent par quelque côté au droit pénal, comme c'est le cas pour la réparation civile, ont été l'objet des plus vives discussions. Au milieu de cette crise, dont souffre à l'heure actuelle la science pénale, comment peut-on entrevoir quelque progrès avant qu'un accord relatif ne se soit rétabli tout au moins sur les principes fondamentaux, avant que les diverses écoles en présence n'aient mis fin à leurs discussions ?

Cependant, malgré les difficultés de l'heure actuelle, le droit pénal, les questions qui s'y rattachent de près ou de loin, peuvent encore progresser. En dépit de la lutte qui existe à l'heure présente entre les criminalistes, il faut reconnaître qu'il y a, dans toutes les doctrines, actuellement soutenues un certain fonds commun. Partis des points les plus différents, s'appuyant sur les principes les plus opposés, criminalistes classiques, positivistes ou criticistes arrivent sur plus d'un point à se rencontrer. Il se forme un certain nombre d'idées, il se prépare un certain nombres de réformes, auxquelles les jurisconsultes, à quelque parti qu'ils appartiennent, acquiescent également. Ici aussi « il y a plusieurs routes pour les gens de bien à travers les difficultés et les obscurités de la vie, et ils peuvent se réunir au terme sans s'être vus au départ, ni rencontrés en chemin. »

Parmi ces carrefours où aboutissent les chemins suivis par les différentes écoles, parmi les principes communs à tous les criminalistes de notre temps, il faut évidemment indiquer le plus grand développement des peines pécuniaires, le rôle plus considérable qu'elles sont susceptibles de jouer dans une bonne politique criminelle.

Cet emploi plus grand des peines pécuniaires, cette extension des cas d'appliction de l'amende est une idée assez récente. Les compositions en argent ou en bétail avaient bien tenu une place prépondérante à l'époque barbare, les peines corporelles étant à peu près réservées pour les crimes que nous appelons aujourd'hui crimes contre la chose publique, mais, depuis lors, les peines corporelles avaient peu à peu regagné du terrain sur les peines pécuniaires, et pendant tout le cours de ce siècle, l'amende avait tenu fort peu de place dans la loi, aussi bien que dans les préoccupations des criminalistes. .Nos codes n'emploient l'amende que pour les infractions les plus légères : et les principaux criminalistes de ce siècle ne considéraient guère les peines atteignant les biens, comme susceptibles d'une grande extension (1). L'emprisonnement leur paraissait à peu près applicable, dans tous les cas, pour lutter contre la criminalité ; pour eux la grosse question du droit pénal n'était pas l'emploi à faire de la prison, mais la meilleure

____

(1) On peut consulter à ce sujet Bérenger. *La répression pénale, sa forme, ses effets.* (Paris 1855). J. Tissot. *La loi pénale et la réforme pénitentiaire* (1874).

organisation à donner aux peines privatives de liberté. Depuis, les choses ont changé de face : sans nier la nécessité de l'emprisonnement dans bien des cas, on a pensé qu'il vaudrait peut être mieux ne pas en user pour un certain nombre de délits d'une gravité relative.

Peu à peu a commencé ce que l'on a nommé « la croisade contre les courtes peines d'emprisonnement. » Parmi les moyens proposés pour remplacer la privation de liberté de courte durée, il faut évidemment citer l'emploi plus grand des amendes. Bonneville de Marsangy l'avait déjà préconisé, il y a près de quarante ans : nous avons abusé de la prison, disait-il, il faut user davantage de l'amende. Mais ce qui n'était alors qu'une opinion isolée, ou à peu près (1), est devenu, à l'heure actuelle, l'opinion à peu près générale. On a de plus en plus admis que la prison était, dans bien des cas, un instrument plus inefficace que l'amende. Celle-ci, en effet, peut constituer un moyen de répression excellent contre les délits déterminés par la convoitise, contre la majorité des infractions à la propriété. « On évitera ainsi, a-t-on dit (2), le scandaleux calcul de ces flibustiers qui se disent, en emportant la caisse de leur maison de banque : « après tout, ce million vaut bien les cinq ou six années de réclusion, dont il me fait courir le risque. » Ces principes reconnus, pour rendre possible l'emploi plus fréquent de l'amende, il fallait chercher un remède aux défauts qui auraient jusqu'ici limité son utilité : la rendre efficace contre les personnes riches, qui

---

(1) V. Michaux. *Question des peines*, p. 191. Paris, 1872. — Worms *Rapports du droit pénal et de l'économie politique*, 1870.
(2) Tarde. *Philosophie pénale*, p. 497.

la paient sans aucune peine, trouver le moyen de la faire acquitter par les gens pauvres qui, le plus souvent jusqu'ici, ne la payent pas. La solution de ces questions a fait l'objet d'importantes discussions dans les divers congrès nationaux ou internationaux, dans les séances de diverses sociétés de droit pénal, depuis un certain nombre d'années (1).

Les différents travaux qui ont eu lieu à ce sujet, travaux sur lesquels nous aurons incidemment à revenir, attirèrent naturellement l'attention sur une question voisine : la réparation civile.

Plus d'une fois déjà, dans les séances des congrès ou des sociétés de droit pénal, la discussion avait glissé de l'amende à la réparation civile. C'est qu'il y a là, en effet, deux institutions que réunit une affinité profonde dans leurs résultats pratiques. Au point de vue théorique, il y a bien sinon un abîme, du moins un fossé suffisamment marqué entre l'amende, qui est une peine, dont l'État profite, que le juge peut prononcer dès qu'il est saisi de l'affaire et la réparation qui n'est qu'une compensation accordée à la partie lésée sur sa demande. Mais ce fossé peu à peu creusé au cours des siècles, laisse subsister bien des caractères communs entre les deux choses. Il y a d'abord cette ressemblance toute matérielle : l'amende à l'époque actuelle est toujours en argent, la réparation revêt dans la plupart des cas la forme de dommages-intérêts pécuniaires. Qu'elle soit en argent ou non, l'indemnité

____

(1) V. 1er Congrès de l'Union internationale de droit pénal, Bruxelles, 1889. — Congrès pénitentiaire de Rome 1885. — Congrès de Halle (groupe allemand de l'U. I.D. P.) 1891. 23e — Congrès des jurisconsultes allemands 1895. — V. *Revue pénitentiaire*, 1893, p. 905.

accordée à la victime, comme l'amende, a pour effet d'atteindre le condamné dans son patrimoine. Peine ou non, peu importe au fonds pour le délinquaut, l'effet le plus clair pour lui, c'est qu'il est obligé de payer les deux choses sur son patrimoine, l'une comme l'autre diminuent son avoir.

Mais l'amende et la réparation ne sont pas seulement réunies par un lien tout matériel. Considérées au point de vue de l'effet utile qu'elles peuvent produire sur le coupable, elles présentent des affinités profondes, elles sont appelées à se compléter mutuellement dans certains cas. Dans quel cas, en effet, la science pénale contemporaine veut-elle augmenter le rôle de l'amende, en faire une peine de premier plan, la sortir de la situation effacée qui est actuellement son apanage ? C'est surtout pour les délits qui dénotent chez leur auteur un instinct de cupidité que rien ne refrène, un désir de s'enrichir qui ne s'arrête pas devant les barrières de la morale. A une condition toutefois, c'est que ces mêmes délits ne méritent pas pour une raison particulière : leur gravité intrinsèque, ou la qualité de récidiviste chez le délinquant, une répression sévère, un emprisonnement de longue durée. C'est par exemple, un abus de confiance commis par un homme jusque là honnête, un vol commis au préjudice de son patron par un employé auparavant estimé. En présence de ces individus dont les délits montrent peut-être moins le désir de faire le mal ou des instincts anti-sociaux, que la volonté de s'enrichir coûte que coûte, sans souci des moyens, en présence d'infractions qui sont plutôt l'indice d'une faiblesse de caractère chez leur auteur que d'un naturel pervers, la peine pécuniaire semble, en effet, offrir de meilleures

garanties que les peines d'emprisonnement. La privation
temporaire de liberté ne sera parfois qu'un faible palliatif contre une convoitise surexcitée affranchie de scrupule
moral. Elle pourra perdre pour toujours un homme dont le
caractère a faibli un moment devant ses entraînements, en
lui infligeant une tare trop marquée aux yeux de la société.

La peine pécuniaire assez souvent — car il faut se
garder de généralisations exagérées, — pourra être
d'une utilité réelle. Elle atteindra le coupable par son
côté faible. L'endroit même où il n'est pas suffisamment
cuirassé contre la tentation du mal est celui qu'on choi-
sira pour faire pénétrer en lui des sentiments plus con-
formes aux besoins sociaux, et peut-être aussi, à leur suite
les sentiments de justice qui lui manquent. C'est ce que
l'on fera, si l'on montre à cet individu : tout d'abord que
son délit ne lui a pas profité, mais qu'il « lui a été au con
traire trèsnuisible, parce que, non seulement le bénéfice
qu'il en attendait a été tout à fait nul, mais qu'en outre,
il a dû supporter une perte de son propre argent. C'est ce
qu'on peut réaliser en forçant le coupable à réparer le dommage matériel ou moral causé par son délit, soit en lui
faisant payer une somme d'argent, soit en l'obligeant à
travailler au profit de la partie lésée » (1).

Ce n'est pas à ce point de vue, quelque important qu'il
soit, que nous devons considérer la réparation civile. Si
le paiement d'une indemnité peut tenir une certaine place,
avoir une certaine efficacité comme moyen de répression,
les délits où il peut jouer ce rôle ne sont, après tout,

____

(1) Garofalo. *Criminologie*, 3· partie, ch. 1er, trad. française, éd.
1888, p. 240. — Cf. *Ripparazione alle vittime del delitto*, p. 24.

qu'une minorité, comparés au total des infractions qui peuvent causer des dommages à des particuliers. L'obligation de réparer complètement le préjudice causé peut constituer un sérieux avertissement, mais seulement dans certains cas. S'il s'agit d'un fait donnant lieu par lui-même à une peine grave : comme un emprisonnement de longue durée, la condamnation à une indemnité n'ajoutera que peu de chose à la sévérité de la peine.

C'est principalement un point de vue de la protection des intérêts lésés par le délit, que nous aurons à nous placer, et nous aurons surtout à étudier les moyens d'assurer d'une façon efficace une réparation à la victime du délit.

Là encore nous retrouverons un trait commun à la réparation civile et aux peines pécuniaires et qui se rattache un peu à ce lien matériel que nous signalions tout à l'heure : ce sont les moyens d'assurer le paiement de ces deux sortes de condamnations. On peut se demander si les mesures qui ont été proposées pour l'une ne peuvent pas l'être pour l'autre. Les tentatives des législations étrangères et les projets des jurisconsultes concernant les amendes peuvent éclairer la recherche des améliorations à apporter à la réparation des délits.

Cette question fort complexe a été principalement discutée dans les divers congrès de droit pénal, tenus depuis une quinzaine d'années. Déjà il y a plus d'un demi-siècle, Bonneville de Marsangy avait montré la nécessité de réformes sur ce point dans un discours de rentrée au tribunal civil de Reims, le 4 novembre 1845 (1). Malgré ce dis-

(1) V. aussi ses *Institutions complémentaires du régime pénitentiaire*.

cours fort intéressant, la question ne semble pas avoir
attiré l'attention jusqu'à ce que l'éclosion de l'école italienne,
réveillant la discussion sur tous les points du droit pénal,
ne mit en lumière la situation déplorable faite aux intérêts civils de la partie lésée. Réunissant comme en un
faisceau les défauts des législations actuelles, pour mieux
s'attaquer à ce qu'ils appellent « la théorie du crime selon les
juristes », les positivises italiens n'eurent garde de négliger un point où le vice était palpable. Ne reculant devant
aucune mesure, quelque dure fut-elle, dans la lutte contre
les délinquants, ils proposaient en même temps les moyens
les plus énergiques pour assurer la réparation civile des
délits. C'est ce qui fut fait notamment au congrès d'anthropologie criminelle de Rome en 1885, et deux ans plus
tard, par un des plus infatigables défenseurs des doctrines
nouvelles en ces matières, M. Garofalo, dans son ouvrage :
Ripparazione alle vittime del delitto.

Depuis, de nouveaux débats se sont élevés sur cette
question au congrès de l'Union Internationale de Droit
pénal, tenu à Christiania, en 1891. Plus récemment encore,
les moyens de rendre plus efficace la réparation civile ont
fait l'objet de discussions au Congrès pénitentiaire international de Paris en 1895. Ce dernier congrès a renvoyé à
plus tard l'examen de certains points sur lesquels il ne se
trouvait pas suffisamment informé (1). Néanmoins, le mo-

(1) Ces questions ont été déjà l'objet de quelques échanges de vue
au Congrès de St-Pétersbourg de 1890 (1re section, 4e question : Des
condamnations conditionnelles, (acte du Congrès, I, p. 167), à la
Société générale des prisons (*Revue pénitentiaire*, 1893, p. 705). Elles
ont été discutées plus complètement au Congrès juridique italien de
Florence en 1891, sur un rapport de M. Garofalo.

ment semble être venu de réunir les diverses opinions émises, les différentes solutions proposées au cours de ces dernières années, de chercher à les serrer de plus près; ce qu'il n'est pas facile de faire, au milieu des discussions d'un congrès: car les théories qui s'entrechoquent ne laissent pas toujours voir du premier coup leur côté faible. Il est plus aisé, dans un travail solitaire, de juger chaque principe, de mesurer l'étendue de ses conséquences, d'apprécier la valeur de ses motifs. C'est l'effort que nous allons tenter au cours de cette étude.

Nous diviserons notre sujet en quatre parties.

Dans un premier chapitre, nous étudierons la réparation civile dans sa nature, nous verrons s'il convient ou non de changer son caractère, dans quelle mesure la victime du délit mérite une protection spéciale de la part du législateur.

Reprenant ensuite, au point de vue législatif, des questions déjà examinées au point de vue du droit actuel, nous nous demanderons quelles sûretés nouvelles, quels recours il faudrait accorder à la victime, pour lui assurer le paiement de son dû, quelles modifications il conviendrait d'apporter aux voies d'exécution actuellement existantes.

Nous essaierons, dans un troisième chapitre, de déterminer quels rapports il convient d'établir entre l'exécution de la réparation et la peine. Il y a là tout un ordre de questions inconnues au droit français actuel, presque inconnues aux législations étrangères et dans lequel la science pénale paraît décidée à pénétrer franchement.

Enfin, nous reprendrons les questions de procédure déjà indiquées sous un autre aspect. Nous rechercherons quelles améliorations sont nécessaires, pour rendre plus facile à la partie lésée la reconnaissance et la liquidation de ses droits, ainsi que l'obtention d'un titre exécutoire.

CHAPITRE PREMIER

I

Deux idées résument l'histoire des droits reconnus à la victime d'un délit. La notion de réparation civile, s'est avec le temps, de plus en plus dégagée et affinée. La situation de la personne lésée, s'est à mesure amoindrie. Tels sont les deux principes, dans lesquels semble se condenser la série des lentes transformations subies par notre législation en cette matière.

Nous avons indiqués plus haut le caractère mixte des anciennes compositions, comment elles correspondaient à la fois à une peine et à une réparation, comment elles ne remplissaient ce dernier rôle que d'une façon approximative, la composition ayant une certaine corrélation avec l'étendue du dommage causé, mais ne le suivant pas dans toutes ses variations. Ce ne fut qu'après un lent travail de plusieurs siècles, que l'idée de réparation se dégagea de celle de peine, s'affirma dans son existence distincte. Depuis cette notion à peine dégrossie au xv⁰ siècle, s'est affinée, a pris plus de souplesse, on a pris plus de soin de poursuivre le dommage sous toutes ses formes. La jurisprudence en est arrivée à l'heure actuelle à accorder réparation non seulement pour un dommage matériel, mais même, pour un dommage moral, ou un simple intérêt d'affection lésée. Il est vrai que sur ce dernier point elle est bien hésitante, elle évite de se prononcer catégoriquement si elle le peut. Néanmoins tous les intérêts des particuliers atteints par le délit semblent au point de vue théorique, à peu près suffisamment protégés.

Par contre, la situation de la victime du délit s'est amoindrie à mesure que l'idée de réparation se perfectionnait. Ses droits n'ont cessé de diminuer, le souci de ses intérêts tient de moins en moins de place dans l'esprit du législateur. Le rôle qu'elle occupait dans l'action publique s'est fait plus étroit, à mesure que le ministère public se faisait plus puissant. Primitivement appelée seule à poursuivre la répression de tous les crimes, puis seulement de presque tous, elle occupait déjà une situation moindre, quoique importante encore, dans le système de l'ordonnance de 1670. Jouissant d'un rôle important dans la procédure, elle était cependant gênée par une lourde charge : l'obligation aux frais dans tous les cas. L'esprit généreux de la Révolution réagit un moment, et remit la partie lésée, quant à l'action publique, dans sa place véritable. Mais ce changement ne dura pas. La législation impériale se rapprocha du système de l'Ancien Droit, mais se montra moins large que lui à l'égard de la partie civile. Celle-ci peut bien encore mettre en mouvement l'action publique, et encore cela est-il contesté à l'égard des crimes, mais l'exercice de l'action publique ne lui appartient plus, il est dévolu uniquement aux fonctionnaires du ministère public. Et même, ce droit de mettre en mouvement l'action publique, seul débris d'une situation autrefois prépondérante, a-t-il été plus d'une fois menacé. La pratique des parquets n'a cessé de contester à la personne lesée le droit de saisir par sa plainte le juge d'instruction. La Chambre des députés avait voté en 1842 un projet tendant à restreindre le droit de citation directe (1), en exigeant, pour que la citation put être lancée, une autorisation du ministère public. En 1883, une disposition votée par le Sénat, dans son projet de réforme du Code d'Instruction criminelle enlevait à la partie civile le droit de saisir le juge d'instruction par une plainte déposée entre ses mains. « L'État, a-t-on dit, ne doit pas aux particuliers ses juges d'instruction ». Quelque soit la valeur de cette affirmation, il faut bien le reconnaître, depuis longtemps, le droit, l'esprit du parlement tendent à restreindre de plus en plus le rôle de la victime du délit. On semble se défier toujours davantage des actes de procédure criminelle qui n'émanent pas du Ministère public, qui n'ont pas été provoqués par les représentants de l'État.

La situation de la partie lésée s'est aussi amoindrie à un autre point de vue. Non seulement, on lui a fait une place toujours plus étroite dans l'action publique, mais le législateur a pris de moins en moins souci de la réparation civile. D'ailleurs, n'est-ce déjà pas nuire à la partie lésée que de lui ouvrir toujours moins large la porte du tri-

____

(1) V. *La citation devant les tribunaux correctionnels* par Cauvet. *Rev. Wolowsky*, tome XXIX, p. 297.

nal répressif, d'accumuler les obstacles dans la voie qui devrait être pour elle la plus commode ? Concevrait-on, qu'avec cette défiance vis-à-vis de la personne lésée, on fut fort enclin à s'occuper beaucoup de lui assurer une réparation.

Une autre idée amena aussi le législateur à laisser la victime dans la situation déplorable qui lui est faite actuellement. C'est la séparation de plus en plus nette de la peine et de la réparation, la distinction toujours mieux faite entre le châtiment et l'indemnité. Ce n'est pas que cette idée, fort juste en elle même, conduisit forcément à un pareil résultat. Mais elle en fut cependant la cause indirecte. A mesure que cette idée, lentement éclose, prenait plus d'importance dans les esprits, ceux-ci se laissaient inconsciemment dominer par cette opinion que la réparation civile, étant une question de droit civil, devait se régler comme n'importe quelle autre question de droit civil. On est arrivé peu à peu à se figurer que la créance de la victime contre son agresseur, devait être traitée comme toute autre créance, ne devait pas occuper une situation à part.

Ayant dégagé ces deux idées que la pénalité était d'ordre public, qu'au contraire la réparation n'était qu'une chose d'intérêt privé, on en arriva insensiblement à ne plus tenir compte de la réparation civile. La répression étant la chose la plus importante, puisque seule elle était d'ordre public, on en vint à ne plus s'occuper que de la répression, à tenir pour quantité négligeable les intérêts privés lésés par le délit. « Le droit pénal moderne a rejeté complètement dans l'ombre la partie lésée, pour laisser apparaître au premier rang le ministère public exerçant la justice au nom de tous. Au rétablissement pratique du trouble causé, c'est-à-dire à l'obligation d'indemniser la victime, a succédé comme but essentiel le rétablissement théorique de l'ordre, c'est-à-dire l'exécution d'une condamnation à la prison. Le législateur se contente d'une sorte de répression idéale qui plane au-dessus des réalités de ce monde et des exigences de la partie lésée » (1).

Sous l'influence de tant de causes diverses, la réparation civile est devenue ce qu'elle devait être nécessairement : un précepte légal, et rien de plus. Le droit à un dédommagement est, pour la victime, presque illusoire. Il y a plus d'un siècle, Lacretelle le disait déjà : « à force de voir une attaque publique dans les crimes privés, n'a-t-on pas trop oublié la réparation particulière ? » Le temps, loin d'effacer ce mal, n'a fait que l'aggraver. Il s'est même entendu dans des proportions extraordinaires à mesure que s'est accusé davantage l'accroissement de la criminalité. On s'en rendra facilement compte, si l'on songe que les affaires soumises aux tribunaux correctionnels qui, pendant le second quart de ce siècle, étaient en moyenne de 140,000, atteignent aujourd'hui le chiffre de 400,000.

En présence de ce débordement inouï de la criminalité, une situation déplorable reste faite aux victimes des diverses infractions. La partie lésée peut bien faire citer le délinquant devant le tribunal répressif, ou intervenir sur la procédure commencée à la requête du parquet. Mais

____

(1) Prins. Rapport au congrès de Christiania. *Bulletin de l'U. I. D. P.* 3ᵉ année, p. 121, et rapport au Congrès de Paris, 1895 *Bull. de la commission internationale pénitentiaire*, V, p. 64.

elle encourt de lourdes obligations. Aussi sans espoir de succès matériel, pour éviter les frais d'un procès périlleux, elle néglige même d'avertir le ministère public du délit commis à son préjudice. L'oubli des intérêts de la partie lésée influe donc indirectement sur l'ordre social. Des faits graves peuvent rester impunis, parce que la victime, exposée à trop de mécomptes, si elle veut réclamer un dédommagement, préfère rester inactive.

Si la victime arrive à faire reconnaître et liquider ses droits, elle est encore loin de pouvoir compter sur le paiement de son dû. Le droit de recourir contre des personnes civilement responsables n'a qu'une efficacité limitée. Les diverses sûretés réelles attachées la créance en indemnité sont à peu près inutiles. La plupart des criminels, en effet, sont des insolvables.

Consultons les statistiques criminelles. Sur 4.000 individus traduits en Cour d'assises, 345 sont classés comme gens sans aveu. A eux seuls, ils ont commis cinq pour cent des crimes contre les personnes, et dix pour cent des crimes contre les biens. Ce sont autant de condamnés dont l'insolvabilité est certaine. Pratiquement, il faut aussi compter comme insolvables les domestiques et journaliers, qui, sur 4269 accusés sont au nombre de 1759, soit près de la moitié (1).

Pour les délits, les statistiques actuelles ne donnent pas ces renseignements, c'est une lacune regrettable, mais les

-----

(1) Ces chiffres sont empruntés à la *Statistique criminelle pour l'année 1893*. En 1894, sur 3.975 accusés, il y a eu 315 gens sans aveu et 1,602 domestiques et journaliers.

indications que nous venons de donner suffisent à donner un aperçu du nombre des insolvables.

Si l'on est en présence d'un délinquant qui possède quelques biens, la situation du créancier n'est pas beaucoup meilleure. Les coupables emploient toutes les ruses pour faire disparaître ce qu'ils possèdent. D'ailleurs, comment s'attendre à ce que des gens pareils fassent preuve de beaucoup de scrupule à l'égard de leurs créanciers ? Les faits sont là malheureusement pour donner un démenti à ceux qui conserveraient quelques illusions. Avant qu'on puisse exercer des poursuites sur leurs biens, les criminels ont trouvé à les faire passer en mains tierces au moyen d'actes similés, ou bien à faire partir des meubles de prix pour l'étranger.

La contrainte par corps, bien organisée, pourrait être une arme sérieuse pour contraindre au paiement.

La contrainte par corps, a bien été conservée à l'égard des délinquants, par la loi de 1867, mais bien imprudent serait le particulier qui voudrait en user. L'exercice de la contrainte, pendant une année, ne l'obligerait pas à une dépense de moins de 4 à 500 fr. (1). Pour ce prix, le créancier verra son débiteur logé, chauffé, nourri, vivre pendant une année dans une douce oisiveté. Car il ne faut jamais l'oublier : les contraints par corps ne sont pas obligés au travail. Les rôles, ici, sont renversés : ce n'est pas le créancier qui profite du travail de son débiteur, c'est le débiteur qui vit aux frais de son créancier.

(1) La consignation des aliments est, par mois, de 45 francs à Paris, 40 francs dans les villes de 100.000 âmes, de 35 francs dans les autres (art. 6, l. 22 juillet 1867).

Seuls, les délinquants jouissent d'un pareil privilège. Voilà à quels abus mène la sensiblerie et l'humanité mal comprise.

Sans droit sur le pécule du condamné, hésitant avec raison à user de la contrainte par corps, le créancier est à peu près désarmé. D'autre part, le condamné ne bénéficiant d'aucun avantage, d'aucune réduction de peine, s'il indemnise la personne lésée, n'est guère poussé par son intérêt, dans la voie de la réparation. Les droits de la victime ne sont pour elle qu'une formule décevante.

Pendant qu'elle fait de vains efforts pour obtenir quelque dédommagement, « le coupable logé, nourri, vêtu, chauffé dans une cellule modèle, en sort avec un petit pécule légitimement gagné ; il a payé sa dette à la société, il peut narguer sa victime. Celle-ci a une consolation, c'est de penser que, par les impôts qu'elle verse au Trésor, elle a contribué aux soins paternels dont le délinquant a été entouré pendant sa détention » (1).

Le scandale est d'autant plus grand que, dans la majorité des cas, les victimes ne sont pas dans une situation beaucoup plus fortunée que leurs agresseurs. Les personnes riches, ou tout au moins dans l'aisance, ont bien plus de chance que les personnes pauvres de n'être pas victimes de délits. Les quartiers qu'elles habitent ou qu'elles fréquentent, les personnes avec lesquelles elles sont en rapport, tout cela constitue comme autant de sauvegardes. Les individus qui jouissent d'une certaine fortune ont mille moyens de se protéger, de veiller à la garde de leurs

(1) Prins. Rapport précité. *Bull. de l'U. I. D. P.* 3e année, p. 126.

biens, que ne possèdent pas les autres. En leur absence, ils peuvent faire surveiller leurs biens, leurs propriétés par des domestiques ou d'autres personnes à leur service (1). Il ne faut pas pousser ces idées jusqu'à l'exagération. On doit reconnaître que certains crimes, qui causent ordinairement un dommage très considérable sont, le plus souvent, commis au préjudice de gens riches : il en sera souvent ainsi du crime de banqueroute frauduleuse, des vols ou détournements commis par des caissiers à l'égard de leurs patrons, des incendies volontaires, et encore, dans ce dernier cas, il s'agira souvent de la maison du paysan pauvre. A l'inverse, c'est dans les classes les moins fortunées que l'on trouvera ordinairement les victimes de tous les crimes contre les personnes, lesquels, dans le total de la criminalité, n'occupent pas moins des trois septièmes (2).

La réparation civile des délits mérite donc particulièrement l'attention du législateur, la situation ordinairement digne d'intérêt du créancier, le peu de pitié que mérite ici le débiteur, tout devrait concourir à faire assurer davantage à la victime d'une infraction le paiement d'une indemnité.

Si, regardant au delà de nos frontières, nous jetons un coup d'œil sur les législations étrangères, nous voyons qu'elles ne paraissent pas beaucoup mieux partagées que

______

(1) Cette idée a été mise en lumière pour la première fois par M. Zucker. Rapport au Congrès de Paris, 1895. *Bull. de la comm. pénitentiaire*, IV, p. 67.

(2) En 1893, 1838 accusés, contre 2431 accusés de crimes contre les personnes.

la nôtre. Dans les divers congrès internationaux, les criminalistes se sont accordés à reconnaître l'insuffisance en cette matière des législations européennes. Partout les mêmes fraudes, la même insuffisance des lois pour protéger les intérêts de la victime (1). Nous trouvons bien çà et là au cours de cette étude telle disposition utile dont notre législation ferait bien de s'inspirer. Mais aucune de ses dispositions, — et il n'y a pas lieu de s'en étonner, — n'a la vertu magique d'assurer à la victime partout et toujours le paiement de son dû, ce n'est que réunies ensemble, groupées avec méthode que ces diverses mesures, comme tout ce que peut créer la prévoyance humaine, peuvent produire quelque effet. Peut-il suffire, par exemple, comme le fait le Code Italien, de diminuer la peine de celui qui répare volontairement son délit, si d'un côté, cette faveur ne s'applique qu'à un petit nombre d'infractions, si d'autre part le délinquant n'a pas les moyens de réparer actuellement le dommage? Ce n'est pas une mesure judicieusement choisie, qui peut à elle seule suffire à atteindre le but, ce n'est qu'un réseau de moyens appropriés, qui peut rendre de réels services.

Aucune législation étrangère ne présentant un système complet qu'il soit possible d'acclimater chez nous, ou dont on puisse largement s'inspirer, une étude de législation comparée serait ici hors de propos. Énumérer quelques dispositions éparses à travers les lois d'un pays étranger,

____

(1) Un magistrat espagnol, M. Armengol y Cornet, constate que plus de 95 fois sur 100, la victime n'obtient pas réparation. Rapp. au congrès de Paris, 1895. *Bull. de la commission pénitentiaire*, V, p. 57.

constater partout l'insuffisance presque absolue de mesures
efficaces, nous faire l'écho des critiques que cet état de
choses a provoquées, serait un travail fastidieux autant
qu'inutile. Lorsque nous étudierons séparement les
diverses mesures possibles pour améliorer notre législation, les lois étrangères nous offriront au contraire un
utile appoint. Nous aurons à nous demander, à propos de
chacune des améliorations proposées, s'il n'existe pas
quelque règle de ce genre à l'étranger, si cette règle y a
donné tout ce qu'on en pouvait attendre, s'il est utile de
la transplanter directement chez nous, si elle n'appelle pas
auparavant quelque retouche. Nous n'étudierons pas de
système des lois étrangères, en notre matière il n'y en a
pas, mais nous chercherons à nous inspirer des dispositions utiles qui peuvent exister dans ces lois.

II

Nous avons constaté le mal : l'insuffisance de notre législation en matière de réparation civile des délits, il faut
maintenant rechercher les remèdes appropriés. Avant
d'aborder cette tâche délicate, examinons si, en dépit de
ses défauts, notre droit ne contient pas quelques solides
assises, sur lesquelles peut reposer tout l'édifice que nous
projetons. Les mesures nécessaires font défaut, sont mal
organisées, insuffisantes, la victime d'une infraction n'a
pas d'armes à sa disposition, ou n'a que des armes émous-
sées ou rouillées, tout cela appelle une transformation ;

mais un principe, celui de la réparation civile, ne doit-il pas survivre à tous ces changements ? Faut-il au contraire lui substituer l'idée de l'amende à la partie lésée ? La réparation civile, telle que nous l'avons étudiée, telle que que nous l'avons vu se dégager lentement au cours des siècles, est-elle seulement une forme, que doit temporai· rement revêtir l'idée de justice humaine, mais destinée dès maintenant à faire place à une conception plus parfaite ?

Cette idée nouvelle de l'amende au profit de la partie lésée jouit, à l'heure actuelle, d'une certaine faveur. Sans parler des positivistes italiens qui s'en sont fait les apôtres convaincus, cette idée a trouvé faveur auprès de bon nombre de jurisconsultes et a pénétré dans plusieurs législations (1). Afin d'en pouvoir mieux préciser la portée, nous allons d'abord parcourir les articles des codes étrangers qui l'ont adoptée (2). Deux législations sont à ce sujet particulièrement connues : celle de l'empire d'Allemagne et celle de l'Italie.

Le Code pénal allemand de 1870, porte (art. 188) que dans les cas de diffamation ou de calomnie « lorsque l'injure aura porté préjudice à la fortune, à la position, ou à l'avenir de l'inculpé, le tribunal pourra, en outre de la peine prévue, prononcer au profit de ce dernier, sur sa demande, une amende qui n'excédera pas 2,000 thalers.

----

(1) V. Garofalo. Ripparazione alle vittime del delitto, ch. III. L'ammenda a favore della parte lesa, p. 24. V. également sa Criminologie et ses discours et rapports aux différents congrès. Cf. R. de la Grasserie, *Revue critique,* 1897, p. 35.

(2) V. sur ce point, Le Poittevin. Etude sur le projet de Code pénal. *Revue pénitentiaire,* 1893, p. 163.

Dans ce cas, l'offensé ne pourra plus obtenir d'autres dommages-intérêts ». L'article 231 permet également, en cas de lésions corporelles, d'attribuer à la partie lésée une composition (*Busse*) de 2,000 thalers au maximum. Et le payement de cette composition exclut aussi le droit de demander d'autres dommages-intérêts (1). Inspirées du même esprit, une série de lois plus récentes ont étendu l'amende, en faveur de la partie lésée, à des délits en matière de propriété littéraire, artistique et industrielle (2).

Ce sont là des innovations, la législation pénale allemande n'offrait en ce siècle aucun antécédent et, en particulier le Code pénal prussien de 1850, dont la législation de l'Empire s'est si souvent inspirée. La différence entre cette composition et notre réparation civile est assez sensible. Le juge allemand peut allouer un somme d'argent, qui ne soit pas en rapport avec le dommage causé : il peut, sans violer la loi, en présence d'un préjudice de quelques marcks, accorder une composition de 6,000 marks (2,000 thalers de l'ancien système monétaire). Le juge français ne le pourrait pas. Toutefois, ce pouvoir arbitraire du juge allemand reçoit deux limitations : il faut qu'il y ait un préjudice causé, la loi le dit expressément (art. 188); ensuite la victime ne peut cumuler la composition et des

______

(1) V. ces art. *Annuaire de législation comparée*, 1871, p. 131 et 138.

(2) V. art. 18, loi du 11 juin 1870 sur les droits d'auteurs. *Ann. de législat.*, 1871, p. 205. — Art. 15, loi 30 novembre 1874, sur les marques de fabrique. *Ann.*, 1874, p. 140. — Art. 16, loi du 9 janvier 1876, sur les droits d'auteurs pour les œuvres des arts figuratifs. *Ann.*, 1876, p. 100. — Art. 9, loi du 10 janvier 1876, sur la protection des œuvres photographiques. *Ann.*, 1876, p. 112. — Art. 14, loi 11 janvier 1876, sur les dessins et modèlec industriels. *Ann.*, 1876, p. 130.

dommages-intérêts ; de cette façon, elle recevra, en définitive, son indemnité et ce que le juge voudra lui attribuer
entre cette somme et le maximum fixé par la loi. Si l'indemnité s'élève déjà à quatre ou cinq mille marcks, la
victime n'obtiendra guère plus par le système allemand
que par le système français. Si l'indemnité dépasse 6,000
marks, elle obtiendra même moins, sauf à elle le droit de
renoncer à l'amende et de porter son action devant les
tribunaux civils. On le sait, en effet, et cela a donné certainement plus de relief à l'idée de composition, dans le
droit allemand, la victime ne peut joindre son action à une
accusation publique que dans des cas exceptionnels, comme
celui-ci. En principe, dans le droit allemand, toute action
en réparation est nécessairement portée devant le juge
civil (1).

L'amende en faveur de la partie lésée se rencontre aussi
dans le Code italien, mais dégagée des restrictions qu'elle
comportait dans le droit germanique. D'après le nouveau
Code italien, fidèle en cela au Code sarde de 1859 (2), « outre
les restitutions et le remboursement des dommages, le
juge à raison de tout délit qui offense l'honneur de la personne, ou de la famille, alors même qu'il ne leur a été
causé aucun préjudice, peut allouer à la partie offensée,
qui en fait la demande, une somme déterminée à titre de
réparation » (art. 38).

(1) Art. 433. Code de procédure pénale allemand. C'est une règle
qui existait déjà dans plusieurs états germaniques. Saxe, 434, Inst.
crim. ; grand-duché de Bade, art. 329. Instr. crim. Cf. Daguin. Code
de procédure pénale allemand, p. 233, note 1.

(2) Art. 73. Cette disposition avait été conservée dans les divers
projets : Mancini, Savelli et Pessina.

Nous sommes ici en présence d'une notion nouvelle, et complètement dégagée, ce n'est plus ici une simple action en indemnité, mais une institution ayant un effet séparé, distinct et indépendant, une véritable peine privée. Les travaux préparatoires ont d'ailleurs mis ce point en pleine lumière. « Cette réparation, disait le rapport présenté à la Chambre des Députés (1), est distincte du dommage moral dérivant, par exemple, de la diminution, ou de la perte du crédit, ou de la réputation sociale produite par un délit, qui atteint l'honneur ou la pudeur d'une personne, ou du manque de direction d'une famille, par suite du meurtre de celui qui la soutient. Le but de la condamnation (ripparàzione), ce n'est pas l'indemnisation (risarcimento). d'un dommage direct, c'est la satisfaction de l'outrage souffert, du ressentiment, du mécontentement produit par l'offense sur l'âme de la victime, (la soddisfazione del oltraggio patito, del risentimento, del rammarico prodetto, dell offesa sul animo di chi ne e stato vittima)..., le but c'est de renforcer l'efficacité de la répression, de constituer un complément de pénalité » (2).

Ce passage suffit à mettre en relief le caractère de cette amende privée, que l'on retrouve aussi dans le droit russe, à montrer l'absence de corrélation qu'elle présente avec le dommage éprouvé par la victime. Ce trait l'a fait rappro-

____

(1) Relazione ministériale, p. 144, 1887.

(2) Cette partie du code italien a été étudiée par Enrico Segré. La ripparazione pecuniaria. Riv. penale, XXXIV, p. 136. Il a développé toutes les conséquences pratiques du caractère de l'amende privée notamment celles-ci : l'amende privée peut être obtenue sans constitution de partie civile — elle ne peut jamais être adjugée que par le tribunal répressif lors de la condamnation du coupable.

cher avec raison d'un certain nombre de règles éparses dans les législations civiles des différents peuples que l'on rencontre aussi dans nos lois françaises et qui établissent de véritables peines civiles. On pourrait notamment citer dans notre Code civil les articles sur l'indignité successorale, la révocation des donations pour ingratitude (art. 955), la diminution des droits de l'héritier qui a recelé un objet héréditaire (art. 792). Dans tous ces cas, la personne qui a été lésée jouit d'un avantage qui sera souvent hors de proportion avec le dommage subi. Mais la peine privée apparaît encore beaucoup mieux en droit français dans les cas où la confiscation joue le rôle d'une réparation civile. Les œuvres artistiques, les produits contrefaits, qui sont remis à la victime de la contrefaçon, peuvent constituer pour elle un véritable bénéfice. Si la confiscation a eu lieu, alors que fort peu d'objets contrefaits avaient été vendus, la contrefaçon aura pu procurer un gain à celui qui en a été victime (1).

De nombreux criminalistes appellent de leurs vœux la généralisation des amendes privées. Il leur semble qu'il y a là un progrès à réaliser sur le droit actuel. Cette opinion a été particulièrement défendue par M. Garofalo et M. Alimena (2) et elle a encore été soutenue tout récem-

---

(1) On trouvera une liste de peines admises dans divers pays : Suède, Brésil, Vénézuela, dans l'art. de M. R. de la Grasserie. La participation de la partie lésée à l'action publique. *Rev. crit.* 1897, p. 35.

(2) Garofalo. Ouvrages, discours et rapports précités. Alimena. Rapp. au Congrès de Berne. *Bull. de l'U. I. D. P.* 2e année, p. 59. — Discours au congrès de St-Pétersbourg, 1890. Actes du congrès, I, p. 193.

ment par M. de la Grasserie. « Le voleur, dit-on (1), a délinqué, en voulant s'approprier le bien d'autrui, autrui ne devrait-il pas avoir le droit de s'approprier une partie équivalente du sien? Ne devrait-il pas y avoir une rétorsion pécuniaire, de même qu'il y a une rétorsion corporelle?... Cette peine est juste et utile, elle ne fait double emploi, ni avec les dommages-intérêts, ni avec l'amende, et elle serait un stimulant pour la répression, car l'intérêt privé est très actif. Il faudrait, par conséquent, la généraliser, car, cantonnée comme elle l'est, elle ne saurait avoir un grand effet. On pourrait établir ce principe que, toutes les fois que par vol, fraude, ou dol, une personne a voulu nuire au patrimoine d'autrui, en se l'appropriant, même quand ce fait ne tomberait pas sous l'application de la loi pénale, elle devra restituer non au simple, mais au double.. quand il s'agit de dommages consistant en lésions à l'honneur ou en lésions corporelles... il devrait être permis d'allouer jusqu'à une fois et demie le dommage constaté, car la situation faite par les dommages-intérêts n'équivaut point à la situation première, quand même on assurerait à la victime le même gain qu'elle aurait auparavant ».

Malgré l'autorité de ses défenseurs, malgré l'appui qu'elle trouve dans les législations récentes, l'amende en faveur de la partie lésée, ne nous paraît guère offrir d'avantages. On veut que la victime obtienne quelque chose de plus que l'indemnité, on veut augmenter la portée de l'action accordée à la victime. Cela aurait pour

____

(1) R. de la Grasserie, *loc. cit.*

effet, dit-on, de stimuler la répression. Mais ce résultat ne peut-il être obtenu par d'autres moyens ? C'est ce qu'on peut contester ? Si l'on ouvre largement la voie criminelle aux poursuites de la victime, si on lui donne un chemin rapide et peu coûteux, pour obtenir une indemnité, il n'y a pas à craindre que la répression sommeille, rien n'empêchera l'intérêt individuel de concourir au bien social, aussi activement que s'il existait une amende privée.

La réparation civile, telle que nous la recevons, telle que nous l'avons vu dans notre jurisprudence, et surtout avec les quelques améliorations que nous voudrons y voir apporter, faisant état des intérêts moraux, des intérêts d'affection blessés par le délit, cela n'est-il pas suffisant ? Nous tenons compte dans l'indemnité du dommage sous toutes ses formes, dans la mesure où nous le pouvons. Faut-il faire plus ? On le prétend, et ce dont on veut tenir compte, c'est le sentiment de vengeance de l'offensé. Les travaux préparatoires du Code italien le laissent apparaître en parlant de la « satisfaction de l'outrage souffert et du ressentiment. » Cela explique pourquoi les lois étrangères parlent principalement d'amendes privées lorsqu'ils s'agit d'atteinte à la personne ou à l'honneur, là où le sentiment de la vengeance apparaîtra le plus vif.

Qu'est-ce alors en définitive ? C'est le wergeld du droit germanique, ce sont les peines du double, ou du quadruple de l'ancien droit romain, ce sont les compositions des peuples primitifs, c'est tout cela qu'on réintroduit sous ce nom bâtard d'amende en faveur de la partie lésée. Les défenseurs de ce système l'avouent hautement, les uns invoquant, à leur appui, le droit romain, d'autres disant qu'il faut à la place du dédommagement actuel, rétablir dans une certaine mesure les antiques compositions (1) Est-ce là un progrès ? N'avons-nous pas vu, — et c'est pour cela qu'il nous était nécessaire d'insister sur l'histoire de la réparation civile, — n'avons-nous pas constaté que le progrès de la civilisation a partout amené la disparition des peines privées ? Le droit romain les abandonnait en se perfectionnant. Les actions créées par lui durant l'époque classique, et même avant, en faveur de la victime d'un délit n'étaient pas des actions au double ou au quadruple, mais des actions donnant droit au montant du dommage causé. Le droit français a suivi la même voie. Il est vrai que l'évolution du droit a de ces retours, qui, après un long stade, ramènent les peuples non loin de leur point de départ. Les institutions primitives, après une éclipse momentanée, reparaissent quelquefois dans la vieillesse des peuples, mais plus savantes, assouplies et perfectionnées. Serait-ce le cas ici ? Le législateur moderne, aurait-ileu tort de ne pas faire, dans nos lois, une place à la vengeance ? En accordant une simple réparation du dommage causé, ne pousse-t-il pas la victime à se faire justice elle-même ? De nombreux délits ne sont-ils que les représailles d'une personne exaspérée par une insuffisante satisfaction ? Cela n'est pas impossible, cela paraît même assez vrai pour certains pays, notamment pour l'Italie. Mais le législateur doit avoir un autre but que de favoriser les désirs de vengeance ; qu'il laisse la victime pour-

____

(1) Garofalo. Ripparazione, p. 35

suivre plus librement la répression, cela est juste et moral. Par là il créera un dérivatif pour ses sentiments de colère, dérivatif qui dans un certain état de civilisation, peut suffire à peu près empêcher la vengeance. Mais suivre aveuglément les instincts de la victime, rétablir ce rachat de la vengeance, c'est un métier duquel il ne doit pas s'abaisser, à moins d'absolue nécessité. Ce serait un progrès mal entendu de vouloir faire rentrer dans nos lois des sentiments grossiers et injustes que la civilisation en a fait disparaître (1).

En outre, ce système de l'amende privée conduirait nécessairement à l'arbitraire. Sur quoi mesurer cette amende ? Sur le degré de ressentiment de la victime ? C'est le plus logique, si l'on veut empêcher le retour de la vendetta. Mais ce degré est essentiellement variable suivant les individus, et il faudra admettre que la victime aura droit à une somme d'autant plus élevée que son caractère sera plus violent et qu'on pourra redouter davantage une vengeance contre son agresseur. S'occupera-t-on de la perversité du coupable ? Pourquoi alors favoriser plus ou moins la victime, selon le caractère de son agresseur ? Où trouver une règle fixe, un principe qui puisse guider le juge ?

Tant qu'on s'inspire de l'idée de réparation, alors même que l'on tient compte des intérêts moraux lésés, on a une base solide pour déterminer ce qu'il faut attribuer à la victime : l'étendue du mal causé à la victime. Hors de là, les

(1) V. En ce sens. Aschenitto. Della costituzione del parte civile. Riv. penale, tome XXVIII.

tribunaux n'ont plus rien pour mesurer, avec quelque approximation, les sommes qu'il convient d'allouer aux personnes lésées.

Mais la théorie que nous critiquons pourrait s'expliquer peut-être par une remarque déjà faite par nous. Nombre de criminalistes étrangers se plaignent de ce que les tribunaux sont trop avares en mesurant l'indemnité due à la victime. Les juges seraient trop enclins à ne compter que le dommage matériel, et à l'évaluer de la façon la plus stricte (1). L'amende, en faveur de la partie lésée, paraît avoir été simplement un moyen mal choisi, pour sortir de cette conception étroite de la réparation. On ne croyait pas pouvoir arriver de plein pied à tenir compte des intérêts moraux et des intérêts d'affection lésés, peut-être parce qu'on n'ose admettre que l'argent peut représenter autre chose qu'un dommage matériel. On hésite un peu à admettre l'extension complète de la réparation hors de la sphère des intérêts pécuniaires. Pour parvenir au résultat souhaité, mais sans vouloir aller au-delà, on a alors échafaudé une autre théorie (2).

S'il en était ainsi, le désaccord serait plus apparent que réel. Nous aurions combattu une expression dangereuse, plutôt qu'une théorie opposée à la nôtre. Accorder à la victime une indemnité qui représente les dépenses

----

(1) Garofalo. *Loc. cit.* Cf. Armengol y Cornet. Rapport précité.

(2) Une certaine incertitude plane ici sur les œuvres de M. Garofalo. Tantôt il parle de réparation (*Criminologie*, 2ᵉ éd. p. 240), tantôt il regarde comme nécessaire d'établir une amende en faveur de la victime (*Ripparazione*, p. 36). Il semble que l'intention du Code allemand a été simplement de tenir compte des intérêts purement moraux de la victime.

faites par elle, les pertes subies dans sa fortune ou son crédit, tenir compte en outre de l'atteinte portée à sa considération, de l'anxiété, de la douleur éprouvées par elle, voilà peut-être ce que l'on veut en définitive, en tous cas, la seule chose qui nous paraisse raisonnable.

CHAPITRE II

DES MOYENS DE RENDRE EFFICACE LA RÉPARATION CIVILE

Bentham a distingué les différentes formes que peut prendre la satisfaction accordée à la partie lésée. Ce peut être une satisfaction honorifique, en cas de délit contre l'honneur : elle consistera alors dans la lecture à haute voix de la sentence. La satisfaction peut être substitutive, lorsqu'elle est fournie par un autre que le coupable, comme une personne civilement responsable. Elle peut être encore vindicative, c'est alors la peine. Enfin, et le plus souvent, se sera une satisfaction matérielle, une indemnité pécuniaire donnée à la victime.

Nous n'avons rien à dire de la peine. Nous ne parlerons pas non plus des rétractations faites à l'audience. Elles ont constitué, jusqu'à ces dernières années, une peine possible dans certains cas, peine disparue depuis la loi du 28 décembre 1894. Il ne saurait être question de rétablir ces vaines protestations de sentiments qui n'existent pas. La réparation d'un délit consistera donc, ou dans des mesures de publicité, ou dans une satisfaction matérielle au profit de la personne lésée. Mettons à part les restitutions faites directement à la victime de l'infraction par la justice, le droit de la personne offensée va se traduire presque toujours par une créance de somme d'argent. Comment assurer l'efficacité de cette créance. La législation actuelle étant insuffisante pour triompher de la mauvaise volonté, de l'insolvabilité du délinquant, quelles améliorations sont nécessaires. Quels moyens donner au créancier pour assurer son paiement?

Bien des améliorations ont été proposées, d'autres encore seraient peut-être possibles. Mais comment se reconnaître dans cet infini dédale de projets, si nous n'avions en main un fil pour nous conduire, si nous ne possédions un critérium auquel rapprocher les diverses idées émises, si nous ne cherchions à fixer sous un de ses innombrables aspects ces éternelles idées de justice auxquelles tout se ramène. Autrement, n'ayant plus l'idée du droit, n'ayant plus nulle prise où s'arrêter, nos jugements iraient flottant au hasard des hypothèses, guidés plutôt par les sentiments que par les raisons. Envisageant au contraire les choses d'une façon plus abstraite, nous pourrons les considérer de plus haut, nos conceptions générales seront moins déformées, peut-être, par la complexité des faits. Recherchant des principes applicables à toutes les hypothèses, nous pourrons mieux dominer le champ de nos recherches.

La loi accorde à tous les créanciers une même protection. A tous elle reconnaît un droit de gage général sur les biens de leur débiteur. Ils peuvent les saisir, les faire vendre, poursuivre l'annulation des actes passés frauduleusement, exercer les actions de leur débiteur. En cas d'insuffisance de ses biens, la loi partage également l'actif entre les créanciers, chacun étant payé au marc le franc.

Les créanciers peuvent bien jouir d'autres avantages : recours contre des cautions, droits de gage ou d'hypothèque. Mais c'est à eux à s'assurer ces divers bénéfices par une convention spéciale. S'ils ne l'ont pas fait, si la valeur de leur créance tombe à néant, ils ne peuvent s'en prendre qu'à eux-mêmes. Il y a eu imprudence de leur part : il ne devraient point contracter, ou ils ne devaient le faire que sous d'autres conditions. Telles sont les considérations que l'on développe ordinairement à propos de l'article 2092 du Code civil. Fort exactes, lorsqu'il s'agit d'obligations contractuelles, elles ne le sont guère lorsqu'il s'agit de créances nées sans la volonté du créancier. Un prêteur, un vendeur peuvent se reprocher d'avoir traité à la légère, de ne pas s'être entouré de renseignements, de n'avoir pas exigé des sûretés réelles ou personnelles. Le même reproche peut-il s'appliquer à la victime d'un délit, et, en général, à toutes les personnes qui deviennent créanciers sans leur fait (comme le maître à l'égard du gérant d'affaires) ? On ne peut soutenir qu'il ont suivi la foi de leur débiteur. Il n'est pas juste de les soumettre à la loi du concours. Il n'est pas équitable d'en faire de simples créanciers chirographaires, de les traiter comme des créanciers qui ont imprudemment contracté.

Une seconde raison, spéciale celle-là aux victimes d'une infraction aux lois pénales, doit leur faire donner une situation particulière : le peu de considération que mérite ici le débiteur. Il est humain de présumer que le débiteur, qui ne paye pas, est de bonne foi ; cette idée a pris de plus en plus d'empire dans notre législation et les voies d'exécution se sont adoucies à mesure. Mais, si une moindre rigueur s'explique à l'égard de débiteurs ordinaires, elle a peu de raison d'être à l'égard de délinquants. Une législation bien faite peut admettre certaines voies d'exécution contre des délinquants, certains droits pour les créanciers, qu'elle repousse formellement quand il s'agit d'autres débiteurs. Si la loi accorde à tout le monde des faveurs que méritent seulement les débiteurs malheureux et de bonne foi, encore est-il juste de les refuser aux débiteurs les moins dignes de pitié. Les délinquants ne sont guère dignes de considération, et cela à un double titre : parce qu'ils se sont obligés, par leur pleine volonté, en commettant le délit, ils ont accepté virtuellement le mal qui en résulte pour eux. En outre, si le délinquant ne répare pas le délit, on peut légitimement présumer sa mauvaise foi. Il n'y a pas à supposer que le criminel aura plus de scrupule à frauder son créancier qu'à violer la loi pénale.

Ces considérations ne sont, après tout, que secondaires, elle ne dominent qu'une faible partie des réformes possibles en notre matière. Il est une dernière question autrement vaste, autrement complexe, qui commande toute cette étude, qui domine toutes les avenues dans lesquelles on peut s'engager. Si l'on veut pénétrer notre sujet, il est nécessaire d'apprécier sa valeur. La réalisation de la réparation est-elle une fonction d'ordre social ? A quel point l'intérêt public est-il attaché à l'efficacité de la réparation ? Faudrait-il, pour obtenir cette efficacité, sacrifier au besoin d'autres intérêts ? A défaut d'autres moyens, l'Etat devrait-il se charger de la réparation ?

La question est extrèmement délicate, les idées sont ici

fuyantes ou mal assises, on marche sur un terrain mouvant, qui confine à ces grandes et complexes questions sur le rôle de l'État. Les principes que l'on admet sur les fonctions des pouvoirs publics, leur intervention, sont de nature à influer sur la solution de la difficulté. Les tendances de chacun, libérales ou restrictives, individualistes ou non, sont de nature à aiguiller l'esprit dans un sens ou dans l'autre, elles se reflètent toujours un peu dans les opinions que l'on peut ici admettre. Essayons, avec toute l'impartialité possible, de déterminer quelques principes.

Dans un sens très large, il est d'intérêt social que la personne lésée obtienne satisfaction, comme il est d'intérêt social que tout créancier puisse se faire payer, qu'aucun débiteur ne commette de fraude. Toute inexécution d'obligation se traduit par une certaine contraction de la vie sociale, un certain arrêt dans son essor, le non paiement de la réparation comme toute autre. En ce sens, l'efficacité de la satisfaction est bien d'intérêt social.

Peut-on s'avancer davantage, prétendre qu'il y a vraiment atteinte à l'ordre public, si la victime du délit reste impayée ? Ne pourrait-on pas dire « le trouble causé par le délit n'est réellement effacé qu'à une double condition : le crime doit avoir été puni et réparé. Si l'une de ces deux choses fait défaut, la peine ou la réparation, on n'a apporté au mal qu'un demi-remède. Pour satisfaire la victime, qu'au besoin on sacrifie d'autres intérêts, que l'État s'en mêle, intervienne, soit pour attribuer d'office des dommages-intérêts, soit même pour payer de ses deniers. »

On ne peut méconnaître le fonds de vérité que contient

un pareil système : la société souffre incontestablement
de la non réparation du délit. Toutefois elle n'en souffre que
d'une manière médiate, indirecte. Parfois, elle se trouve
plus vivement choquée, est-ce par cela seul que l'indemnité n'est pas payée ? Non, c'est par suite de circonstances
extérieures accidentelles. On sera très affecté si la victime
est complètement ruinée par le délit, le serait-on de même
si c'était une personne riche, n'ayant perdu qu'une faible
partie de sa fortune ? Trouverait-on qu'il faut encore poursuivre la réparation par les mêmes moyens, avec la même
énergie, y sacrifier tout autre intérêt ? Je ne le crois pas.
Le fait qu'une infraction demeure sans réparation, pécuniaire ne constitue pas en soi une atteinte à l'ordre
public. C'est un fait regrettable, sans doute, mais il ne
faut pas désirer l'éviter au point de vouloir sacrifier pour
cela l'intérêt du crédit public par exemple, ou appeler au
besoin le recours de l'État et de ses finances. Il ne peut
donc y avoir ici une nouvelle fonction d'ordre social. Si
cette fonction peut exister, ce ne peut être que de manière
restreinte, correspondant précisément aux cas où le non
paiement de la réparation peut dégénérer en un véritable
trouble social. C'est un point que nous aurons à déterminer plus loin.

I

Insuffisamment protégée par la législation actuelle, la
victime d'une infraction aux lois pénales pourrait demander deux séries d'amélioration : elle pourrait être mieux

armée vis-à-vis du délinquant lui-même, de manière à
engager avec lui une lutte moins inégale ; elle pourrait
obtenir des droits de poursuite plus étendus, contre des
personnes civilement responsables. A l'égard du délinquant
des divers co-participants à l'infraction, elle peut réclamer
surtout des droits de cœrcition plus énergiques ; vis-à-vis
des tiers étrangers au délit, elle pourrait demander un droit
de poursuite contre un plus grand nombre de personnes.
Dans le premier groupe de questions, nous aurons surtout
à examiner les moyens de contrainte personnelle ; dans le
second, nous pourrons entrevoir la conception moderne
de la responsabilité.

II

La loi déclare les divers co participants d'un crime ou
d'un délit : auteurs, coauteurs ou complices, solidairement
responsables des dommages-intérêts, vis-à-vis de la victime. C'est une disposition fort ancienne, on en trouve la
trace dès le XVI° siècle. Conservée par l'article 55 du Code
pén., elle a été reprise par les législations étrangères ; le
Code italien (art. 38), le Code belge (art. 50), les Codes du
Tessin, de Neuchâtel (art. 25), de Genève, le Code finlandais
de 1889, (ch. IX), le Code du Brésil (art. 27) ; le projet de
Code japonais (art. 53), et le projet de revision du Code
français (art. 49) l'ont aussi adoptée. Le principe de la solidarité ne paraît guère contestable (1). Lorsqu'un crime est

(1) V. J. Tissot. Philosophie du droit criminel. *Rev. crit.* 1859, p.
119. Cependant le droit russe paraît admettre que les complices ne
sont tenus de l'indemnité qu'à défaut de solvabilité des auteurs principaux. V. Lehr. *La nouvelle législation pénale de la Russie,*
p. 30.

commis par plusieurs, il s'est formé entre les co-délinquants une société, un accord, pour commettre le délit. Cet entente est sans doute nulle, comme ayant un but illicite. Mais, tout au moins, cette nullité ne doit pas être un moyen pour les coupables de diminuer leur responsabilité. La loi peut, sans injustice, tirer parti, au profit de la victime, de cet accord préalable. Elle doit même en tirer pleinement parti et édicter la solidarité dans tous les cas sans exception. Des législations étrangères se sont cependant écartées de cette règle ; le Code pénal belge, et, plus récemment, le Code pénal japonais, ont admis que le juge pouvait décharger l'un des inculpés de la solidarité. Mais cette disposition a été rejetée du projet de revision du Code français. C'est avec raison, il y a là une mesure d'adoucissement, qui ne peut être que dangereuse ou inutile. Dangereuse, car on est presque obligé de se défier de l'indulgence des juges : indulgence dont les rapports officiels eux-mêmes se sont plaints (1). Inutile, car l'exemption de la solidarité n'a guère de raison d'être. Y a-t-il lieu de l'appliquer à celui qui, sans avoir participé complètement à l'acte, était d'accord avec l'auteur sur la façon de l'exécuter ? Y a-t-il quelque raison de diminuer la responsabilité civile du complice qui a fait le guet, sachant parfaitement que, pendant ce temps, il se commettait un vol ou un assassinat ? Evidemment non. Il n'y a pas plus de raison d'être indulgent, pour le collaborateur secondaire, avec qui l'auteur principal s'est entendu à peu près de cette façon : on essaiera

(1) V. *Rapport sur la justice criminelle en France* en 1892, dernier paragraphe.

de commettre un vol, mais il est bien entendu que l'on ne commettra pas d'assassinat ; ou bien, pour donner un exemple plus pratique, on portera des coups à telle personne, mais il est convenu qu'on ne cherchera pas à la tuer. Si l'auteur viole la convention, et commet un assassinat, dans ce cas même, la responsabilité civile du complice doit rester la même. Dans cette hypothèse, essentiellement défavorable au système de la solidarité complète, on ne peut s'en écarter qu'en vertu d'une assimilation erronée entre la responsabilité civile et la responsabilté pénale.

La complicité, même avec des réserves faites par le complice, suppose toujours, de la part de celui-ci, une faute suffisamment grave ponr entraîner la responsabilité civile du fait entier, l'obligation de réparer le tout. Au contraire, au point de vue pénal, cette faute peut n'être pas suffisante pour faire condamner à mort un complice qui n'a fait le guet, ou fournir des indications qu'en vue d'un vol, si l'auteur principal a commis un meurtre. Mais on peut équitablement rendre le complice complètement responsable des suites civiles de ce meurtre. Il y a faute évidente de sa part : il a rendu le meurtre plus facile en favorisant le vol. Sans son aide, le coupable n'aurait peut-être pas pu ou osé faire ce qu'il a fait. L'assassinat n'a été que la suite imprévue du délit qu'il avait accepté.

Une autre restriction au principe de la solidarité entre les auteurs d'une infraction, a été admise par le Code pénal français : la solidarité n'existe qu'entre les auteurs d'un même crime ou délit, elle n'existe pas entre les coauteurs d'une contravention. Cette limitation n'existait pas dans le droit intermédiaire. La loi du 22 juillet 1791 (titre II, art. 42), édictait la solidarité même entre les auteurs d'une contravention. Le législateur de 1810 s'est écarté de ce système, sans que les travaux préparatoires en indiquent la raison. C'est une restriction dont aucun auteur n'a donné la justification : une législation bien faite devrait la faire disparaître. C'est d'ailleurs ce qu'a fait le projet de Code pénal français, ce que plusieurs Codes étrangers ont déjà fait avant lui.

Outre cette extension de l'article 55 du Code pénal actuel, une légère modification pouvait être utile au texte : un simple renvoi aux articles 1200 et suivants du Code civil, mettrait un terme à cette vieille controverse sur l'obligation *in solidum* et l'obligation solidaire, la solidarité parfaite et la solidarité imparfaite.

III

C'est un avantage, et qui peut être considérable, d'avoir les codélinquants pour obligés solidaires. Un seul des individus ayant participé au délit est-il solvable, la victime peut obtenir son paiement. Mais le crime ou le délit peut avoir été commis par une seule personne ou un seul des auteurs a pu être découvert, la garantie qu'offrait la solidarité disparaît. Ou même le délit a été commis par plusieurs, mais aucun des délinquants n'est d'une solvabilité certaine, pour parler le langage de la pratique commerciale, ce sont des gens douteux, des gens sans grande surface. Si l'on veut assurer efficacement la réparation civile, il faut donner à la victime d'autres sûretés.

Les législations étrangères ont expérimenté, les criminalistes ont proposé un certain nombre de moyens qui tous se ramènent à cette idée : faire sortir la partie lésée de sa situation de créancier chirographaire. Placée comme elle est, soumise à la loi de la contribution, la victime n'obtient ordinairement de son débiteur qu'un dividende dérisoire, si elle obtient quelque chose. L'idée devait naturellement se présenter à l'esprit de donner à la victime un droit de préférence vis-à-vis des autres créanciers du coupable, ou tout au moins de certains autres créanciers.

Dès l'Ancien Droit, la législation française (1) avait fait, dans cette voie un pas bien timide : on avait admis que la créance en réparation civile serait préférée à l'amende. Rien n'est plus juste. La condamnation à une amende n'a pas pour but d'enrichir l'Etat : on ne peut prétendre que l'Etat a un droit absolu à l'amende, ou il faudrait alors soutenir que celle-ci est une réparation du préjudice causé à la société, que tous les citoyens se trouvent moralement lésés par leur délit ; on leur attribue une indemnité collective, et que cette indemnité est perçue par l'État, comme par leur représentant. Cette théorie, dans ses termes absolus, est évidemment inadmissible : l'amende devrait alors être prononcée dans tous les cas : elle devrait s'adjoindre (2) à toute condamnation, quelque grave fût-elle. On pourrait même aller jusqu'à sou-

---

(1) V. Imbert. *Pratique judiciaire*, livre III, ch. 1er, no 9, p. 572 (éd. Guenoys).

(2) Ce serait presque rétablir la vieille règle « à tout méfait n'échet qu'amende » ce serait déclarer qu'à tout méfait échet au moins amende.

tenir que l'amende doit se proportionner, non à la gravité de la faute, mais à l'importance de l'émotion produite par le délit, au dommage moral causé par tous les citoyens. En réalité, la condamnation à l'amende n'a qu'un but : infliger au coupable une privation qui l'empêche de recommencer, qui détourne ses imitateurs possibles. Si on attribue l'amende à l'État, c'est que toute autre personne est absolument sans droit pour y prétendre. Comme il faut bien, en définitive, attribuer le produit des amendes à quelqu'un, on admet, pour une partie, cette théorie que nous venons de combattre : l'ensemble des citoyens indemnisé en la personne de l'État (1). On ne la prend pas pour une théorie exacte, dont on peut déduire logiquement les conséquences : elle est insoutenable ; mais on l'accepte un peu cependant, c'est une idée qui est dans le droit à l'état flottant, elle permet aussi d'expliquer dans une certaine mesure, l'attribution d'une partie des amendes aux administrations locales : communes, départements, c'est-à-dire aux collectivités qui ont été le plus atteintes moralement par le délit.

L'État n'ayant, pour ainsi dire, aucun droit par lui-même sur l'amende, il est juste qu'il cède le pas à la victime, que celle-ci soit préférée sur les biens du débiteur.

______

(1) Cette idée, historiquement, a tenu sans doute une certaine place, mais, au moyen-âge, elle était fortifiée par une autre : le seigneur prenait l'amende pour s'indemniser des dépenses que lui causait sa charge de juge. Cette idée a beaucoup perdu de sa valeur depuis que les frais ont été payés par le condamné, mais elle n'est pas absolument dépourvue de justesse aujourd'hui même : l'État ne réclame du condamné que le paiement de frais spéciaux du procès ; il ne lui fait pas payer une autre part de frais généraux de justice criminelle : entretien de magistrats, d'officiers de police judiciaire, etc.

D'ailleurs, il serait inadmissible que sa situation fut empirée par ce fait que l'acte dommageable était plus coupable, que son débiteur était condamné à une amende.

Cette préférence des dommages-intérêts sur l'amende, pour juste qu'elle soit, n'est cependant pas suffisante. Si certaines législations l'ont adopté purement et simplement (1), plusieurs ont été plus loin. Il faut d'adord citer l'avant-projet de Code pénal suisse, dû aux travaux de M. Stoos. Cet avant-projet établit un système original. D'après l'article 28 « le montant de l'amende et le prix de réalisation des objets confisqués pourront être attribués en tout et en partie au lésé à compte sur l'indemnité qui lui est due » (2). La commission, chargée d'examiner ce projet, a adopté cette disposition (3), en y ajoutant toutefois une légère addition : « lorsqu'il ne paraîtra pas possible d'obtenir du coupable la réparation du dommage », ce qui indiquerait semble-t-il, le désir de limiter l'innovation dans sa portée. Cet article présente en Suisse une importance particulière. La contrainte par corps y est abolie complètement. Au contraire, le paiement de l'amende est sanctionné d'une façon énergique. Dans les législations actuelles, par une peine privative de liberté ; dans le projet, par un travail forcé jusqu'à complet paiement (art. 29).

____

(1) V. Code du canton du Valais (art. 348) code du Tessin (art. 36), de Neuchâtel (art. 27), de Genève (art. 33); projet de Code pénal japonais (art. 60). C'est aussi le droit belge. V. Haus. Droit pénal belge, II, n° 1018, p. 294. — Thiry. Droit criminel, n° 377., p. 259. — C'est aussi ce que dit le Code brésilien de 1831, art. 30. Dans le code russe (art. 41 et 63) l'amende n'est payée qu'après toutes les autres créances.

(2) Avant-projet de Code pénal suisse, trad. Gautier, 1894.

(3) Elle forme l'art. 31 du nouvel avant-projet.

Il y a donc de profondes différences entre les moyens de contrainte, lorsqu'il s'agit des dommages-intérêts et de l'amende, d'où un grand avantage pour la victime à profiter indirectement des moyens d'exécution spéciaux à l'amende. Cela n'existe pas dans notre droit français : amende, réparations civiles, sont sanctionnées par les mêmes moyens ; l'introduction d'une règle analogue à celle du projet suisse ne serait cependant pas sans intérêt, et cela à deux points de vue.

Les deux dettes sont bien sanctionnées en droit par les mêmes voies d'exécution : droit de saisie, droit d'exercer la contrainte par corps, mais, en fait, l'Etat, il me semble, se fait plus facilement payer que les particuliers : on le paie plus vite, car on sait qu'avec lui, il ne faut pas compter sur les atermoiements. Ensuite, si l'amende n'est payée qu'après exercice de la contrainte par corps, la victime se trouvera retirer le bénéfice de cette contrainte, sans avoir eu à en supporter les frais.

Conviendrait-il d'introduire dans le droit français une disposition analogue à celle du projet suisse, d'ajouter au droit de préférence sur l'amende, le droit pour la victime de se faire attribuer l'amende touchée par l'État ? Ce droit de préférence renforcé (1), prolongé en quelque sorte au-delà de la distribution par contribution, ne semble soulever aucune objection de principe. L'État va bien devenir en fait le mandataire de la partie lésée, mais dans une bien faible mesure. En tous cas, la disposition du Code

____

(1) Le droit de préférence de l'art. 54 du Code pén. français ne paraît pas exister dans le projet suisse, mais on peut très bien concevoir la règle du projet suisse se combinant avec celle de notre droit actuel.

suisse ne nous semblerait admissible qu'avec la restriction qui l'accompagne : si le juge le décide, et s'il ne paraît pas possible d'obtenir la réparation. Il est inutile de dispenser la personne lésée de poursuivre le coupable, quand elle le peut. Malgré cela, il ne faut pas se le dissimuler, on rencontrerait de sérieux obstacles d'ordre fiscal, si l'on voulait acclimater chez nous cette disposition.

Certaines législations étrangères ne se sont pas contentées de donner la préférence aux dommages-intérêts sur l'amende : pour favoriser la réparation civile, elles ont fait dans cette voie un pas plus décisif : elles ont donné à la partie civile un droit de préférence, non seulement sur l'amende, mais même sur les frais de poursuite dus à l'État. C'est ce qui a été admis par la loi du 10 mars 1879 pour la royaume de Saxe (1), mais seulement en matière forestière (art. 4). C'est ce qui est admis de façon générale par le Code pénal de Genève (art, 8 et suiv.), par le droit espagnol, enfin par le Code pénal de la Basse-Californie (art. 360) (2). Chez nous même, nous trouvons une décision semblable : d'après l'article 5 de la loi du 18 germinal an VII : « les indemnités accordées à ceux qui auront souffert un dommage résultant du délit étaient prises sur les biens des condamnés, avant les frais adjugés à la République. » Cette loi, qui n'avait pas été votée sans difficulté, n'eut qu'une existence éphémère. Elle se trouva abrogée par la loi du 5 septembre 1807, qui nous régit actuellement.

Le retour à la législation intermédiaire constituerait,

---

(1) *Annuaire de législation étrangère*, 1881, p. 385.
(2) V. Mattiauda. *Il codice penale.*

pour la partie lésée, un avantage important. D'après les dernières statistiques, la moyenne des frais en matière criminelle est, pour chaque affaire, de 316 francs pour les crimes contre les personnes et de 380 francs pour les crimes contre les propriétes. Si l'on ajoute à ces frais de poursuite les frais d'exécution, on arrive facilement à une moyenne de cinq cents francs de frais pour chaque affaire : Or cette somme se trouve privilégiée : les frais d'exécution, en vertu de] l'article 2101 du Code civ.,les frais de poursuite en vertu de la loi du 5 septembre 1807.Primés par ces créances, les dommages-intérêts se trouvent rarement payés. Cet inconvénient est beaucoup moindre, quand il s'agit de délits, car les frais en matière correctionnelle n'ont cessé de diminuer et, aujourd'hui, la moyenne des dépenses de l'État n'est même plus de 12 fr. par affaire.

Faut-il, modifiant la loi de 1807, revenir au système du droit intermédiaire, ou tout au moins admettre la partie lésée et l'Etat à concourir; à venir au même rang sur les biens du débiteur ? Certains criminalistes ont préconisé cette solution (1). Ils en ont donné cette raison : l'Etat est en faute de n'avoir pas empêché le délit, il ne peut pas, en se faisant payer le premier, nuire aux droits de la partie civile, qui a été lésée à cause seulement de la mauvaise surveillance de la police.

Sous cette forme,le raisonnement laisse place à bien des critiques.Une bonne police peut bien empêcher les honnêtes

____

(1) V. en ce sens Garraud, II, n° 12, p. 17. — Pascaud. Rapport au Congrès pénitentiaire de Paris, 1895. *Bull. de la commission, IV,* p. 79. — Stoppato. *L'azione civile,* etc. *Rivista pénale,* XXVIII, p. 197. — Bonneville. *Institutions complémentaires,* p. 55.

gens d'être assassinés dans la rue, ou les cambrioleurs de sauter les murs pour entrer dans les propriétés, mais peut elle empêcher un chevalier d'industrie de profiter de la naïveté de ses victimes, un faussaire de contrefaire la signature d'un commerçant ? Evidemment non. Si la raison donnée a de la valeur dans certains cas, elle porte absolument à faux dans beaucoup d'autres. L'Etat, comme chargé de la police, ne peut empêcher les délits que dans la sphère de surveillance de la police, et cette sphère est loin d'englober tous les actes de la vie civile. A ce titre, ce n'est que dans certaines hypothèses limitées que l'Etat peut être déclaré responsable des suites civiles du délit. Plus loin, nous verrons s'il n'y aurait pas alors d'obligations plus précises à lui imposer, s'il devrait non seulement céder le pas à la partie lésée, [mais lui accorder une indemnité.

Pour résoudre la question, on peut faire appel à d'autres raisonnements. L'Etat, en poursuivant le crime, a fait des frais, qui ont profité à la partie civile : sans eux, le coupable n'aurait peut-être pas été découvert. En tous cas, ils ont permis d'aboutir à un jugement qui a liquidé les droits de la victime, formé pour elle un titre exécutoire. La partie civile a donc retiré un avantage des frais qui ont été faits : il est juste, semble-t-il, qu'elle paie sa situation améliorée, que les frais soient préférés à la créance en dommages-intérêts. Il paraît équitable de donner le second rang à la personne lésée, comme le fait le droit actuel. Le privilège du Trésor, à son égard, s'expliquerait comme le privilège des dépenses faites pour la conservation de la chose sur l'objet conservé. (art. 2102 3° Code civ.) Il y aurait certaine analogie entre les deux règles : toutes deux seraient sorties de la même source.

A considérer les choses de cette façon, peut-être ne tiendrait-on pas compte de tous les éléments que fournissent les faits ; à vouloir simplifier ainsi la question, on risque d'aboutir à des solutions fausses. Il ne faut pas oublier que les frais de poursuite ont eu lieu dans un intérêt social. Ils ont pu profiter à la victime, mais ils n'ont pas moins profité à la société. Quand celle-ci, en la personne de l'Etat, supporterait une partie des dépenses faites pour sa défense, ce ne serait que justice. Qu'elle cherche à se récupérer contre le condamné, qui est la cause de tout le mal, cela est admissible. Mais faut-il pousser cette idée dans ses conséquences dernières, faut-il, sous prétexte de faire supporter plus complètement au coupable les suites de son crime, laisser la partie civile sans recours efficace, employer tout le patrimoine au paiement des frais de justice ? Non. Cela est inadmissible. Le condamné, nous le supposons, n'a pas assez pour tout payer. De toutes façons, la partie léséene recevra qu'une partie de sa créance. D'autre part, la société que représente l'État a obtenu la satisfaction principale qu'elle demandait : la répression. Est-il équitable que l'État ne perde rien sur les frais en se payant le premier sur le patrimoine. Pendant ce temps, la partie civile qui n'obtient qu'une satisfaction partielle, verra son maigre dividende encore réduit de la valeur des frais.

Pour mettre fin à ce conflit, théoriquement le meilleur serait de s'y prendre de la façon suivante : considérer que l'État a eu tout ce qu'il demandait, puisque la peine a été prononcée, puisque la répression a été assurée, calculer ensuite quel dividende la partie civile obtient sur les biens du condamné et partager la perte à supporter sur les frais en proportion de ces deux facteurs. Si la partie civile n'obtient que moitié de sa créance, l'État, qui a obtenu complète satisfaction devrait payer deux fois plus de frais qu'elle, soit les deux tiers, la victime ne paierait qu'un tiers. En fin de compte, l'État toucherait le tiers des frais, et les deux autres tiers seraient perdus pour lui. Plus la partie lésée obtiendrait un dividende considérable, plus elle supporterait une part importante des frais, ou, pour parler exactement, plus l'État prendrait sur les biens une part importante des frais. En tous cas, il ne pourrait jamais prélever plus de moitié, tant que la victime ne serait pas intégralement payée.

Cela serait très équitable. L'État, en la personne du ministère public, et la personne lésée, ont fait une affaire en commun : ils ont poursuivi le délinquant chacun pour obtenir ce à quoi il a droit. Des frais sont à payer, que chacun en supporte sa part, proportionnellement au bénéfice qu'il a tiré de la poursuite, à la satisfaction qu'il a obtenue.

En pratique, ce système serait beaucoup trop compliqué, il faudrait une très longue liquidation, surtout s'il se présentait d'autres créanciers. Aussi, bien qu'équitable, il donnerait lieu à de vives critiques. C'est pourquoi il nous semble préférable d'admettre les deux créances sur le pied d'égalité. Cela est simple, et en fait ne différerait pas énormément de notre système. On éviterait ainsi les inconvénients du droit actuel, qui traite de façon si fâcheuse les personnes lésées, C'est d'ailleurs cette solution qu'a

adopté le Congrès pénitentiaire de Paris en 1895 (1).
Malheureusement, une difficulté importante reste toujours : les frais de justice criminelle ne peuvent être re-
couvrés dans un grand nombre de cas (2), les modifications
que l'on propose augmenteraient encore les pertes subies
de ce chef par le Trésor. C'est là, plus que du côté des
principes, que se trouve le véritable obstacle.

Il peut arriver assez souvent, et c'est ce que nous avons
supposé jusqu'ici, que l'État et la victime se trouvent seuls
en conflit pour se partager le faible patrimoine du délinquant. Mais d'autres créanciers peuvent surgir : dans quel
ordre placer la victime du délit par rapport à eux ? Faut-
il admettre qu'elle ne sera classée par rapport à eux que
comme créancier payé au marc le franc : la victime et
l'État figurant dans la contribution selon leur rang ordinaire : la première comme chirographaire, le second
comme privilégié : tous deux procédant ensuite, entre eux,
à un second règlement, comme cela se pratique entre l'a-
mende et les dommages-intérêts. Faut-il admettre, au contraire, un privilège de la partie lésée à l'égard de tous les
créanciers ?

La partie lésée qui a fait reconnaître son droit en justice peut prendre hypothèque sur les immeubles du condamné : c'est l'application pure et simple de l'article 2123
du Code. civ. Mais l'hypothèque judiciaire est, à l'heure
actuelle singulèrement menacée par les projets de réforme.

____

(1) *Revue pénitentiaire*, 1895, p. 1001.
(2) En 1893, sur une somme de 11.053.171 fr. de frais à percevoir,
on a perçu seulement 4.321.661 fr.

N'existe-t-il pas quelque raison pour conserver ou pour étendre ici le droit de la partie lésée ?

Tous les criminalistes se sont montrés favorables à l'établissement d'un privilège en faveur de la réparation due à la victime du délit : privilège portant à la fois sur les meubles et les immeubles du condamné. Le profit qu'en retirerait la partie lésée serait incontestable, mais cela ne suffit pas pour légitimer l'innovation. Y a-t-il de justes motifs pour empirer ainsi la situation des autres créanciers? Ceux-là aussi, peuvent mériter quelque intérêt.

Dans les différents congrès et dans les écrits parus sur la question depuis quelques années, on a partout affirmé qu'il fallait donner un privilège à l'indemnité due à la victime. Presque nulle part on ne s'est demandé s'il y avait de bonnes raisons pour le faire. Seul, M. Fioretti, dans son discours au Congrès d'anthropologie criminelle de Rome (1), a abordé cette question. « Il me semble naturel, dit-il, que l'intérêt des autres particuliers aussi bien que celui de l'État, doive céder le pas à l'intérêt de l'offensé, ne fut-ce que parce que le particulier a eu l'imprudence de contracter avec une personne à laquelle il n'aurait pas dû se fier. Le fait que les créanciers ont laissé de l'argent entre les mains du coupable, a peut-être contribué à faire naître en celui-ci le désir et la possibilité du crime ».

Nous laissons au rapporteur du Congrès de Rome la responsabilité de cette seconde affirmation : même sous sa

____

(1) Actes du Congrès d'Anthropologie criminelle de Rome. Séance du 21 novembre 1885, p. 363.

forme dubitative, elle paraît bien osée, Il nous semble, au contraire, très juste de mettre dans une situation différente l'individu lésé, créancier malgré lui, et le prêteur imprudent qui n'a exigé de son emprunteur aucune garantie. Ce n'est qu'un sentiment de fausse égalité qui a pu les faire ranger dans la même situation : l'un n'a rien à se reprocher : est-ce de son plein gré qu'il a été victime du délit ? L'autre au contraire ne peut s'en prendre qu'à lui, s'il n'est pas payé : s'il avait été plus circonspect, il ne serait pas soumis à la loi du dividende. Il est vrai qu'un pareil raisonnement pourrait conduire singulièrement loin : si l'on ne veut pas traiter la victime d'un délit pénal, comme un prêteur imprudent, pourquoi soumettre à la contribution au marc le franc la victime d'un délit civil, et en général toute personne devenue créancière sans sa volonté, ou sans son fait ? C'est profondément modifier le partage du patrimoine entre les créanciers, c'est porter une profonde atteinte à un des principes généraux de notre droit. Pourtant, en théorie, il n'y a rien là de nature à effrayer ; de pareils changements, pour importants qu'ils soient, ne sont après tout que raisonnables. Dans notre droit même, la loi du partage proportionnel entre créanciers reçoit déjà de fortes atteintes. Pourquoi ces dérogations ne seraient-elles pas étendues? L'art. 2093 du C. civ. en établissant le principe du partage au marc le franc a établi une règle qui a sans doute pour elle l'avantage de la simplicité, mais on peut se demander si elle a également pour elle celui de l'équité. On pourrait peut-être établir une préférence pour tous les créanciers pour délit, ou même pour toute personne devenue créancière sans sa volonté.

Ce sont là des déductions qui auraient évidemment besoin d'être contrôlées par la pratique : il faudrait, avant de les adopter complètement, voir ce qu'elles donneraient comme résultats, voir si une gêne trop grande n'en résulterait pas pour les affaires. Il était cependant bon de les énoncer : quand on accepte un raisonnement, il faut voir jusqu'où il peut conduire, quitte à s'arrêter, s'il le faut, dans les applications. En tous cas, un privilège sur les meubles et les immeubles du délinquant pour garantir la réparation civile paraît admissible. Il faudrait maintenant chercher à en fixer la place au milieu des privilèges actuels.

Il paraît difficile de soutenir que la créance en dommages-intérêts doit occuper le premier rang, et passer avant tous les privilèges ou hypothèques. Ou il faudrait alors prétendre que le paiement de l'indemnité à la victime est une chose d'ordre public au premier chef, que l'ordre social reste aussi troublé, si la victime n'est pas indemnisée, que si le crime n'est pas puni. Il y a sans doute dans cette affirmation une part de vérité latente, le délit n'est pas complètement effacé si les effets matériels en substite, je le reconnais. Mais, il ne faut pas l'oublier, c'est aussi un résultat choquant et qui trouble l'ordre social, quand des créanciers restent impayés. La victime d'un délit mérite la commisération, mais l'intérêt des autres créanciers a quelque importance. Il ne faudrait pas, par excès de générosité pour les personnes lésées, porter atteinte à l'édifice péniblement construit de notre crédit réel.

C'est le principe capital de notre régime hypothécaire qu'un créancier qui obtient une sûreté à un moment donné, doit désormais conserver son rang sur l'immeuble de son débiteur, que rien ne peut diminuer ses droits et le faire reculer à un rang plus éloigné. Il ne faut faire brèche à ce principe, pas plus pour la victime d'un délit que pour toute autre personne.

Le plus sage semble donc d'attribuer à la partie civile un privilège analogue à celui accordé au Trésor à raison des frais de poursuites (1). Sur les meubles, l'indemnité pourrait être rangée après les créances des articles 2101 et 2102 du Code civ. souvent minimes et nécessaires au crédit. C'est d'ailleurs le rang accordé au Trésor. Sur les immeubles, le privilège du Trésor est à peu près assimilé à une hypothèque inscrite au jour où le mandat d'arrêt a été décerné. Il conviendrait de donner la même situation à la partie lésée. Ce serait tenir compte à la fois, de ses intérêts légitimes et des nécessités du crédit. Tout en favorisant la réparation civile, on respecterait ce grand principe du droit moderne, que l'hypothèque doit donner au créancier un rang absolument fixe, que rien ne peut changer.

Mais tous ces privilèges ne seront qu'un vain mot, si l'on ne prend soin de les fortifier, de les étayer par d'énergiques mesures provisoires. Il ne suffit pas d'accorder à la victime d'un délit un privilège que l'on accorde à d'autres créanciers en présence d'un débiteur ordinaire. La pratique est là pour montrer que ces mesures, par elles-mêmes, ne sont pas suffisantes. Bien souvent, avant que le jugement de condamnation ne puisse être exécuté, les biens du condamné se sont évanouis ou ne peuvent plus procurer le paiement. Combien de banqueroutiers savent

(1) V. en ce sens. Bonneville. *Institutions complémentaires du régime pénitentiaire,* p. 54.

habilement faire disparaître ce qu'ils possèdent de plus précieux.

Il reste, il est vrai, le secours de l'action paulienne. A supposer qu'elle réussisse, ce sont toujours des frais pour le créancier, de longs délais avant de pouvoir obtenir paiement. Mais, à côté de quelques fraudes, dont on aura pu fournir la démonstration péremptoire, combien de détournements restés ignorés, combien dont on ne peut rapporter qu'une preuve morale insuffisante pour permettre la rescision ? Les annales judiciaires fourmillent de ces actes de gens sans scrupules que l'on n'a pu complètement démasquer.

Il ne faut point se reparaître d'illusions et penser que quelques articles de loi auraient la vertu magique de rendre toutes ces fraudes impossibles, que les faits sont une matière malléable, et qu'une loi bien faite peut les modeler à son gré. Tout au moins, pourrait-on empêcher les fraudes de se produire pendant le temps de l'instruction. Des mesures provisoires devraient pouvoir être prises, pour empêcher toute soustraction des biens du coupable. Le juge d'instruction serait naturellement désigné pour ces référés d'un ordre spécial. Connaissant par lui-même si les charges qui pèsent sur le prévenu sont sérieuses ou non, ayant été à même de se rendre compte du dommage qu'a causé le crime, de son étendue, il est mieux préparé que qui que ce soit pour décider quelles précautions il y a à prendre pour éviter toute disparition des biens du prévenu. Il peut le faire sans aucun travail, sans aucun nouvel examen de l'affaire. Il conviendrait, à cet égard, de se montrer très large sur les mesures que le juge d'instruction pourrait ordonner. On pourrait lui permettre, sur simple demande verbale de la victime, ou du ministère public, de faire une estimation approximative de l'indemnité possible, d'ordonner aussitôt l'inscription d'une hypothèque provisoire sur les biens du prévenu. Si le jugement définitif reconnaissait l'innocence de la personne poursuivie, il ordonnerait en même temps la radiation de l'hypothèque. Pour les meubles, le juge d'instruction devrait pouvoir en autoriser la saisie provisoire pendant le temps qui s'écoule avant le jugement définitif. La victime ne peut user, en effet, ni de la saisie revendication, laquelle suppose qu'elle a un droit réel sur la chose, ni de la saisie gagerie réservée au bailleur, (art. 819 Code Proc.) Quant à la saisie foraine, elle ne pourra en user que si des effets du délinquant sont « trouvés en la commune qu'elle habite » (art. 822 Code proc.), ce qui n'arrivera pas toujours. Il faudrait suppléer ici à cette insuffisance. Pour les créances du délinquant, il faudrait, toujours en vertu d'une ordonnance du juge d'instruction, autoriser la victime du délit à former une saisie-arrêt aux mains des débiteurs du prévenu. Actuellement, elle ne le peut pas, car sa créance n'est pas liquide ; pendant l'instruction du crime, le prévenu peut donc se faire payer par ses débiteurs et détourner l'argent qu'il reçoit. Enfin, si besoin en est, le juge d'instruction pourrait nommer un administrateur provisoire des biens du prévenu, chargé jusqu'au moment du jugement d'empêcher tout détournement de valeurs et de prendre les mesures conservatoires urgentes.

L'utilité de toutes ces mesures ne saurait être contestée : tous ceux qui se sont intéressés à ces questions depuis quelques années en ont demandé l'établissement. Nous ne croyons pas non plus qu'elles doivent rencontrer de sérieux obstacles dans le courant de plus en plus intense, qui se manifeste en faveur de la réforme de l'instruction préparatoire (1). Tout homme poursuivi pour une infraction grave est tenu en suspicion par l'opinion publique. Jusqu'à ce qu'un jugement vienne reconnaître son innocence, ses affaires subiront un arrêt momentané. C'est un fait contre lequel les lois ne peuvent rien. Quelque adoucissement qu'on apporte au sort des inculpés, on n'enlèvera pas de l'esprit public cette répulsion à contracter avec des gens poursuivis par la justice. Au point de vue de l'opinion, le prévenu n'est, ni ne sera jamais présumé innocent. Qu'importe alors qu'en droit le patrimoine de l'inculpé soit comme immobilisé : en fait, il l'est déjà.

D'ailleurs il ne faudrait pas exagérer les mesures, que nous proposons : le juge devrait pouvoir être libre de ne pas les appliquer, de ne les appliquer qu'en partie, de les lever à tout moment de la procédure. Il pourrait aussi se contenter de la promesse d'une personne solvable de réparer le dommage à défaut de l'inculpé, ou admettre comme garantie le dépôt d'une somme d'argent affectée par privilège au paiement de l'indemnité. Toutes ces mesures réunies permettraient de ne pas abuser des saisies provisoires et tout, en donnant des suretés à la victime, de ne pas nuire à un homme dont la culpabilité n'est pas encore prouvée.

Nous avons toujours supposé que ces mesures provisoires étaient autorisées par le juge d'instruction : cela

____

(1) Lequel a trouvé son écho dans la loi du 8 décembre 1897.

suppose que l'affaire donne lieu à instruction. Il y a toujours une instruction préparatoire pour les crimes, il peut y en avoir une pour les délits. Mais l'instruction préparatoire est, dans ce dernier cas, facultative : le prévenu peut être cité directement devant le tribunal correctionnel. L'intervention du juge d'instruction pour ordonner des mesures provisoires n'est plus guère possible. Mais le délai entre la citation et le jugement est très court : il ne peut n'être que de trois jours (art. 1481. crim.). Dans de semblables conditions, des mesures provisoires sont le plus souvent inutiles : le temps qui s'écoule avant la décision du tribunal est trop bref pour permettre beaucoup de fraudes. De plus, les délits qui ne donnent pas lieu à une instruction seront souvent ceux qui auront causés le moins de dommage : de petits vols, des abus de confiance minimes, quelques coups et blessures. La question présenterait donc fort peu d'intérêt. Cependant, il serait possible parfois, si l'affaire doit être remise à une autre audience, si une fraude spéciale est sur le point de se produire, d'autoriser en ce cas une sorte de référé correctionnel, comme il existe un référé civil. Avant le jugement, quand il n'y a pas d'instruction, nous n'avons pas de magistrat connaissant déjà l'affaire, qui puisse statuer sur des saisies provisoires jugées nécessaires, créons un magistrat qui connaîtra de ces mesures. On se trouve ici en présence de la même situation qui a fait créer au civil le juge des référés : pourquoi ne pas la résoudre de la même manière ? L'usage de ces référés sera plus rare, sera exceptionnel, mais la mesure sera néammoins utile.

Aucune de ses mesures provisoires, aucun de ces privilèges sur les biens n'ont été expérimentées dans les divers pays étrangers. Seul, le Code du Brésil à quelques dispositions créant à la victime une situation particulière. d'après l'article 27 de ce Code : en cas de crime, l'indemnité est garantie par une hypothèque sur les biens du condamné datant du jour même du crime. Mais les divers représentants de la science pénale sont unanimes (1), pour demander l'établissement d'un privilège en même temps que de mesures provisoires en faveur de la victime. Nous ne pouvons que joindre nos vœux aux leurs.

IV

On peut rapprocher des mesures à prendre en faveur de la victime, pendant l'instruction, les améliorations à apporter à la réglementation du cautionnement, pour mise en liberté provisoire. Pendant l'instruction, le juge peut toujours mettre l'inculpé en liberté provisoire. Toutefois, cette mesure peut n'être accordée que sous caution. Cette caution, fournie ordinairement en espèces, garantit la représentation de l'inculpé aux actes de la procédure et le paiement des frais et amendes (art. 114 Inst. crim.). Si l'inculpé ne se représente pas, une partie du cautionnement reste acquise à l'État. Ne serait-il pas équitable que la victime, si elle ne peut se faire payer son indemnité, put

_____

(1) V. MM. Alimena et Prins. Rapp. au congrès de Christiania. *Bull. de l'U. I. D. P.*, 2e et 3e année. — Armengal y Cornet. Zucker, Pascaud, Mme Lidia Poët. Rapp. précités au Congrès de Paris. — Fioretti et Précone. Discours au Congrès d'anthropologie de Rome, 1885. Actes p. 363 et 374. Garofalo. *Criminologie*, p. 399 (2e édit.) Ripparazione alle vittime del delitto, p. 60. Stoppato, L'azione civile nascente del delitto. Rivista penale, t. XXVIII.

exercer ses droits sur la somme ainsi acquise au Trésor. Qu'est-ce, en réalité, que cette caution confisquée au profit de l'État ? En fait, c'est une amende prononcée sous condition par le juge, et dont le paiement se fait d'avance. On veut infliger une peine à l'inculpé qui, mis en liberté provisoire, ne se représente pas au jugement. Nous avons démontré plus haut combien il était juste que la réparation civile fut préférée à l'amende. Pourquoi les mêmes raisons ne seraient-elles pas bonnes, quand il s'agit d'une amende réglementée un peu différemment (1).

Nous pourrions faire une observation analogue au sujet des cautions de garder la paix admises par certaines législations étrangères. Dans ces législations (Angleterre, Mexique, Code de procédure criminelle de New-York, art. 84 ; projets suisses, art. 34 et 37), l'individu que l'on croit sur le point de commettre un délit peut être obligé par le magistrat, à fournir caution. Si le délit est commis, le montant de ce cautionnement est acquis à l'État. Si le droit français admettait cette curieuse institution, il serait équitable que la personne lésée, put obtenir un droit sur ce cautionnement, au cas où elle ne pourrait se faire payer l'indemnité par le coupable lui-même. Nous n'avons pas à insister sur les raisons de justice qui rendent cette disposition nécessaire. Les faits parlent assez d'eux-mêmes. Est-il juste que l'État arrive, au total, à retirer un bénéfice : l'acquisition du cautionnement, de ce que le délit a été commis, que la victime, au contraire, ne puisse se faire indemniser du préjudice subi.

______

(1) Cf. Mme Lidia Poët. Rapport précité au Congrès de Paris.

V

La solidarité, entre les codélinquants, le privilège surle patrimoine du condamné, ne peuvent être de quelque utilité, que si le coupable possède quelques biens. Malheureusement, ce n'est là qu'une exception, Si l'on rencontre surtout des délinquants dans toutes les classes de la société, on en rencontre surtout dans les classes pauvres. Il y en a plusieurs raisons, tout d'abord, les classes pauvres sont de beaucoup le plus grand nombre, ensuite certaines influences, qui agissent moins sur les classes aisées, peuvent les pousser au délit. L'homme paresseux, s'il avait un certain patrimoine, aurait pu vivre à ne rien faire, S'il est pauvre, il y a certaines chances pour qu'il fasse du délit son moyen de subsistance. L'homme riche pourra trouver un frein à ses penchants vicieux dans une bonne éducation, cela sera plus rare chez les indigents.

Pour que la réparation civile des délits soit effective, il est donc nécessaire de trouver le moyen de faire payer même les indigents. Un moyen qui a été proposé, que plusieurs législations déjà ont adopté, c'est d'attribuer à la victime une partie du pécule du condamné à l'emprisonnement.

La plupart des condamnés ne possèdent aucun bien: mais, à défaut de capital, ils ont leur travail et ils peuvent payer avec leur salaire l'indemnité due à leur victime. Or la peine la plus usitée dans le droit actuel est la peine privative de liberté : la prison. Et les condamnés à la prison, sous quelque nom qu'on la désigne : emprisonnement correctionnel, réclusion, sont obligés au travail. N'est-il pas naturel d'employer une portion du salaire ainsi gagné à la réparation du dommage causé par le délit ? [Le délinquant fournit une certaine somme de travail, elle n'est pas très considérable, il faut l'avouer, mais elle a une certaine importance. A ce titre, il reçoit un salaire, il serait juste qu'une partie au moins de ce salaire servit à payer cette dette importante entre toutes : l'indemnité due à la victime, que la prison servit à acquitter la réparation civile comme la réparation sociale. A l'expiration de la peine, le crime serait effacé dans l'ordre matériel comme dans l'ordre moral. Relever le condamné par le travail, employer ce même travail à indemniser la victime, finalement rendre à la société un homme régénéré et ayant acquitté toute sa dette : la science pénitentiaire ne saurait avoir un idéal plus élevé, plus conforme aux désirs de tous.

La législation française a malheureusement négligé d'assurer le paiement de l'indemnité par le travail du condamné. La distinction entre la réparation civile et la peine a été poussée à un tel point, disons même a été tellement exagérée dans ses conséquences, on en a oublié que ces deux institutions devaient se prêter un mutuel secours. Le Code pénal reconnaît aux détenus le droit (1) à une partie du produit de leur travail (art. 21 et 41). D'après les règlements en vigueur, cette partie comprend les 4/10

(1) Pour la réclusion, le pécule n'est pas obligatoire (art. 21. C. pén.); en fait, les règlements reconnaissent au réclusionnaire un droit au pécule.

pour les condamnés à la réclusion et les 5/10 pour les condamnés à l'emprisonnement. Le surplus est conservé par l'Etat pour s'indemniser des dépenses faites par lui. Mais la portion du salaire attribuée au condamné, ce qu'on appelle le pécule, ne lui est pas remise directement en entier. Une partie du pécule ne lui est donnée qu'à sa sortie de prison. L'autre portion seule lui est donnée pendant le cours de sa peine : il peut en user pour adoucir son régime, envoyer des secours à sa famille, ou même indemniser sa victime (1). Ce dernier emploi est, en pratique, excessivement rare, bien peu de détenus sont assez honnêtes pour s'en soucier. En fait la personne lésée n'obtient, par cette voie, aucune satisfaction.

Quelques législations étrangères ont pris plus de soin des intérêts de la victime : il faut d'abord citer la loi suédoise de 1737 : la première qui, à notre connaissance, ait accordé à la partie lésée des droits sur le pécule du prisonnier. Mais cette loi est, paraît-il, restée à peu près inobservée. Ce n'est pas d'ailleurs la seule fois que des dispositions établies pour rendre effective la réparation civile sont presque restées lettre morte. Le même fait se passe en Espagne, où la loi accorde aussi à la victime des droits sur les gains des condamnés : il n'y a là qu'un précepte légal ; en fait, la victime n'obtient rien. Des dispositions du même genre ont été adoptées par la loi portu-

(1) Un rapport très complet sur le pécule dans les diverses législations a été fait, à la Société des prisons, par M. Boullaire. *Revue pénitentiaire*, 1892, p. 898. Les ordonnances du 2 avril 1817 et du 10 mai 1839 autorisent formellement cet emploi en faveur de la victime. Le circulaire ministérielle qui accompagnait cette dernière ordonnance prescrivait même de conseiller cet emploi aux détenus. V. Bonneville. *Op. cit.* p. 73.

gaise du 1er juillet 1867. En vertu de cette loi, un quart du pécule du condamné est attribué à la personne lésée. On peut encore citer une règle semblable dans le droit italien. L'avant-projet de Code pénal suisse a également admis que « lorsque l'auteur aura été condamné à une peine privative de liberté de longue durée, le juge pourra attribuer au lésé le pécule afférent au détenu, mais seulement jusqu'à la moitié » (1).

Les divers représentants de la science pénale se sont montrés uuanimes à demander l'attribution d'une partic du pécule à la victime du délit (2). Certains même se sont avancés très loin dans cette voie : M. Enrico-Ferri, au Congrès de Rome, en 1885, a demandé, qu'après prélèvement du coût des aliments, on attribuat les deux tiers du pécule à la réparation civile (3). Au Congrès pénitentiaire de Paris, M. Zucker a proposé d'attribuer à la victime tout le pécule, déduction faite seulement d'une partie accordée à la famille du détenu. Il pensait même que l'État n'avait aucun titre à prélever les dépenses faites par lui, ou tout au moins ne pouvait les prélever que si la personne lésée avait reçu satisfaction (4).

---

(1) Art. 31. 2ᵉ avant-projet (art. 28 du 1er). Cette disposition existait déjà dans le projet de Code pénal préparé pour le canton de Zurich par M. Dubs en 1835.

(2) Alimena et Prins. Rapp. au Congrès de Christiania précités. — Flandrin, Zucker, Mme Lidia Poët. Rapp. au Congrès de Paris précités. — Ferri. Discours à la Chambre italienne, le 19 mai 1857. — Bonneville. Discours au tribunal de Reims, le 12 novembre 1845. et Institutions complémentaires, p. 73. — Stoppato, *loc. cit.* — Boullaire, *loc. cit.* — Bérenger. *La répression pénale, sa forme et ses effets*, II, p. 325.

(3) Actes du Congrès pénitentiaire de Rome, compte-rendu des séances, I, p. 425.

(4) Rapport précité.

En France, vers le milieu de ce siècle, Bonneville de Marsangy et Bérenger ont proposé de faire des retenues sur le salairedes prisonniers, pour assurer la réparation du dommage. Plus récemment, cette opinion a été défendue par MM. Flandin et Boullaire.

Malgré tant de défenseurs, cette opinion se trouve aux prises avec des difficultés considérables, ou du moins l'on peut douter qu'une réforme des règlements pénitentiaires, sur ce point, amène beaucoup d'améliorations. La main-d'œuvre pénale n'est et ne peut être très productive. L'administration pénitentiaire doit s'arranger pour ne pas nuire trop au travail libre, qui bien souvent réclame contre la concurrence du travail des prisons. Elle ne dispose que d'une main-d'œuvre inférieure : bien des condamnés sont des gens sans occupation fixe, ignorant à peu près tout métier, déshabitués du travail. Tous, par mauvais vouloir ou par paresse, font le moins de besogne possible. D'autre part, on ne peut supprimer le pécule de sortie sous peine de vouer fatalement le libéré à la récidive. On ne peut non plus supprimer les secours que le condamné ne peut envoyer à sa famille : on ne saurait trop respecter les bons sentiments restés debout dans une conscience délabrée. Et puis, est-il juste de réduire complètement à la misère des innocents qui souffriront toujours trop d'un délit dont ils ne sont pas auteurs ?

Enfin, ajoute-t-on, il est juste que l'État prélève les frais qu'il est obligé de faire pour le prisonnier. Sur ce point, toutefois, comme nous l'avons indiqué (1), l'opinion commune a été combattue très vigoureusement par

(1) V. p. 207.

M. Zücker. « L'État, dit-il, n'a pas de titre pour se faire rembourser. Au point de vue du droit civil, le titre manque. » Au point de vue du droit public, il faut que l'État entretienne le prisonnier, sans cela celui-ci ne pourrait subir sa peine. Cette obligation dérive de la position de l'État. C'est à l'État à entretenir le prisonnier incapable de travailler, ou qu'on ne peut contraindre à travailler, par exemple, le prisonnier politique. Mais si l'on veut reconnaître le droit de l'État, celui-ci pourrait bien céder la priorité aux dommages-intérêts. Il est plus important que la partie lésée soit satisfaite, quant à la réparation, que l'État quant à ses frais.

Ce raisonnement, au moins dans sa première partie, nous paraît exagéré. Est-il bien vrai qu'il n'y ait aucune raison de rembourser l'État de ses dépenses ? L'État a beau être obligé d'entretenir les prisonniers pour leur faire subir leur peine, on ne voit pas pourquoi cet entretien ne donnerait pas lieu à indemnité. Est-il plus juste que les délinquants soient nourris aux frais du Trésor, c'est-à-dire des contribuables, que de l'être à leurs propres frais ?

Sur ce point, l'opinion générale nous paraît justifiée, il nous semble qu'elle a été contestée à tort. Mais nous ne l'adoptons pas complètement pour cela. Elle nous paraît faire absolument fausse route, lorsqu'elle admet qu'il faut, de toute nécessité, prélever les dépenses de l'État, avant d'accorder aucun droit à la personne lésée. Cela est inadmissible. L'État peut se dire créancier à raison des frais d'entretien du prisonnier, nous le voulons bien. Mais toute la question est de savoir si l'État mérite plus d'intérêt que la partie lésée, s'il a plus de droit sur le pécule que la victime. C'est ce que nous contestons formellement. Que l'on prenne d'abord sur le produit du travail pour secourir la famille du condamné, pour former un pécule qui sera donné au prisonnier à sa sortie, cela nous paraît nécessaire. Il y a à cela des raisons d'ordre public en quelque sorte : il ne faut pas vouer le condamné à la récidive, et sa famille à la plus affreuse misère. Mais dans quel intérêt supérieur veut-on faire passer l'État avant la partie lésée? Nous ne voyons pour cela aucun motif décisif, personne n'en a jamais indiqué aucun. Laissons les donc venir en concours : chacun se paiera au prorata de sa créance.

Cette doctrine, pour équitable qu'elle soit, a cependant peu de chances d'être adoptée, il faut le reconnaître. Les raisons budgétaires y formeront le plus terrible obstacle. Les dépenses des prisons pèsent déjà d'un poids très lourd sur le budget de l'État. Que serait-ce, si celui-ci perdait une partie de ses droits sur le produit du travail des prisonniers. D'ailleurs l'État pourrait faire en matière pénale d'autres sacrifices beaucoup plus utiles.

En maintenant même les déductions sur le pécule qui nous paraissent nécessaires, ou dont on ne peut espérer l'abolition, il serait possible cependant d'améliorer le sort de la victime, de lui reconnaître certains droits sur les gains des prisonniers. Sans être très considérables, ces gains ne sont pas toujours à négliger : le pécule de sortie à lui seul atteint parfois plusieurs centaines de francs. D'un autre côté, dans beaucoup de délits, le dommage causé n'est pas très considérable. Les anciennes statistiques criminelles donnaient quelques indications sur l'importance du dommage causé chaque année par les vols. D'après ces statistiques, la moyenne du préjudice résultant d'un vol ne dépassait guère 300 francs (1).

Nous n'avons aucune raison de penser que, depuis, cette moyenne ait changée de façon bien sensible. Cela étant admis, il en résulte que des prélèvements faits sur la pécule permettraient d'arriver à la réparation de bon nombre de délits. Quand la peine d'emprisonnement dépasse une année, il serait très souvent possible de faire obtenir à la victime une somme suffisante. Les délits les plus nombreux, sinon les plus importants, seraient réparés.

Une modification des règlements administratifs serait fort utile sur ce point. A ce sujet, signalons un détail. Il nous semblerait meilleur d'attacher une part fixe des gains aux personnes lésées que de s'en remettre à la décision du juge. La plupart des auteurs se rallient cependant à ce deuxième système ; il pourrait avoir de graves inconvénients de nature à discréditer la réforme. Ce serait d'abord une complication pour la comptabilité, ce qu'il ne faut jamais négliger en matière administrative. Ensuite, ou le juge attribuerait une part considérable à la victime, et jetterait le trouble dans l'organisation du pécule, ou bien il craindrait de gêner l'administration pénitentiaire et il n'attribuerait plus à la victime qu'une part insignifiante ; de toutes façons, on arriverait à des faits qui nuiraient à la bonne application de la nouvelle règle.

Quel devrait être exactement le *quantum* qu'il conviendrait d'attribuer à la victime ? C'est ce que nous ne pouvons fixer. Seuls les membres de l'administration péniten-

(1) Pour l'année 1850, elle était de 309 fr.

tiaire pourraient proposer un chiffre en toute connaissance de cause.

Les droits que nous avons reconnus à la partie lésée sur
le pécule des prisonniers, il faudrait évidemment les admettre sur le produit du travail des transportés. Pourquoi
le relégué, ou le forçat, qui ont obtenu une concession, ne
devraient-ils pas payer à l'État une redevance qui serait
versée à leurs victimes (1). N'est-il pas scandaleux que le
coupable puisse vivre heureux sur son bien, tandis que
la victime et sa famille sont dans la misère par le fait du
crime ? Est-il admissible que le criminel puisse obtenir à
bon compte une concession de terres, des secours en nature, que la famille de la victime reste sans appui, sans
soutien ? Tandis que le forçat est en cours de peine, ne
serait-il pas très juste que l'État verse à la victime, ou à
sa famille, des sommes représentant une partie du travail
du condamné. Tout créancier peut se faire payer directement une partie des salaires de son débiteur. Si celui-ci
est un criminel, il ne faut pas qu'il ait pour cela moins de
droits.

Toutefois, il ne faut pas se dissimuler les difficultés
auxquelles on se heurterait dans cet ordre d'idées. Il
faudrait ignorer complètement les obstacles contre
lesquels il faut lutter, pour organiser d'une façon à peu
près satisfaisante les peines coloniales. Déjà bien des efforts sont nécessaires pour obtenir un classement très relatif
des libérés. Ils pourraient être inutiles, si l'on imposait

____

(1) Redevance en sus de celle établie par le décret du 18 janvier
1895, car cette redevance minime ne peut être attribuée à la victime,
c'est à peine la rente du capital concédé au libéré.

aux concessionnaires de terre une contribution trop forte, pour la réparation civile de leurs crimes. Faire d'un malfaiteur dangereux un colon attaché à la terre, un cultivateur sérieux est déjà par soi-même une tâche assez malaisée, assez laborieuse, sans qu'on vienne la rendre plus malaisée encore, en voulant obtenir du condamné de quoi indemniser ses victimes. L'idée de réparation civile n'est pas une idée qu'il faut introduire partout et toujours dans la peine, admettre complètement, quoiqu'il en coûte. Trop d'intérêts sociaux sont engagés dans cette lutte entre l'administration pénitentiaire et le criminel pour ne pas y subordonner l'intérêt individuel, quelqu'important soit-il.

L'idée de réparation, toutefois, comme celle d'amendement, est une de celles que la science pénitenciaire ne doit pas perdre de vue, mais qu'elle n'applique qu'en temps et lieux. Dans ses peines les plus sévères, la loi conserve l'espoir de l'amendement, elle n'oublie pas qu'il y a des heures où les plus obstinés fléchissent, où de meilleurs sentiments peuvent se glisser chez les pires malfaiteurs. De même il ne faudrait jamais oublier que, même où cela paraît le plus difficile, il est parfois possible de faire entrer l'idée de réparation dans la peine. C'est à l'administration pénitentiaire à aiguiller ses recherches de ce côté : à imposer, quand cela lui paraît possible, une contribution à ses concessionnaires : forçats libérés, ou relégués individuels, pour la restituer à leurs victimes.

Quant aux relégués collectifs, aux forçats en cours de peine, les même difficultés ne se présentent pas. Rien n'empêche l'administration de donner aux personnes

lésées des annuités représentatives d'une partie du salaire.
Les raisons budgétaires y forment le seul obstacle (1).

VI

Le travail des condamnés en cours de peine pourrait
assurer parfois une satisfaction suffisante à la victime.
Mais le dommage ne fut-il pas très considérable, ce ne
peut, ce ne pourra être la généralité des cas. Il y en a
plusieurs raisons. La durée de la peine est rarement assez
longue pour que le détenu puisse gagner, par son travail,
une somme considérable. Sur près de 250.000 personnes
prévenues de délit, 4.000 seulement sont condamnées à plus
d'un an de prison (2). De plus si la législation entre dans les
vues de la science pénale contemporaine, l'emploi plus
grand des peines pécuniaires réduira d'autant le rôle de
l'emprisonnement. Aux mesures contre le délinquant prisonnier, doivent donc s'ajouter des mesures contre le délinquant libre ou libéré. Il faut assurer à la victime le produit
du travail libre comme celui du travail carcéraire.

Ici, comme partout ailleurs, l'école italienne s'est signalée
en proposant les moyens les plus énergiques, en poussant
jusqu'à l'exagération une réaction salutaire contre la douceur des lois actuelles.

M. Garofalo, a étudié particulièrement toutes ces ques-

---

(1) Cf. sur ces points Garofalo. Rippazione, p. 38 et suiv. — Fioretti. Rapport cité. 1re partie, 2o, lett. A.
(2) En 1894, 4.032 sur 249.166 prévenus.

tions dans son ouvrage : *Ripparazione alle vittime del delitto* ». (1)

Il distingue tout d'abord deux classes, parmi les personnes qui n'ont pas de patrimoine, avec lequel réparer leurs délits. Dans la première catégorie, il place les médecins, les avocats, en général, tous ceux qui exercent une profession libérale, tous ceux qui n'ont pas droit à un simple salaire, mais à un traitement, à une quote-part de bénéfices. Dans l'autre, il place les ouvriers (*operai manuali*), tous ceux qui ont droit à un salaire journalier.

Le condamné de la première catégorie sera admis à travailler librement à sa profession, mais il devra payer à la caisse des amendes (2) une somme fixée d'avance, d'après ses gains actuels. Cette somme sera déterminée de manière à laisser au condamné seulement la partie de son gain strictement nécessaire à la vie et à l'entretien de sa famille, calculée sans aucun égard à sa situation sociale et à la vie qu'il mène. Il lui restera en somme la partie correspondante au salaire minimum d'un ouvrier.

Pour les travailleurs manuels, qui sont rétribués avec un salaire, on calculera le minimum nécessaire pour eux, en excluant tout ce qui peut constituer une satisfaction : vin, liqueurs, tabac. Du salaire d'un célibataire, on pourrait déduire un tiers, ou un quart, sans qu'il manque d'aliments, ou souffre une privation intolérable. Pour

(1) P. 46 et suiv. V. un résumé de ses idées dans la *Criminologie*, trad. française, p. 353, et dans son rapport sur la 2e question du Congrès de Bruxelles. *Bull. de l'U I. D. P.* 1re année, p. 53.

(2) Nous étudierons plus loin cette institution destinée à faire les versements à la victime.

celui qui a une famille, la question devient plus difficile, mais sans arrêter l'ardeur réformatrice des positivistes. On enlèvera moins à l'ouvrier s'il le faut, mais il ne sera pas libéré, ne dût-il verser que les sous de poche qu'il dépense au cabaret.

Si le délinquant travaille chez un patron, l'obligation sera imposée au directeur de verser une quotité déterminée du salaire quotidien. Celui-ci devra, en outre, prévenir immédiatement de l'absence de l'ouvrier, dès qu'elle durera plus d'un jour, à moins d'événement de force majeure. Aucun patron ne pourrait s'exempter de ces obligations, sous peine de paiement immédiat des intérêts de la somme due par l'ouvrier, ou même de clôture de l'établissement.

La moindre inexécution de ces obligations par qui que ce soit : ouvrier, ou personne travaillant d'une profession libérale, donnerait lieu à l'application d'une contrainte par corps, longue et rigoureuse (1).

Une théorie aussi hardie, un système aussi radical, ne pouvaient manquer de soulever de vives critiques. Elle présente en effet le même caractère excessif, qui est la marque de presque toutes les réformes préconisées par l'école italienne. Dans sa réaction contre les défauts très réels du droit actuel, presque toujours elle dépasse le but. Et, chose curieuse, ici elle le manque précisément pour n'être pas restée assez fidèle à ce qui devrait être sa méthode. Son titre de positiviste devrait indiquer une école procédant avec une rigoureuse circonspection, s'appuyant

____

(1) Une théorie presque identique a été soutenue par M. Fioretti au 1er Congrès d'anthropologie criminelle. V. son rapport à ce Congrès. Actes du Congrès, p. 34.

continuellement sur les faits, comparant toujours la pratique avec les données de la théorie. Tandis qu'elle devrait plutôt pécher par la timidité de ses affirmations, nulle n'avance de solution avec plus de hardiesse, nulle ne procède plus par *à priori*.

Sur la question que nous étudions, les théories nouvelles ne sont guère positivistes que de nom, elles font singulièrement bon marché des données de l'expérience et, adoptées telles quelles, elles conduiraient à bien des mécomptes. Que veut l'école positiviste en assurant l'efficacité de la réparation, en donnant plus de place aux peines pécuniaires ? Établir pour les délinquants occasionnels une pénalité sérieuse et qui n'ait pas, comme la prison, le défaut de les pervertir plus complètement, de les mûrir pour la récidive. Or, à quoi aboutirait-elle avec la réforme qu'elle propose ? Au résultat qu'elle veut éviter : à faire du délinquant un récidiviste. Quel est le patron qui acceptera un ouvrier condamné pour un délit, s'il s'expose à tous les inconvénients que nous avons signalés ? Il suffit de lire les rapports présentés par les chefs des patronages pour les libérés pour s'en convaincre. Tous les employeurs, du moins dans nos pays (1), éprouvent une très grande répulsion à employer des délinquants. Comment les délinquants, même les plus repentants, pourront-ils trouver ou conserver une place, si leurs patrons sont exposés, à cause d'eux, à des mesures draconiennes, allant jusqu'à la fermeture de leur établissement ? Accroître encore la difficulté qu'é-

____

(1) Cela existe, paraît-il, à un degré beaucoup moindre en Amérique.

prouve tout délinquant à trouver un emploi, faire tout pour qu'il se trouve au lendemain de sa condamnation sans travail, presque sans possibilité d'en trouver, c'est préparer des recrues pour la récidive, ou, comme disent les positivistes, mettre le délinquant dans les conditions voulues pour commettre de nouveaux délits.

Les théories de M. Garofalo donneraient-elles de meilleurs résultats quand il s'agit d'artisans libres, ou de personnes exerçant des professions libérales ? Elles seraient parfois plus acceptables, mais, bien souvent, aussi elles auraient les mêmes inconvénients. Peut-on toujours raisonnablement réduire une personne au salaire strictement minimum ? Certaines dépenses, un certain genre de vie, peuvent être nécessaires dans bien des professions pour conserver la clientèle. Un médecin peut-il raisonnablement être réduit au salaire d'un ouvrier ? Certains frais, superflus pour d'autres, ne sont-ils pas pour lui d'une nécessité absolue ?

Si la théorie que soutient l'école positiviste nous paraît inadmissible sur certains points, nous ne nous faisons nullement faute de l'adopter pleinement sur d'autres. Les critiques que nous venons de formuler mises à part, il nous semble parfaitement logique d'autoriser, d'une façon large la saisie des produits du travail : salaires, appointements ou honoraires. Pourquoi, d'une façon générale, ne pas suspendre toute insaisissabilité, dès qu'il s'agit de la réparation civile ? Le juge ne pourrait-il pas déclarer saisissables, dans une certaine mesure, les traitements, pensions ordinairement insaisissables, sauf à agir avec une certaine prudence ? Il est vrai, et on l'a objecté dans les

Congrès, que l'insaisissabilité est établie dans un intérêt d'ordre public. Elle empêcha l'administration d'être gênée dans son fonctionnement régulier par les dettes des employés (1).

Cela nous paraît bien exagéré. Tout d'abord, je ne pense pas que le cas soit assez fréquent pour entraver réellement les administrations. Ensuite, si l'ordre public est une chose respectable, il ne faut point cependant en abuser. On tend bien souvent à voir de l'ordre public, là où il n'y a en jeu que des intérêts bien minimes. On pourrait parfois n'en pas tenir compte, sans que les choses en marchent plus mal. L'État serait-il bouleversé, si un jugement réduisait un fonctionnaire délinquant à la moitié de son traitement, quelques saisies-arrêts de plus jetteraient-elles un trouble si profond dans la comptabilité publique ?

On a prétendu aussi que des saisies un peu importantes sur les appointements auraient le tort d'atteindre la famille du coupable autant que le coupable lui-même (2). L'intérêt de la famille est certainement plus respectable que de prétendues considérations d'ordre public : il est douloureux de réduire à la misère des personnes autres que les délinquants. Mais, à ce compte, il faudrait faire du titre de père de famille une sauvegarde contre toutes les peines. Quoique l'on fasse, dès que l'on veut châtier un coupable, ou simplement faire payer un débiteur ordi-

---

(1) M. Berenini, discours au congrès d'Anthropologie criminelle de Rome (1885). Actes du Congrès, p. 376.

(2) En ce sens Van Hamel. Au Congrès de Bruxelles. *Bullet. de l'Un. I. D. P.*, 1re année, p. 157 et Précone, au congrès d'Anthropologie de Rome. Actes du congrès, p 374.

naire, on atteint indirectement des innocents avec lui. Cela est épouvantable, mais on ne voit guère le moyen de l'éviter sans de plus grands inconvénients. Tout ce que l'on peut faire, c'est de ne pas admettre des mesures qui frappent principalement les innocents. Or, ici, on ne fait rien de semblable, surtout si on laisse les tribunaux libres de faire saisir telle partie des gains qu'il leur plaît.

Pour ce qui est de la saisie sur les salaires, la prudence du juge sera ici une meilleure règle que les dispositions de la loi. Que le juge, toutes les fois qu'un délit sera commis, ordonne dans le jugement de condamnation la saisie d'une partie des gains du coupable. Il pourra ainsi, selon les cas, attribuer une part plus ou moins considérable à la victime. Il pourra tenir compte de sa famille que le coupable a à sa charge, de la situation de fortune de la victime, des secours plus ou moins urgents dont elle a besoin, des dépenses que le coupable est obligé de faire à raison de l'exercice de sa profession. En un mot, laisser le juge statuer *ex æquo* et *bono*, s'en remettre pleinement à son esprit d'équité, voilà le seul système admissible. Vouloir conserver les dispositions du droit actuel sur l'insaisissabilité lorsqu'il s'agit de délits, c'est aboutir parfois à des résultats déplorables. Permettre, comme M. Garafolo, une saisie complète des gains, ce n'est point s'exposer à moins d'inconvénients. Les faits sont très variables, trop compliqués pour qu'on puisse les enfermer dans une disposition législative. Que le juge établisse donc, pour chaque espèce la règle qui lui convient et que la loi n'essaie pas de le gêner par une réglementation toujours un peu arbitraire.

VII

Quelque large que soit une législation pour autoriser à saisir les gains d'un délinquant, cela peut être encore insuffisant. Le débiteur peut ne pas trouver à louer ses services. Devant un condamné, quelque soient ses affirmations de repentir, ses promesses de bonne conduite, la porte de plus d'un atelier se ferme. Les difficultés pour trouver de la besogne se décuplent pour lui. La société, pour toute réponse, doit-elle exécuter sur lui la contrainte par corps, le faire rentrer dans cette prison, à laquelle il méritait peut-être d'échapper ? Il est bien à craindre que cette peine, car en fait c'en est une, ne soit pour lui une cause de déclassement définitif.

Ne serait-il pas plus sage, au contraire, puisque cet homme ne peut offrir ses gains, d'accepter en paiement la seule chose qu'il possède, son travail ? Puisque le délinquant ne peut payer en argent, pourquoi ne pas accepter une sorte de dation en paiement, ne pas le faire travailler au profit de son créancier ?

L'ancien droit romain, en présence de difficultés analogues, avait admis une solution de ce genre. Le fils ou la fille de famille qui avait commis un délit au préjudice d'un tiers peuvent être livré à ce tiers à titre d'abandon noxal, si le père de famille ne voulait pas payer la composition du délit. Ces personnes devraient à la personne lésée des services analogues à ceux qu'on exigeait des esclaves. Elles étaient, à ce point de vue, *servorum loco*, bien que conservant leur qualité de citoyen et d'ingénu. « Le maître pouvait les employer aux divers travaux de sa maison, mais il devait les affranchir lorsqu'il se trouvait indemnisé par son travail » (1).

Cette institution disparut dans le cours de l'époque classique, et il fallut atteindre le milieu du dix-septième siècle, pour retrouver des délinquants s'acquittant en travail de leurs obligations pécuniaires. A ce moment, le paiement en journées de travail apparut, sinon pour les réparations civiles, du moins comme moyen de faire acquitter les peines pécuniaires. A cette époque, on vit l'acquittement en journées de travail employé en Thuringe, pour le paiement de l'amende. Depuis cette institution n'a jamais disparue (2).

Au dix-huitième siècle, nous la voyons introduite en Norwège par l'ordonnance du 6 décembre 1743 : elle instituait le droit, pour les délinquants de payer l'amende par des journées de travail exécutées en forteresse pour les hommes, et dans les ateliers à filer pour les femmes. L'or- L'ordonnance du 12 juillet 1799 apporta un changement à ces dispositions : le travail pour les hommes fut désormais exécuté à l'extérieur, sous la surveillance de l'autorité militaire. En Suède, l'ordonnance maritime du 24 janvier 1777 établit le paiement en travail des amendes. Vers la même époque, la constitution de Pensylvanie (1777), admettait que les criminels seraient employés à travailler aux ouvrages publics « pour réparer le tort qu'ils auraient fait à des particuliers » (section 39e).

____

(1) V. Cuq. *Institutions juridiques des Romains*, p. 184.
(2) Verhandlungen dem 23ten. Deutschen Juristentages. Rapp. de M. Felish. p. 282.

Dans le courant de ce siècle, le paiement de l'amende en journées de travail a été inscrit dans les principales législations européennes. Sans parler des États scandinaves qui l'ont conservé (1), il a été admis par la législation russe (ordonnance de 1864). Les principales législations allemandes l'ont également adopté. Le remplacement de l'amende par des journées de travail est un point qui reste régi par les lois des divers États. Aussi l'Allemagne présente, sur ce point, une certaine variété. Tantôt, et c'est le plus fréquent, les journées de travail sont admises seulement comme mode de paiement des amendes en matières forestières. Tantôt, au contraire, elles sont admises d'une façon plus ou moins étendue, pour le paiement des autres amendes.

En Prusse, nous trouvons cette institution dès la loi sur les vols forestiers (Holzdiebstahlgesetz) du 7 juin 1821 (par 5). Elle fut reprise par le Code forestier prussien de 1851, et par la dernière loi sur les vols forestiers du 15 avril 1878 (2), D'après l'article 14, le condamné peut, «sans être enfermé dans un établissement pénitentiaire, être astreint à des travaux forestiers ou communaux, en rapport avec ses forces et sa condition ». En dehors des matières forestières, le travail en paiement peut être admis à l'égard des condamnés à l'amende qui appartiennent à la dernière classe (3).

(1) Pour la Suède acte royal du 23 mars 1807 et circulaire du 14 août 1832. — Pour la Norwège, le travail pénal est régi par un acte de 1842. Il est conservé par un projet de Code pénal déposé en 1888 par M. Genz (par 32).

(2) *Ann. de législation étrangère*, 1878, p. 165.

(3) Appartiennent à cette classe, les individus dont le revenu n'ex-

En dehors de la Prusse, on rencontre ce paiement de l'amende en nature, dans le duché de Bade en vertu de la loi du 20 juin 1865 sur les contraventions forestières (1), dans les principaux états saxons : Saxe royale, Thuringe, Saxe Altenbourg. Dans ces derniers états, elle paraît même admise d'une façon assez générale.

En Suisse, la libération par des journées de travail a été autorisée de façon générale par certaines législations cantonales, ainsi que la loi fédérale du 30 juin 1849 sur la procédure criminelle le leur permet. On peut citer, en ce sens, la loi du canton de Schwitz, celle du canton de Vaud du 17 mars 1875 sur les établissements de détention, d'après laquelle, si l'amende est indépendante de toute autre peine, le condamné qui ne peut ou ne veut la payer en argent, peut se faire inscrire chez le receveur de l'État pour être employé à des travaux publics (2).

Le nouveau Code pénal neufchâtelois dû à M. Cornaz, contient des dispositions analogues (3), dans son article 28.

Plus récemment, l'article 29 du second avant-projet de Code fédéral (art. 26 du 1er) admet que « si le juge croit la poursuite inutile, ou si elle est demeurée sans résultat, le condamné sera restreint à racheter l'amende en travail-

______

cède pas 1.000 marks. V. sur ce point Leroy-Beaulieu. *Traité de la Science des Finances*, tome I (chap. de l'impôt sur le revenu).

(1) V. sur ce point : Wackter. Das koniglische sachsische und das thuringische Strafrecht.

(2) Un décret du même État a admis ce même mode de paiement pour la taxe militaire (décret du 2 février 1889, art. 38).

(3) V. *Revue pénitentiaire*, 1890, p. 37, le Rapport de M. Leloir sur ce projet.

lant dans un établissement public de détention. Il pourra toutefois être occupé au dehors, en particulier à des ouvrages pour le compte de l'État. Autant que possible, il recevra une occupation conforme à ses aptitudes.

Ces idées ont pénétré aussi dans le droit italien, et d'après l'article 19 du nouveau Code pénal, le condamné peut, sur sa demande, être autorisé à se libérer par un travail exécuté au profit de l'État, de la province ou de la commune (1).

En France, cette institution a trouvé place dans notre législation, dès le milieu de ce siècle. La loi du 18 juin 1859, en modifiant le Code forestier, introduisit dans l'article 210 la disposition suivante : « L'Administration forestière pourra admettre les délinquants insolvables à se libérer des amendes, réparations civiles et frais, au moyen de prestations en nature, consistant en travaux d'entretien et d'amélioration dans les forêts ou sur les chemins vicinaux. » L'extension de cette disposition a été plus d'une fois demandée. Bonneville de Marsangy proposait d'en faire une disposition générale, et en 1863, il fit voter un vœu en ce sens au Conseil général de l'Yonne (2).

Cette idée paraît actuellement se développer dans les sphères législatives. Il y a une dizaine d'années, une proposition de loi déposée par M. Michaux, sur le sursis et

____

(1) On trouvera des détails plus complets sur les lois étrangères daus le rapport de Rosenfeld sur die Regelung der Geldstrafe. *Bull. de l'U. I. D. P.*, 3ᵉ année, v. le rapport de Teichmann au Congrès pénitentiaire de Rome. Actes du Congrès, II, p. 179, — et surtout le rapport précité de Felish au 23ᵉ Congrès des jurisconsultes allemands.

(2) *Amélioration de la loi criminelle*, II, ch. X, section II, par 3.

l'atténuation des peines en cas de premier délit, portait que les juges pourraient « convertir l'amende en journées de travail si le condamné le demande ou s'il est insolvable, sans que le nombre des journées puisse toutefois dépasser le nombre de celles de contrainte par corps qu'aurait subi le condamné en cas de non paiement de l'amende » (1).

De ce tableau de la législation européenne, une idée se dégage, le paiement de condamnations en journées de travail se développe de plus en plus. Non seulement les pays qui, comme la Suède, la Norwège, la Thuringe, l'avaient admis dès longtemps, y sont restés fidèles, mais cette institution n'a cessé de gagner du terrain en Europe. Toutes les législations nouvelles, tous les projets l'ont adoptée. Chaque jour, elle prend un plus grand essor. Cette marche en avant d'une idée, marche incessante et sans à coup, s'impose à l'attention. Jusqu'où peut-on aller dans cette voie et, en particulier, peut-on appliquer le paiement en travail à la réparation civile, comme on l'a déjà proposé ? L'institution nouvelle est-elle susceptible de cet accroissement considérable ? Ou, au contraire, n'aura-t-elle jamais qu'un rôle limité ; des essais plus

---

(1) V. *Revue pénitentiaire*, 1886, p. 255 et *Journal officiel*, 1885. *Annexes du Sénat*, n° 137, p. 104 et n° 45, p. 42. Cf. Rosenfeld. Rapport précité. Cette proposition portait aussi que les journées de travail remplaceraient les journées de prison, lorsque la peine prononcée ne dépasserait pas deux mois (art. 4). Cette idée a été reprise, mais de façon plus restreinte, par le projet de Code pénal français. D'après l'art. 31, les journées de travail pourront remplacer les arrêts de police. Mais, dans ces deux projets, nous sommes en présence de quelque chose d'étranger à notre sujet. Nous sommes en face d'un moyen proposé pour remplacer la prison, mais non plus d'un moyen pour faire acquitter une dette en argent.

larges seraient-ils voués à l'avortement ? Et même ne contient-elle pas un vice ou des vices qui la rongent, qui l'empêcheront d'être autre chose qu'une institution de parade, quelque chose comme un objet de vitrine, dans le musée législatif, amusant à regarder, mais inutile en pratique ?

Si l'on autorise les délinquants à payer en travail la réparation du dommage causé par eux, ce ne peut-être par un travail exécuté directement au profit de la victime. Aucune modification législative ne serait nécessaire pour cela. Tout créancier peut permettre à son débiteur de racheter sa dette en travaillant pour son compte : pour de petites dettes, cela est d'une pratique courante dans nos campagnes. Mais un tel mode de libération ne peut s'appliquer entre victime et délinquant. Les rapports entre employeurs et employés ne peuvent exister que s'il n'y a pas, entre les contractants, une hostilité trop aiguë. Si tendues que puissent être les relations d'un patron avec son ouvrier, elles supposent, tout au moins, que les sentiments d'aucun d'eux n'ont éclaté dans un acte aussi brutal qu'un délit. Ajoutons à cela que la victime a bien rarement besoin précisément du genre de main-d'œuvre que pourrait lui offrir le délinquant, souvent même elle n'aura pas besoin de main-d'œuvre du tout.

Il fallait donc trouver un tiers, pouvant toujours accepter de la main d'œuvre, et venant de n'importe qui, celui-ci verserait alors la valeur du travail à la victime. Par cet intermédiaire, on pourrait faire ce qui n'est pas possible directement. Ce tiers ne pouvait être que l'État, ou les autres services publics : communes et départements. Seuls ils peuvent, ou semblent pouvoir toujours accepter de la main d'œuvre.

Mais on peut se demander, s'ils sont réellement aptes à la nouvelle besogne qu'on leur veut confier. Ce paiement en journées de travail a-t-il autant de succès dans la pratique que dans les sphères législatives ? En Russsie tout d'abord, cela n'a jamais été organisé que sur le papier (1). En Suède, où elles existaient depuis deux siècles, on y renonce peu à peu (2). En Suisse, la loi du canton de Vaud de 1875 est restée sans effet. Les condamnés préfèrent rester en prison, où ils sont bien logés, chauffés et nourris, plutôt que d'aller travailler au dehors par les temps froids d'hiver (3).

En France, les résultats de la loi de 1859 ont été assez médiocres. Dans beaucoup de départements l'administration forestière ne pratique pas ces transactions en nature. Il est vrai qu'il en est autrement dans deux départements importants au point de vue forestier : les Vosges et le Jura. Mais, « il est généralement admis que cette mesure inspirée par les meilleures intentions, n'a que peu de succès, en l'absence des moyens de coercition, à l'égard de misérables pour la plupart insensibles aux peines correctionnelles. Si l'insolvabilité est absolue, il faut faire aux individus des allocations de nourriture, qui peuvent s'élever au tiers de la valeur des sommes dues, et qui sont

----

(1) Elles sont même supprimées par le projet du Code pénal.

(2) V. *Bull. de l'U. I. D. P.* 1892, p. 251,

(3) V. *Revue pénitentiaire*, 1893, p. 890. Lettre de M. Correvon, magistrat vaudois, sur ce sujet. Cf. Rosenfeld, rapport précité, où il cite dans le même sens des déclarations de Soldau au congrès de Berlin.

compensées par un allongement proportionnel du nombre des journées. Il en résulte des complications, et par suite un surcroit de travail que ne compense guère la mauvaise besogne du délinquant. »

« Cependant, à mon avis, ajoute le fonctionnaire forestier auquel nous empruntons ces lignes (1), on a dit beaucoup plus de mal des transactions en nature qu'elles n'en méritaient, si faibles soient les résultats obtenus, ils évitent la contrainte qui est onéreuse pour le propriétaire de la forêt, et enfin la répression n'est pas nulle, comme il arrive lorsque la contrainte n'est en réalité pas exercée. Dans le Jura, dans les Vosges, on obtient de bons résultats, et tout porte à croire qu'il pourrait en être de même dans d'autres départements. Il faut toutefois une condition, c'est que l'on n'ait pas affaire à de mauvais drôles, à des récalcitrants, et à des gens trop pauvres, ou trop paressseux, car avec les premiers, on n'obtiendrait rien et il serait même dangereux de les introduire en forêt où ils pourraient commettre de nouveaux délits, et aux autres, il faudrait donner des allocations en nourriture, ce qui est fort compliqué et peu pratique. »

Ces constatations de pratique étant faites, que faut-il penser de ce paiement en journées de travail ? Peut-on l'appliquer à la réparation civile ? Est-il susceptible de cette extension, comme l'ont pensé plusieurs criminalistes (2) ? Nous ne le croyons pas.

(1) *Revue pénitentiaire*, 1893, p. 865.
(2) V. Garraud, II, nº 92, p. 17. — Proal. *Le crime et la peine*, p. 488, note 4. — Mme Lidia Poët. Rapport au Congrès de Paris. *Bull. de la Commission pénitentiaire*, II, p. 54.

L'institution a donné en France des résultats certainement meilleurs que ceux obtenus à l'étranger, du moins
dans les pays pour lesquels nous avons des renseignements. On peut même prévoir un certain nombre d'améliorations qui l'amèneraient à un état très satisfaisant. Une
peine subsidiaire suffisamment dure pour effrayer les délinquants, et beaucoup plus intimidante que la contrainte par
corps actuelle pourrait constituer pour l'administration une
arme solide : les condamnés travailleraient mieux, seraient
plus dociles, s'ils sentaient constamment l'aiguillon d'une
peine sérieuse à éviter. Cette menace d'une aggravation
de peine a été déjà reconnue nécessaire par le jurisconsulte allemand Fuld. Des allocations de secours en argent
devraient être réglées de façon à éviter ces complications
dont se plaignent les fonctionnaires forestiers. Il est certain
qu'un pareil genre de main d'œuvre est une gêne pour les
administrations, qui tendent toujours à des organisations
simplistes, surtout chez nous. Encore faut-il, pour qu'elle
puisse se développer, chercher à réduire les complications,
la gêne à leur minimum.

Malgré ces changements, et peut-être les hommes de
pratique en prévoient-ils d'autres, le paiement en travail
n'est pas susceptible d'une extension indéfinie. Il a de sa
nature une sphère d'application assez restreinte. En en
faisant un usage modéré, on peut obtenir de bons résultats, vouloir au contraire en faire une application générale à toutes les condamnations pécuniaires, ce serait
s'exposer à une cruelle déconvenue. Employer le paiement
en travail, pour faire acquitter toutes les amendes, semble
être à peu près le maximum de ce qu'on peut en tirer.

D'ailleurs, si nous exceptons la loi de Pensylvanie de 1777, et notre loi française du 18 juin 1859, les journées de travail n'ont été partout employées, que pour assurer le paiement de l'amende ou pour remplacer certaines peines privatives de liberté. Aller au-delà serait courir à un échec probable.

Nous n'insistons pas sur les difficultés d'organisation qui s'accroîtraient avec le nombre des travailleurs. C'est tout autre chose d'employer quelques individus à un travail forestier, ou d'organiser une armée de délinquants sans cesse changée dans sa composition. Ces inconvénients ont été souvent signalés (1) et il n'est d'ailleurs pas complètement impossible de les surmonter.

Il en est d'autres plus graves, qui pour nous forment un obstacle à peu près insurmontable à un trop large emploi du paiement en nature. Les travaux que l'État et les établissements publics peuvent faire exécuter aux délinquants doivent remplir plusieurs conditions : ne pas exiger d'apprentissage, être d'une exécution et d'une surveillance faciles. Le nombre est en somme assez limité. Ils se réduisent à peu près à deux : les travaux dans les bois et forêts, et les travaux de voirie. Or la France, parmi les états forestiers, n'occupe qu'un rang assez éloigné. Plusieurs États européens ont une surface de forêts moitié plus grande, ou même double. D'autre part, sur nos 9 millions d'hectares de forêts, trois millions à peine sont aux mains de l'État, ou des établisse-

---

(1) V. Les opinions des comités de Palerme, Macerata, Fermo. Actes du congrès pénitentiaire de Rome C. R. des séances, I, p. 203. — Cf. M. Foinitzky, même ouvrage, p. 197.

ments publics. Les travaux à opérer sur cette surface, ne peuvent être que pour partie exécutés par des travailleurs de hasard, un certain nombre exigent des ouvriers experts. Ajoutez à cela que les masses forestières sont réparties inégalement et couvrent surtout les départements les moins peuplés. Ce genre de travail est donc très insuffisant.

Restent les travaux de voirie. Mais il ne faut guère compter employer les délinquants sur les chemins vicinaux ; grâce à la loi de 1832 des travaux en nature d'une valeur de 38 millions sont exécutés sur ces chemins par les prestataires. Cette main-d'œuvre est plus que suffisante pour les travaux nécessaires, à tel point que l'administration fait tous ses efforts pour faire payer en argent le plus de prestations possible.

On ne peut ajouter à ce flot de la main-d'œuvre libre, le ruisseau de la main-d'œuvre pénale. A quels travaux de voirie peut-on dès lors affecter les condamnés ? Aux routes nationales et départementales et aux chemins ruraux. Et encore pour ces derniers, la main-d'œuvre sera souvent inutile : les communes peuvent déjà y attribuer une journée de prestation (loi du 20 août 1881, art. 10). Elles préféreront et avec raison, une main-d'œuvre qui ne leur coûte rien, à cette main-d'œuvre pénale qu'il leur faudra payer, et qui sera peut-être de qualité défectueuse. En dehors des travaux sur les chemins publics, ajoutez encore quelques terrassements, des travaux divers sur les propriétés publiques et vous aurez à peu près la liste des emplois pour le travail des délinquants.

On peut donc redouter que la matière ne fasse défaut.

Ou alors il faudrait ouvrir de nouveaux ateliers nationaux (1), et qui sait où l'on pourrait s'arrêter dans cette
voie, quand l'on touche de si près au terrain brûlant des
revendications sociales ? Pourquoi reconnaître aux seuls
délinquants le droit au travail ?

L'inconvénient le plus grave, c'est que ces paiements
en travail devenant trop fréquents, il faudra réunir les
travailleurs en chantiers, pour faciliter la surveillance. On
retombera alors dans tous les vices de la prison. Ces vices
accouplés produiront partout la même dégradation, le
même abaissement de moralité. On verra comme dans les
prisons se produire la même contagion du vice. De ces
réunions d'hommes pervertis, ne pourront sortir que des
hommes plus pervertis encore. A tous s'attachera la
même tare que s'ils sortaient de prison. Ceux, à qui on
aurait épargné la prison, se verraient infliger la peine du
chantier public. Le bénéfice pour eux serait mince. On a
prévu cet inconvénient et M. Aschrott a proposé de faire
travailler les délinquants avec des travailleurs honnêtes.
Mais est-on sûr que ceux-ci échappent complètement à
l'influence pernicieuse des criminels ? Cette influence pour
être moins grande, ou plus lente au début, n'en est-elle
pas moins à redouter ? On a diminué un peu l'intensité
des inconvénients, on ne les a pas fait disparaître. En
même temps, ne voit-on pas quelle quantité de travaux il
va falloir entreprendre, pour employer autant de bras !
Nos budgets de travaux publics, tant pour l'État que pour

____

(1) Ces travaux auront d'ailleurs l'inconvénient de ne pas offrir
une très grande régularité. Abondants par moments ils feront presque complètement défaut à d'autres.

les localités, reprendraient des porportions énormes. Et toutes ces dépenses aboutiraient à augmenter le nombre des écoles du vice.

Il nous semble donc que le paiement en journées de travail, n'est susceptible que d'un développement limité. Qu'on en recommande une certaine extension, ou l'établissement, comme l'ont fait depuis 1872 nombre de congrès de droit pénal, il n'y a là rien de mauvais (1). Nous souhaitons même grandement que par des expériences prudemment conduites, des extensions lentes, et bien mesurées, on arrive peu à peu à faire donner à cette institution tout ce qu'elle peut rendre. Elle part de sentiments trop généreux, pour qu'on ne cherche pas à l'adopter dans toute la mesure où les faits le permettent. Cette mesure maximum nous paraît être à peu près l'emploi des journées de travail comme mode de paiement de toutes les amendes. Pour notre pays nous n'entrevoyons guère qu'il est possible d'utiliser cette institution pour faire obtenir aux victimes le paiement de leurs indemnités. Il se peut qu'il en soit autrement à l'étranger. Des pays d'une civilisation plus récente, comme la Russie, qui a les deux cinquièmes de son territoire en forêts, dont le réseau de voirie est à peine ébauché, rencontreront certainement moins d'obstacles. Ils auront, pour la main-d'œuvre, des débouchés qui nous manquent. C'était aussi la situation de la Pensylvanie, lorsqu'au xviii⁰ siè-

---

(1) Discussion au congrès de Londres. — Discussion au congrès de Rome. C. R. des séances, II, p. 199. — Cela fut voté au congrès allemand de l'U. I. D. P. à Halle. Cf. Congrès de Bruxelles de 1889, 1ʳᵉ question.

clc elle admit le paiement des réparations civiles en travail au profit de l'État.

Cette limitation à l'emploi du paiement en travail dans notre pays ne nous inspire d'ailleurs aucun regret. Par suite de la dépopulation des campagnes, beaucoup de travaux ruraux ne peuvent être exécutés. Les délinquants, s'ils ont la volonté ferme de travailler, trouveront toujours de ce côté où employer leurs bras, où gagner un salaire pour indemniser peu à peu leurs victimes. Sans l'intervention de l'État, les débiteurs désireux de se libérer pourront le faire. Non seulement cette extension démesurée du paiement en nature serait pleine d'inconvénients, elle serait inutile. Pourquoi appeler le secours de l'État, si l'on peut s'en passer. Une seule réforme, en ce qui concerne les intérêts de la victime, nous semblerait donc utile sur ce point : si les paiements d'amendes en travail se généralisent, et passent dans notre Code pénal, que l'État admette ici l'extension, que nous avons demandée, du privilège de l'article 54 du Code pén. Si la victime ne peut rien obtenir du délinquant, que l'État lui accorde la valeur de l'amende qu'il a touchée en travail. C'est d'ailleurs ce que décide déjà la loi prussienne du 13 avril 1878 sur les vols forestiers (art. 34) (1).

_____

(1) *Annuaire de législation étrangère*, 1878, p. 165. L'avant-projet de code pénal suisse (art. 28 et 31) admet une disposition analogue.

VIII

Solidarité entre les co-délinquants, privilège sur les
biens du condamné, droit de la victime sur les gains du
coupable, toutes ces mesures, pour utiles qu'elles soient,
ne sont pourtant pas suffisantes. Un créancier ordinaire
pourrait souvent s'en contenter. Mais la victime d'un délit peut encore demander davantage, et avec raison. Ces
mesures suffisent à triompher d'une mauvaise volonté passive, d'un débiteur qui ne fait rien pour s'exécuter. Il faut
plus pour être maître d'une mauvaise volonté active, d'un
délinquant rusé et sans scrupule, qui fait tout pour se
soustraire à l'exécution. S'il a fait disparaître ses biens,
déposé l'objet de ses vols en lieu sûr, il faut une arme
qui vienne suppléer à l'insuffisance absolue de l'action
paulienne. Cette action exige des preuves, qu'il est souvent difficile de fournir. Ensuite, elle ne peut répondre à
tous les besoins. Si le délinquant a déposé son argent
entre les mains d'un tiers dont on ignore le nom, quel
moyen juridique a-t-on pour lui faire rendre ce qu'il a
ainsi soustrait? Le droit ne peut donner aucun moyen direct pour suppléer aux renseignements qui font défaut au
créancier. C'est pour cette raison que la contrainte par
corps nous semble nécessaire dans toute législation soucieuse d'assurer la réparation civile des délits.

Notre loi française a bien conservé la contrainte par
corps. Même depuis la loi du 22 juillet 1867 qui l'avait
abrogée d'une façon générale, elle peut être exercée par

la victime à raison de l'indemnité qui lui est due. Nous avons examiné plus haut pourquoi cette mesure d'exécution ne peut être utilisée, comment il se fait que les particuliers n'en usent pas, il est inutile d'y insister à nouveau.

Si nous jetons un coup d'œil sur les législations voisines, nous voyons qu'elles ne sont guère meilleures que la nôtre. Partout on entend les mêmes plaintes sur l'insuffisance des voies d'exécution sur la personne des délinquants. Ici, comme en Suisse, la contrainte par corps a été abrogée de façon absolue par la constitution (1). Là, comme dans le grand-duché de Luxembourg (2), elle n'est plus possible que pour le paiement de l'amende. La Belgique, dans sa loi du 27 juillet 1871, a suivi les traces de la loi française de 1867 : elle en a conservé le vice capital : l'obligation pour le créancier de consigner les aliments. Elle a réduit encore la durée de la contrainte et ses cas d'emploi : elle ne peut durer qu'une année; d'autre part elle ne peut plus être exercée qu'au dessus de 300 fr., comme si pour les personnes pauvres ce n'était déjà pas une somme élevée (3).

Le système français de la loi de 1867 est aussi à peu près celui qui a été adopté en Italie, en vertu de la loi du 6 décembre 1877. Cette loi consacre l'abolition de la con-

____

(1) Art. 59 de la constitution fédérale.

(2) Loi du 16 février 1877. *Ann. de législation étrangère*, 1897, p. 567. Divers corps consultés avaient cependant demandé la conservation de la contrainte pour les dommages intérêts et frais; cette opinion n'a pas triomphée.

(3) V. Haus. Droit pénal belge, II, nᵒ 1020 à 1030. — Thiry. *Droit criminel*, nᵒ 376, p. 258.

trainte par corps d'une façon générale : elle ne la maintient plus que pour le paiement des dommages-intérêts et frais. Là encore la durée de deux ans a été trouvée excessive : le débiteur ne peut plus être enfermé qu'un an au maximum (1).

Le Code pénal espagnol marque un nouveau pas dans cet adoucissement toujours plus grand de la contrainte par corps, adoucissement qui n'est que le prélude d'une disparition complète si une réaction ne se produit sur ce point. D'après l'article 59 du nouveau code : « la responsabilité personnelle pour défaut de paiement de l'indemnité, ou de l'amende, ne devra pas être imposée à l'individu condamné à une peine supérieure aux travaux forcés ». Grâce à cet article tous les criminels qui ont commis les délits les plus graves : meurtre, assassinat, viol ne sont pas soumis à la contrainte par corps. La victime peut bien se faire allouer une indemnité par l'arrêt de condamnation. Mais ce droit est pour elle sans utilité : elle n'a pas à sa disposition de peine, pour menacer son débiteur récalcitrant. Pour les peines qui s'exécutent en dehors d'un établissement pénal, comme l'exil ou la déportation, en cas de non paiement de l'indemnité, leur durée est accrue d'un temps égal au tiers de la peine principale, mais en aucun cas la peine ne peut être prolongée plus d'un an. Lorsque la peine prononcée est une peine correctionnelle, l'emprisonnement est prolongé suivant les mêmes règles, lorsque le condamné n'a pas complètement soldé l'amende, les dommages-intérêts et les frais. Enfin si la peine principale était une

(2) *Annuaire de législation étrangère*, 1887, p. 567.

peine plus légère comme l'amende, le débiteur insolvable ne peut être détenu que six mois au plus.

Partout l'emploi de la contrainte par corps se rétrécit de plus en plus : plus on avance, plus la loi se montre circonspecte pour en autoriser l'emploi, plus elle paraît en redouter les inconvénients. Quoi d'étonnant d'ailleurs, quand partout la pénalité devient plus douce, quand devant la marée montante du crime et du délit, la société chancelle dans sa défense, hésite à repousser l'assaut avec énergie. La même pitié à l'égard des malfaiteurs a pénétré dans tous les esprits. Le législateur a montré longtemps plus de tendance à la clémence qu'à la sévérité. Les magistrats se sont de plus en plus laissés gagner par l'indulgence que manifestait déjà depuis longtemps l'opinion publique. On a vu davantage les tribunaux condamner au minimum de la peine ou user des circonstances atténuantes, faire un large emploi des mesures de faveur mises à leur disposition (1). Partout les barrières qui défendaient la société se sont peu à peu affaiblies quand on n'a pas travaillé à leur destruction.

Toutefois, les symptômes d'une réaction commencent à se manifester. Les jurisconsultes les plus éminents, des magistrats distingués ont demandé qu'on réagisse contre cet état de choses alarmant à plus d'un titre. Sans distinction d'école, ou d'opinions philosophiques, les criminalistes sont plutôt portés à demander une répression plus énergique. « Ainsi que le reconnut Servan,

---

(1) En police correctionnelle, sur 249.166 prévenus, 133.066 ont eu les circonstances atténuantes. Le sursis accordé en 1892 à 17.881 prévenus, l'a été en 1894 à 21.377.

l'adoucissement des peines a son époque, comme il a sa mesure (1). Il serait absurde de se figurer qu'on peut, en affaiblissant le système pénal, le perfectionner indéfiniment, et, si quelques philanthropes se repaissent encore de cette illusion, il est bon de la leur enlever. Quand la crainte du châtiment n'intimide plus le malfaiteur, la criminalité se développe. Non seulement la société ne doit pas encourager le crime, mais elle est tenue de le décourager. Or, depuis que la France, par exemple, note chaque année le nombre de ses crimes et de ses délits, l'accroissement des uns et des autres n'a point, pour ainsi dire cessé.

La série des cinquante dernières années (1838-1887) a commencé par 237 accusés ou prévenus, elle finit par 552 par 100.000 habitants. Dans ce demi-siècle, la criminalité de notre pays a donc augmenté de 133 pour cent. Il y a plusieurs manières d'expliquer cet accroissement déplorable ; mais comme aucune d'elles ne satisfait ni ne rassure l'opinion publique, il est impossible que la société ne se demande pas si, par amour de l'humanité, ses faiseurs de loi n'ont pas sacrifié les premiers intérêts de l'humanité (2) ? »

Si le législateur se décide à tenir compte d'avertissements aussi sages, nous croyons qu'il devrait le faire, non seulement dans le domaine de la pénalité proprement dite, mais aussi dans celui de la contrainte par corps. Si l'on veut restituer aux peines la sévérité qui leur convient,

(1) Discours sur la justice criminelle. Paris 1766.
(2) Arthur Desjardins. Crimes et peines. *Revue des Deux-Mondes*, 1er janvier 1891, p. 190.

il faut donner à la contrainte par corps le caractère intimidant et énergique qui lui est nécessaire.

Répondant, et au-delà à ce désideratum, M. Garofalo a proposé un système où l'on retrouve les exagérations, comme les qualités des théories positivistes. Inspiré d'un esprit de réaction salutaire contre la douceur excessive des lois actuelles, il porte aussi la marque de cette énergie brutale que laisse voir partout l'école italienne, et dans son ardeur à atteindre le but, il va bien au-delà.

M. Garofalo distingue tout d'abord suivant que le condamné est solvable ou insolvable.

Si l'accusé paraît solvable, dans le plus bref délai possible, il sera mis aux arrêts, s'il n'a payé la double amende (1) (nous dirions l'indemnité et l'amende). En aucun cas, il ne faudra lui donner une prorogation de terme, sauf s'il fournit une caution solvable. Les juges devront rigoureusement exiger que, si le paiement immédiat n'a pas lieu, on fournisse une caution satisfaisante. Si cette caution n'est pas fournie, tout délai sera refusé. Peu importe le mal qui en résultera : que l'on doive recourir à des emprunts ruineux ; pour la partie civile, le juge devra se montrer impitoyable. L'accusé sera laissé en prison jusqu'à ce qu'il ait complètement payé.

Si l'on prétend que l'on ne possède pas assez pour satisfaire ce que l'on doit, ou que l'on ne possède rien du tout, une personne chargée par le tribunal devra faire une information. S'il n'est pas possible de trouver trace de pos-

____

(1) L'amende due à l'État et celle due à la partie lésée. V. Sur ce dernier point, p. 168.

sessions, ou de droits liquides, on lui infligera le traitement des insolvables. Au cas opposé, au cas où l'insolvabilité est simulée, le coupable continuera à rester en prison jusqu'à ce qu'il ait payé. Il ne lui sera fourni que les vivres strictement nécessaires et le prix devra en être remboursé par lui.

Parmi les insolvables, M. Garofalo distingue ceux qui exercent une profession libérale et les simples salariés. Les uns et les autres doivent faire un prélèvement déterminé sur leurs gains, pour s'acquitter de leurs condamnations. Si les premiers manquent à leurs obligations, ils seront conduits dans un établissement public où ils pourront amener leurs instruments de travail. Au cas où ils ne leur appartiendraient pas ou ne pourraient être transportés, l'établissement pénitentiaire leur en fournira. Les produits seront vendus par les soins de l'administration, ou ils pourront être mis en vente dans les magasins du coupable à charge par le gérant d'en remettre le prix. Ce prix sera affecté aux dépenses d'entretien du condamné et à la réparation du dommage causé par le délit. Celui, pour qui la réclusion est un obstacle à l'exercice de sa profession : avocat, médecin, devra choisir un autre métier : copier des cartes, dessiner, traduire des livres, écrires des articles de journaux.

Pour les simples salariés récalcitrants, on créerait des compagnies d'ouvriers. Ces compagnies comprendraient non seulement les récalcitrants, mais tous les délinquants primaires de renommée douteuse, n'ayant pas un métier stable, ni la volonté, ou la capacité pour un travail utile. On y mettrait aussi les vagabonds et les oisifs, à cette différence que la durée de la coercition dépendrait de leur bonne volonté, non des paiements qu'ils feraient. Ces ouvriers récalcitrants recevraient « un salaire nominal non inférieur à l'ordinaire, mais qui serait retenu pour le paiement d'une amende à l'État, et pour le dédommagement à la partie lésée. L'ouvrier n'aurait droit à la nourriture qu'autant qu'il aurait dûment gagné sa journée de travail ». On le relâcherait après dédommagement, mais seulement s'il avait un emploi.

« Est-ce qu'on ne pense pas que c'est un moyen fort capable de faire reparaître tout à coup la somme qu'on croyait disparue et qui a été confiée à des mains amies..... Si la somme a été réellement dissipée, le coupable travaillera sans répit, pour dédommager la partie lésée ».

Ce genre de travail ne serait pas, affirme M. Garofalo, une concurrence pour l'industrie privée. On emploierait ces compagnies dans les travaux que l'État doit nécessairement faire exécuter : fortifications, ports, desséchements des marais. On ferait exclusion de toute idée de nouvel établissement industriel fondé par l'État expressément pour ces condamnés. On éviterait ainsi de décourager l'industrie libre. Enfin ce traitement n'aurait rien d'excessif : il aurait été voulu par les délinquants eux-mêmes, par leur négligence à acquitter l'indemnité, sauf pour ceux qui ne méritent aucune confiance, et qui seraient dès l'abord condamnés au travail forcé.

Restait une difficulté considérable, que M. Garofalo a dû aborder : le dommage causé peut être tel, qu'on ne puisse le réparer par un travail même longtemps prolongé. Tout d'abord, dit-il, on se montrera ici plus restrictif dans

l'évaluation du préjudice, on tiendra compte de la situation économique et sociale de l'offenseur et de la victime.
S'il s'agit d'un délit contre la personne, ou contre l'honneur, on pourra tenir compte de la condition personnelle
des deux parties. Mais ce n'est là qu'un palliatif insuffisant.
Aussi, l'auteur tente un nouvel effort, pour sortir de l'im-
passe où il est engagé.

S'il s'agit d'un dommage, dont la valeur est connue
avec précision, il faut bien calculer l'indemnité, quelque
soit la condition économique du condamné. Mais comment
exiger par le travail le paiement de 100.000 ou de 150.00 0
livres ? « Je réponds : dans ce cas, il est bien rare que
celui qui a fraudé une pareille somme ne puisse rien
rendre. L'impossibilité doit être présumée simulée jusqu'à
preuve contraire. On le menacera d'un emprisonnement
illimité, jusqu'à ce qu'il ait tout payé, y compris les frais
d'incarcération. Dans la majorité des cas, la somme re-
paraîtra comme par enchantement. »

Mais on peut acquérir la certitude à peu près complète
de l'insolvabilité non dissimulée, et ce cas est aujourd'hui
fréquent : presque tous les détournements de grosses
sommes sont faits par des gens qui perdent tout à jouer
à la Bourse. Dans de pareilles hypothèses, il faut bien reculer ; si déterminé qu'on soit à faire payer les délinquants,
il y a une limite qu'on ne peut pas dépasser. M. Garofalo
a dû le reconnaître lui-même. Une limite devra être établie, pour que l'offenseur ne devienne pas comme un es-
clave toute sa vie, qu'il puisse sortir de cet état. Une
durée maximum de cinq ans lui paraîtrait juste, si le
coupable travaille constamment de toute sa force, et dix

ou même quinze ans, si le dommage est très grave. S'il n'a pas fait tout ce qu'il peut, étant donnée sa condition intellectuelle et physique, la limite sera supprimée ; et l'homme oisif sera en présence d'une perspective de servitude illimitée. Si cela dure toute la vie, peu importe, cela ne devra pas paraître chose inique, si l'on considère la mauvaise volonté du coupable. Si par sa mollesse, il a peu travaillé, tant pis pour lui. Ce cas d'ailleurs n'arrivera jamais, ou très rarement, quand on saura que l'oisiveté ne sera pas récompensée et que la limite de la contrainte sera seulement pour celui qui a fait tout son possible (1).

Des propositions d'une telle vigueur à l'égard de tous ceux qui ont encouru une condamnation pécuniaire ont naturellement soulevé de vives protestations. On a souligné tout ce qu'il y aurait d'injuste, d'impraticable dans de pareilles mesures.

Adopter de pareils procécés, a-t-on dit, ce serait faire œuvre de démoralisation, parce que si l'on consulte la conscience populaire, il est facile de voir qu'elle serait rebelle à ces cruautés et à ce soin excessif de la réparation (2). Ensuite, quelles complications des fonctions de l'État ! Pour tous ces condamnés, il faudra créer des éta-

---

(1) Cette théorie est expliquée complètement dans l'ouvrage : *Ripparazione alle vittime del delitto*, p. 45 à 59, dont les pages précédentes sont le résumé. Elle se trouve résumée dans les rapports et discours du même auteur. V. aussi *Criminologie*, p. 353, 399 et 407.

(2) Le Code brésilien de 1831 (art. 32) a cependant admis qu'en cas de non paicment de l'indemnité, le coupable serait enfermé jusqu'à ce qu'il ait payé par son travail. Cela nous semble absolument excessif.

blissements publics d'arts et de métiers, des ateliers d'art ; pour poursuivre des réparations privées ; pour se recupérer de ses dépenses, l'État devra se faire commerçant courtier, encourager les arts et les études. En outre, l'organisation, la surveillance de ces compagnies de travail rencontreraient de nombreuses difficultés. Ces critiques nous semblent pleinement justifiées.

Il en est d'autres sur lesquelles quelques réserves nous semblent nécessaires. On a prétendu que ces compagnies d'ouvriers ne permettraient pas d'attribuer à la victime plus de 40 cent. par jour, soit environ 125 francs par an. Cela est peut-être exagéré. Sans espérer des sommes bien considérables, on peut faire fonds sur de meilleurs résultats.

Une autre objection a été présentée, on frapperait irrémissiblement beaucoup de familles, on les réduirait à la mendicité. Ce seraient pour les fils des coupables des conséquences irréparables ; on leur fermerait ainsi la voie d'une instruction possible, de toute éducation et de toute entreprise. La misère serait cause pour eux d'un abaissement moral et les conduirait au vice.

Et puis ne faudrait-il pas que l'État, ou les communes, pourvoient aux besoins de la famille, pendant que son chef serait détenu pour le paiement de la réparation (1). Ce sont là des faits assurément très graves, mais qui prouvent moins qu'on ne pense. Toutes les peines privatives de liberté produisent ces tristes effets pour les familles des

---

(1) Stoppato. *op. citato*, p. 218 et suiv. C'est à cet article que nous empruntons toutes ces critiques.

détenus. N'y a-t-il pas ici comme là l'intérêt supérieur qui doit faire passer par dessus ces conséquences regrettables, quitte à les atténuer ensuite par des palliatifs : la charité légale ou privée ?

On a objecté également que l'on faisait au travail libre une concurrence redoutable. Si les délinquants trouvent du travail, ils vont augmenter la concurrence, avilir la main-d'œuvre. Si au contraire, ils n'en trouvent pas, la charge de pourvoir à leurs besoins va retomber sur l'État. Nous ne voulons pas résoudre ici cette fameuse question de la concurrence du travail pénal et du travail libre. Nous répondrons simplement que l'objection présentée n'est pas décisive. On ne peut légitimement récriminer parce que tous les hommes valides travaillent, et qu'il y a trop peu d'oisifs et de paresseux.

Sous ces quelques réserves, nous nous associons volontiers aux critiques présentées. On ne peut qu'être frappé de ce qu'il y a de brutal et d'excessif dans ces réformes de l'école positiviste. Elles ont le tort de vouloir substituer à une indulgence trop grande parfois, une sévérité presque sans limite. Pour assurer la défense de la société elles font trop peu de cas de la justice que tout homme, quel qu'il soit, peut légitimement réclamer. Quelque considération que mérite la réparation civile, il ne faut pas pour elle arriver à des iniquités pires que celles du droit actuel.

Malgré cela, nous ne pensons pas qu'il ne faille tenir aucun compte des propositions de M. Garofalo. Ce serait un tort grave de négliger complètement les travaux d'une école qui est venue à son heure, pour réagir contre un trop grand affaiblissement de la répression. Sans les suivre jusqu'au bout, on peut s'engager dans la voie où se sont lancés les partisans des nouvelles théories. On peut réparer et transformer cette institution boiteuse de la contrainte par corps et en retirer un meilleur usage.

Pour cela, il faut tout d'abord lui donner un autre caractère. Quoique la nature juridique de la contrainte par corps soit assez indécise depuis la loi de 1867, par sa nature générale elle se sépare encore beaucoup d'une peine. Au fond, la contrainte n'est à l'heure actuelle qu'une voie d'exécution sur la personne. C'est une épreuve de solvabilité que l'on peut faire subir au débiteur qui ne paye pas, même sans son fait. Il a pu faire, pour payer, tous les efforts en son pouvoir, peu importe, il ne paye pas : cela suffit pour qu'il puisse être contraint par corps. Voilà, sous certaines exceptions, quelle est la doctrine générale du droit actuel, et quelle était surtout celle des différentes lois sur la contrainte par corps antérieures à celle de 1867.

Une législation bien faite, il nous semble, doit s'écarter dans une certaine mesure de cette conception, elle doit tendre à faire de la contrainte par corps, une sorte de peine, peine appliquée seulement au débiteur qui ne paie pas par mauvaise volonté. Ce qu'il faut de plus en plus chercher à faire — et nous croyons que c'est au fond la tendance générale, — ce n'est pas à emprisonner toujours le débiteur qui ne paie pas son créancier, mais celui qui, de mauvaise foi, ne paie pas ses dettes. Ainsi, la contrainte par corps s'éloignera de plus en plus d'une conception qui traite de même façon tous les débiteurs, sans souci de leurs bonnes ou mauvaises intentions. Désormais, elle devra être une punition pour le débiteur négligent, de mauvaise volonté, contre celui qui a fait disparaître ses biens frauduleusement, plutôt qu'une mesure appliquée sans distinction à tout le monde, infligée parce que l'on ne paie pas et rien que pour cela. Autant la contrainte par corps, comprise comme voie d'exécution sur la personne, applicable sans distinction, prête le flanc à la critique, autant la contrainte par corps, considérée comme peine *sui generis* pour les débiteurs de mauvaise foi, nous paraît échapper à tout reproche.

On sait quels griefs ont été invoqués contre cette institution. Tous portent à faux, si l'on ne fait plus de la contrainte qu'une peine éventuelle de la fraude. Dira-t-on qu'elle est injuste contre le délinquant, qu'on lui inflige ainsi une seconde peine pour le même délit, si par sa bonne volonté démontrée, il peut y échapper? Pourra-t-il se plaindre qu'on le traite plus durement qu'un autre, parce qu'il est pauvre, si la contrainte n'est encourue que par sa négligence et sa paresse? Tout reproche d'injustice serait donc sans valeur ; lorsqu'on a puni le délit, rien n'empêche de punir également le refus de le réparer. Pourrait-on soutenir encore qu'elle est immorale et peut constituer un moyen de pression à l'égard de la famille du délinquant, un véritable moyen de chantage pour l'amener à payer. Un pareil reproche tomberait de lui-même, si la preuve de l'insolvabilité fait cesser la contrainte. D'ailleurs on éviterait ce résultat plus immoral encore: laisser un délinquant narguer sa victime, faire exprès de ne pas la payer, sachant qu'elle ne peut rien contre lui.

La contrainte par corps étant ainsi considérée, nous arrivons à créer dans notre droit un délit nouveau: le débiteur qui de mauvaise foi ne paie pas sera considéré comme commettant un délit. Cela ne rappellerait en rien l'exécution *in personam* des Romains, dont M. Garofalo réclame le rétablissement. Cette exécution avait lieu, en effet, sans tenir compte de la bonne ou de la mauvaise foi, il en serait tout autrement des mesures que nous proposons. Rien ne rappellerait moins la dure maxime des temps primitifs : *qui non soluit in aere luat in cute.* Il y aurait plus de différence encore qu'il n'en existe entre la pénalité moderne et les anciennes vendettas.

Cette conception du débiteur de mauvaise foi commettant un délit, pour nouvelle qu'elle paraisse, ne l'est pas en réalité.

Dans notre droit français actuel, nous la trouvons appliquée. Qu'est-ce que le failli qui dissimule son actif, et que la loi déclare banqueroutier frauduleux (art. 591. Comm.) ? Qu'est-ce sinon un débiteur, qui de mauvaise foi ne paie pas ses créanciers ? Le failli qui a fait des dépenses excessives, et qui est déclaré banqueroutier simple, n'est-ce pas simplement un débiteur qui se met volontairement dans l'impossibilité de payer, ou qui augmente cette impossibilité (art. 585. 1° Comm) ? Plus net encore, le projet de Code pénal anglais de 1877, érigeait en une infraction punie d'un an d'emprisonnement le fait par un débiteur de faire disparaître ses biens pour tromper ses créanciers (1). Pourquoi n'établirions-nous pas une

(1) V. l'Etude de M. Van Swinderen sur ce projet. *Revue de droit international*, 1885, p. 484.

sorte de peine pour le délinquant qui ne prouve pas son impossibilité à indemniser sa victime ? A travers l'intérêt individuel, l'intérêt social se trouve atteint : il y a un devoir pour la société de réprimer un pareil fait.

La contrainte par corps étant conçue de cette façon deux conséquences en découlent aussitôt. 1° La contrainte par corps ne pourra être exécutée contre ceux dont la bonne foi est établie. C'est une idée que nous avons suffisamment mise en lumière pour ne pas y revenir. 2° La contrainte n'étant exercée que contre les personnes de mauvaise foi, ou d'une bonne volonté douteuse, on peut la rendre beaucoup plus sévère. Si nous laissons échapper les personnes qui méritent intérêt, nous pourrons nous montrer plus durs à l'égard de celles que nous atteindrons. Ce régime, en même temps qu'il sera plus équitable, sera donc aussi plus utile. Nous aurons moins à redouter de frapper des innocents, nous pourrons donc aggraver les mesures à prendre, créer une institution qui intimide véritablement les délinquants. Nous enfermerons moins de gens, nous les châtierons davantage.

Dans cette organisation nouvelle de la contrainte par corps, il faudrait tenir compte aussi d'une autre idée. Il faudrait orienter la répression de ce délit de fraude surtout de façon à faire payer l'indemnité Une atteinte légère en résulterait peut-être pour la société, mais ce serait peu de chose auprès de l'intérêt matériel qui serait ainsi satisfait. Lorsque la réparation est payée tardivement, une justice absolument exacte exigerait peut-être qu'une peine fut quand même appliquée, qu'il y eut un châtiment pour le retard frauduleux dans le paiement mais on peut penser qu'il est préférable de montrer ici quelque indulgence, de faire quelque sacrifice par utilité pratique.

Une autre dérogation, plus importante en apparence qu'en réalité, donnerait au délit que nous voulons établir une note un peu spéciale. En cas de non paiement, la mauvaise foi du débiteur se présumerait, ce serait à lui à prouver qu'il ne paie pas parce qu'il ne le peut pas. Cette dérogation aux règles ordinaires nous paraît nécessaire pour éviter les fautes possibles, c'est précisément le but de la contrainte par corps de réprimer les fraudes dont la preuve directe ne peut être fournie. En réalité, cette exception au droit commun est sans grand inconvénient. Une personne peut facilement montrer quels étaient ses biens antérieurs, et expliquer comment ils ont disparus, il serait au contraire très difficile de prouver directement la fraude. D'ailleurs, ne l'oublions pas, nous sommes en présence de délinquants, et cette règle, ailleurs très rigoureuse, l'est bien moins ici (1).

Enfin, le non paiement de l'indemnité constituerait encore un délit d'un genre particulier pour une dernière raison. Ce serait une peine éventuellement prononcée par le juge, au moment où il examine le premier fait dommageable. Ce serait quelque chose d'analogue à ces dommages-intérêts comminatoires, que les tribunaux civils prononcent comme sanctions de leurs jugements. En punissant le délit, le magistrat indiquerait une seconde peine, pour le cas où le coupable ne le réparerait pas.

______

(1) Si on voulait rétablir la contrainte de façon générale, nous croyons qu'il ne faudrait plus admettre cette règle.

Ces principes connus, il devient facile d'expliquer les changements pratiques à apporter, de donner une forme plus matérielle à nos idées, de montrer ce que serait la contrainte par corps avec cette physionomie nouvelle.

La contrainte par corps serait exercée contre toute personne présumée solvable, jusqu'à ce qu'elle ait payé, ou justifié de son insolvabilité. Pour cette preuve de l'insolvabilité, on exigerait d'autres preuves que celles actuellement demandées par l'article 420 Instr. Crim. Le certificat d'indigence délivré par le maire, accompagné d'un extrait du rôle des contributions est insuffisant. Il faudrait compléter ces attestations par une enquête administrative ou judiciaire. Ayant dès lors une preuve plus probante, on relâcherait immédiatement le délinquant, sans attendre qu'il ait subi moitié de la contrainte comme le fait la loi actuelle.

Quant aux personnes insolvables, dans le jugement de condamnation, le juge fixerait la quote part de leurs gains, qu'elles devraient verser mensuellement à leurs créanciers. Ce seraient de véritables termes de grâce que le juge concéderait ainsi au délinquant. Tant que le paiement serait régulier, la contrainte ne pourrait être exercée, ce qui serait très équitable. Mais si le délinquant manquait à son obligation, la contrainte apparaîtrait alors. Devant la mauvaise volonté du coupable, on userait des mesures de rigueur. Puisque le délinquant se montre récalcitrant, puisqu'il ne répond pas aux mesures de clémence prises à son égard, on le fera emprisonner.

Mais la contrainte ne constituerait plus une simple détention sans travail obligatoire, comme elle l'est actuellement. Le contraint par corps se trouvant enfermé pour un délit, serait obligé au travail comme tout autre prisonnier. En même temps, on réaliserait cette réforme si souvent réclamée (1) : on exempterait la victime de l'obligation de consigner les aliments.

Bien plus, puisque le prisonnier fournit un travail, une partie de ses gains devrait être employée à indemniser sa victime, absolument comme cela devrait se passer pour le pécule d'un prisonnier quelconque. Il est juste que son travail, comme celui du travailleur libre serve à désintéresser la partie lésée. On peut espérer qu'il ne serait pas improductif. La perspective de la liberté, pour le jour où il aurait acquitté sa dette, serait un stimulant de tous les instants à l'activité du prisonnier. La fin de son incarcération lui apparaîtrait comme la récompense de son labeur assidu.

En dehors du cas où le coupable se serait acquitté par son travail, la contrainte finirait aussi lorsqu'il aurait payé au moyen des valeurs qu'il tenait cachées jusque là. Elle devrait également prendre fin, ou ne pas avoir lieu, si le débiteur fournissait une caution solvable. C'est ce qui existe déjà actuellement, et ce qu'il faudrait conserver. D'ailleurs fournir une caution, c'est, sinon payer, du moins assurer le paiement. Il est de bonne politique d'accorder cette récompense, comme au cas de paiement, c'est augmenter d'autant l'efficacité de la réparation civile.

On libérerait également le condamné, lorsqu'on pourrait croire qu'il est plus disposé à s'acquitter de son obliga-

____

(1) V. notamment Proal. *Le crime et la peine*, p. 488. Bonneville, *Institutions complémentaires du régime pénitentiaire*, p. 54, note 1.

tion. Comme on veut surtout utiliser la peine pour arriver au paiement, il est inutile de retenir plus longtemps le délinquant sous les verrous. Mais cette libération ne serait que conditionnelle, il pourrait y avoir lieu d'enfermer à nouveau le débiteur, si, une fois libéré, il ne s'exécute pas encore.

Toutefois, il y aurait à ces mesures une limite. La durée de l'emprisonnement ne pourrait dépasser une certaine durée fixée par le juge. Cette durée aurait été fixée dans les limites d'un certain maximum légalement établi. Ce maximum inscrit dans la loi, ce serait la plus grande durée d'emprisonnement que mérite la mauvaise volonté à payer la victime. Peut-être même conviendrait-il d'admettre non pas un seul maximum, mais deux. Celui qui dissimule ses biens pourrait être enfermé plus longtemps que le simple salarié qui n'économise rien pour se libérer. Le fait du premier indique une mauvaise foi évidente ; le fait du second, pour condamnable qu'il soit, n'est après tout qu'une négligence. Quelle serait cette durée qu'on ne pourrait dépasser ? Tout chiffre serait forcément arbitraire. On ne peut fixer que des approximations. Nous serions en tous cas peu disposés à admettre les chiffres fixés par M. Garofalo, lesquels nous paraissent excessifs. La mauvaise volonté à payer ne peut mériter une détention aussi prolongée que celle qu'il propose. On pourrait, croyons-nous, s'inspirer avec raison des peines fixées pour la banqueroute simple ou frauduleuse par l'article 402 code Pénal (1). Il y a une certaine analogie

____

(1) D'après cet article, les banqueroutiers frauduleux sont punis

entre ces infractions et le délit assez spécial que nous proposons de créer. Dans les deux cas, on est en présence d'un défaut de paiement plus ou moins voulu. On pourrait tenir compte de ce fait pour fixer la durée de la peine. Nous proposerions toutefois d'établir ici des peines plus douces, car le commerce nécessite des rigueurs particulières. Cinq années d'emprisonnement total, en cas de dissimulation de biens, deux années dans les autres hypothèses, nous paraîtraient suffisantes, en tous cas plus équitables que ces détentions de dix, de quinze ans, ou même perpétuelles qui ont été proposées par les positivistes.

Cette théorie de la contrainte par corps pourrait, sans modification, s'appliquer au paiement des frais. Conviendrait-il de l'appliquer à l'amende ? C'est un point que nous n'aborderons pas, car on peut se demander si son paiement ne doit pas être sanctionné par un emprisonnement subsidiaire au lieu de l'être par la contrainte par corps, c'est une étude qui nous mènerait bien loin de notre sujet.

Telles sont les réformes qui nous semblent nécessaires dans le domaine de la contrainte par corps. Elles tiennent compte, dans une certaine mesure, des travaux des positivistes. Mais elles restent davantage dans une juste mesure de la pénalité, elles sont inspirées par une moindre rigueur, mais elles sont beaucoup plus équitables. En même temps elles nous paraissent échapper au reproche de faire trop

des travaux forcés à temps et les banqueroutiers simples d'un emprisonnemeut d'un mois au moins à deux ans au plus.

intervenir l'État dans les intérêts civils. On l'a dit avec raison : on comprend l'État vengeant les violations de l'ordre public, de la tranquillité sociale, mais le comprend-on séquestrant par force des débiteurs, à quelque catégorie qu'ils appartiennent (1) ? C'est là l'erreur capitale des positivistes, d'avoir pensé que l'État peut et doit faire payer les délinquants qui ne s'exécutent pas, qu'il doit procurer la réparation des délits par tous les moyens. L'État n'a pas à se mêler de ces difficultés. Ce qu'on peut lui demander, ce n'est pas de mettre en mouvement la formidable machine administrative, pour assurer le paiement d'une dette privée, mais de punir les délinquants qui veulent frustrer leurs victimes de l'indemnité, comme il punit les commerçants banqueroutiers. Cette mission d'intérêt public est évidemment dans le rôle de l'État. Les fraudes graves d'un débiteur ne menacent pas moins la sécurité des rapports sociaux que les vols, ou les escroqueries. Établir pour les réprimer une contrainte par corps sagement réglée, c'est donner aux personnes lésées les moyens de défense indispensables. Ce n'est pas se substituer à l'activité individuelle, c'est lui donner le soutien qui lui est nécessaire. Ce n'est pas non plus punir deux fois pour un même délit, ce n'est que punir tous les délits.

IX

Dans les nombreux travaux, auxquels on s'est livré récemment au sujet de l'extension des peine pécuniaires,

(1) Stoppato. *op. citato*, p. 220.

on s'est plus d'une fois demandé s'il ne conviendrait pas de sanctionner le non paiement de l'amende par l'interdiction des droits politiques. Des auteurs très autorisés en ces matières (1) : Bonneville de Marsangy, Schmölder se sont faits les défenseurs de ces théories, proposant de réputer le condamné récalcitrant failli envers l'État, ou de le priver du droit de vote (Ehrenzwang).

Il existe une ressemblance suffisante entre les moyens de rendre efficaces l'amende et la réparation civile, pour qu'on puisse se demander si ces moyens de contrainte indirecte ne peuvent être étendus de l'une à l'autre. La question peut d'autant plus se poser, que nombre de criminalistes, nous l'avons vu, préconisent l'établissement d'amendes en faveur de la partie lésée. Si l'on adopte leur système, on peut légitimement penser que les mêmes sanctions doivent rendre efficace le paiement des deux amendes.

Y a-t-il quelque raison d'admettre cette théorie ? Convient-il de mêler ainsi des questions d'ordre politique et d'intérêt purement civil ? De graves raisons peuvent le faire penser. C'est blesser la morale de permettre à ce délinquant rebelle à la justice d'exercer ses droits politiques, de prendre part aux affaires du pays. On peut justement le frapper d'indignité, tant qu'il ne s'est pas soumis. Quelle garantie d'honnêteté présente-t-il dans l'exercice de ses droits ? Sera-t-il plus scrupuleux pour les affaires publiques que pour ses affaires privées ?

Ces arguments méritent évidemment d'être pris en consi-

(1) Cf. Rosenfeld. Die Regelung der Goldstrafe. *Bull. de l'U. I. D. P.*, 3e année, p. 199.

dération. Toutefois la réforme ne pourrait avoir qu'une utilité limitée au point de vue de la réparation civile. La privation de tous les droits, ou de certains droits civiques, civils et de famille est déjà encourue à la suite des infractions les plus graves, sous le nom de dégradation civique, ou d'interdiction civique (art. 34 et 42 Pénal). Il serait dangereux de la faire cesser, quand le coupable n'a pas donné d'autres preuves de son relèvement moral que le paiement de l'indemnité. Il serait mauvais de restituer aussi facilement tous ses droits à un criminel, même pour rendre la réparation civile plus efficace.

A l'égard des autres condamnés, il faudrait les exempter d'une privation, même temporaire, de leurs droits, toutes les fois que le non paiement n'est pas motivé par la mauvaise volonté. Peut-on légitimement frapper un simple salarié dont les charges de famille absorbent tous les gains, s'il ne paie pas? Cela serait évidemment injuste. Cette privation temporaire des droits politiques ne pourrait donc qu'être facultative. Même dans les limites où on pourrait l'admettre, cette privation, nous le craignons, n'aurait qu'une efficacité bien minime. Bien peu de délinquants y seraient réellement sensibles. Le cas, toutefois, pourrait se présenter où un condamné serait disposé à des sacrifices pour rentrer dans ses droits de citoyen et, à cet égard, la règle pourrait présenter quelque utilité. Si exceptionnelle que soit son efficacité, il serait cependant admissible qu'on l'établisse. Mais les considérations d'ordre public et de moralité joueraient ici un plus grand rôle que les intérêts de la personne lésée.

On a proposé au congrès des jurisconsultes allemands

de Brême (1), d'établir un autre moyen de contrainte indirecte : l'interdiction des cabarets pour ceux qui ne paie-
raient pas l'amende. On a prétendu que dans les campagnes cette mesure pourrait avoir de l'efficacité. Pour un
peu bizarre que paraisse cette proposition, on peut ne pas
l'écarter de prime abord. Mais il est au moins prudent de
réserver son opinion. Surtout avant d'étendre cette mesure
au paiement de la réparation civile, il faudrait des essais
qui permissent de la juger.

(1) *Verhandlungen des 23° deutchen Juristentages*, p. **277**.

CHAPITRE III

LA RÉPARATION CIVILE ET LA RÉPRESSION

Le préjudice social et le préjudice individuel qui résultent du délit présentent entre eux un lien très étroit. Non seulement, c'est le même fait qui leur donne naissance à l'un et à l'autre, mais l'importance du préjudice individuel contribue souvent à fixer celle du préjudice social. Un vol, une escroquerie, la mise en circulation d'une traite fausse causent un trouble plus grand à mesure qu'il s'agit de sommes plus considérables. Le préjudice social passant pour se former au travers du préjudice individuel, en garde l'empreinte et se mesure plus ou moins sur lui. La même connexité ne devrait-elle pas exister aussi entre les sanctions dn préjudice social et individuel, entre la peine et la réparation ? Si le coupable, à quelque moment que ce soit, répare spontanément le dommage qu'il a causé, l'atteinte portée à l'ordre public en est certainement diminuée. Cependant la loi n'en tient expressément aucun compte (1). A-t-elle eu complètement raison ? Cela ne devrait-il pas avoir quelque influence sur la poursuite du délit comme sur la fixation de la peine ? Une certaine

(1) L'art. 623. *Instr. crim.* exige bien comme condition de la réhabilitation que le condamné justifie du paiement des dommages-intérêts, mais il n'exige pas que ce paiement soit volontaire.

dépendance de la répression vis-à-vis de la réparation ne serait-elle pas plus équitable, plus conforme à l'exact examen des faits ? On peut le penser. Peut-être faudrait-il renoncer ici à ce divorce complet des intérêts publics et privés ? Cette séparation, pour juste qu'elle apparaisse dans son principe, est peut-être exagérée, creusée trop avant. Pour utile qu'il soit d'y insister à l'école, il ne faut pas négliger ce qu'il y a de commun, de connexe entre les deux choses. Ce sont comme deux rejetons de la même souche qui, pour prendre des directions différentes, n'en doivent pas moins se protéger mutuellement. Notre loi sur la réhabilitation n'a eu garde de l'oublier. Inspirées par ces idées, plusieurs tentatives ont déjà été faites dans diverses législations, des propositions nombreuses ont eu lieu dans le domaine de la science. Elles ont eu pour but de mettre parfois la poursuite dans une dépendance plus grande de la personne lésée, plus souvent de diminuer la peine lorsque le dommage a été réparé, Ce sont ces mesures, éparses dans de nombreux travaux, que nous allons examiner et apprécier. Elles constituent le prolongement des moyens de contrainte indirecte que nous avons étudiés au chapitre précédent : la contrainte par corps, la privation des droits politiques. Si le coupable en effet peut être sûr que la réparation du dommage l'exemptera de la poursuite, ou diminuera sa peine, il sera puissamment encouragé à indemniser sa victime. Dans quelle mesure des innovations de ce genre sont-elles possibles sans nuire à l'intérêt général, sans affaiblir la répression ? C'est un point très délicat que nous allons chercher à résoudre.

I

A l'époque barbare, et pendant une partie du Moyen âge, la poursuite des crimes restait aux mains des personnes lésées exclusivement. Dès que le pouvoir prit quelque conscience de son rôle, il sentit tous les inconvénients d'un pareil système, qui laissait souvent le crime impuni et la justice désarmée. Trop faible encore pour heurter de front un principe très ancien, l'autorité usa de détours. On peut suivre dans les vieux auteurs les moyens curieux, je dirais presque amusants, qu'elle employa pour réduire peu à peu le principe de la poursuite, propriété de la victime (1). L'institution du ministère public y ouvrit la brèche la plus grave, qui ne cessa de s'agrandir avec le développement de cette utile institution. Le monopole de l'action publique échappa de plus en plus aux particuliers lésés. Mais, même sous l'empire de l'ordonnance de 1670, la partie civile restait encore maîtresse de l'action, si le délit n'emportait pas une peine afflictive (2). Cela même a disparu. Aujourd'hui l'État reste maître incontesté de la place. Quelques rares délits exigent seuls une plainte de la personne lésée : dans tous les autres cas, le ministère public peut librement poursuivre, malgré la victime, en dépit du dédommagement qu'elle a reçu. Ce serait évi-

____

(1) V. L'intéressant exposé de **M**. Esmein. *Histoire de la procédure criminelle*, p. 43 et suiv., cf. Tardif. *Procédure criminelle au XIIIe et au XIVe siècle*, p. 141.

(2) V. Esmein. *op. cit.* p. 221.

demment un avantage pour les personnes lésées de disposer de l'action publique. Le coupable pourrait spontanément se décider à réparer, s'il était sûr d'échapper ainsi à toute poursuite, si le ministère public ne pouvait plus le traduire ensuite devant le tribunal répressif. On peut trouver en ce sens plusieurs législations, qui ont admis un nombre important de délits privés. On peut citer notamment le droit norvégien, la législation allemande, quoique le nombre de ces délits ait été réduit en 1876, le projet du Code pénal suisse, qui exige la plainte de la partie lésée pour certaines infractions assez graves : les lésions corporelles (art. 62), l'abus de confiance (art. 73), les détournements (art. 75 de la 2e rédaction) (1). Dans tous ces cas, la victime a à sa disposition un moyen de contrainte indirecte énergique. Tenant en sa main la poursuite pénale, elle peut menacer de l'exercer, si elle n'obtient pas réparation.

M. Prins s'est montré le partisan déterminé de ces mesures et il a avec insistance demandé le rétablissement des délits privés (2) comme moyen d'obtenir réparation de délits ayant causé un faible dommage. M. Garofalo s'est montré au contraire l'adversaire non moins déterminé de ce système. « Un simple citoyen, dit-il, devient ainsi l'arbitre de la fonction sociale, de la répression. C'est à lui de juger s'il est convenable de faire subir une peine à un

---

(1) Il y avait aussi un certain nombre de délits privés dans les codes de Naples et de Sicile.

(2) Rapp. au congrès de Christiania. *Bull. de l'U. I. D. P* p. 129, cf. même *Bull.* 1re année, p. 158. — Cf. van Swinderen. Projet de code néerlandais. *Revue de droit international*, 1877, p. 273.

violateur d'une loi sociale, s'il faut enfermer un délinquant
ou le laisser libre. L'Etat lui demande : voulez-vous qu'on
empêche cet escroc de profession de dévaliser d'autres
personnes, ou bien souhaitez-vous qu'il fasse aux autres
ce qu'il vous a fait à vous-même. Cela a quelque chose
de tellement étrange qu'on peut se demander si nous
n'allons pas en revenir à ces temps où le peine n'était
que la vengeance de l'offensé ou de sa famille » (1).

Cette dernière opinion nous paraît en définitive la plus
sûre. Il serait évidemment sans inconvénient que la poursuite dépendît de la victime, lorsqu'il n'y a pas à redouter
que le délinquant récidive. Mais peut-on fixer *a priori*,
d'une façon générale, les délits pour lesquels cela n'est
pas à craindre ? Ne risque-t-on pas de laisser la société
désarmée devant des individus dangereux ? Le vœu de
la loi serait que le coupable ne soit pas poursuivi, seu-
ment s'il a réparé. Serait-il réalisé ? N'arriverait-il pas
souvent que la victime négligente sachant son agresseur
insolvable, renoncerait à se plaindre, même sans avoir
reçu de satisfaction ? Les mêmes raisons qui firent
autrefois créer le ministère public se retrouvent, croyons-
nous, dans tous les délits. L'indolence des personnes
lésées ne doit pas empêcher la répression de faire disparaître le trouble social du délit. L'expérience d'ailleurs,
ne paraît pas favorable aux délits privés. L'Allemagne,
en 1876, a réduit le nombre de ces infractions, et au
Congrès de Bruxelles. M. Seuffert, un délégué allemand,
déclarait que cette réduction n'était pas encore assez con-

(1) *Criminologie*, p. 349. — cf. *Ripparazione*, p. 40. V. en ce
sens Zucker. Rapp. au congrès de Paris précité.

sidérable et que la nécessité d'une plainte devait selon lui être toute exceptionnelle. C'est d'ailleurs ce système qui paraît exister dans la majorité des législations européennes.

Terminons ce chapitre par une remarque En fait, sinon dans la loi, il existe chez nous quelque chose d'analogue à la théorie des délits privés. Sonvent, à la campagne, la victime d'un délit très léger menace le coupable, s'il ne lui fournit pas une certaine réparation, ou ne donne pas une certaine somme aux pauvres, de déposer une plainte au parquet. Le délinquant, pour éviter la dénonciation, est bien obligé d'en passer par là, et le ministère public, ignorant le fait, ne le poursuit pas. Pratiquement, on arrive donc, pour ces infractions légères, au même résultat que si elles constituaient des délits privés. On a les avantages de ce système sans en avoir les inconvénients : car, si l'infraction présentait une certaine gravité, le bruit en viendrait aux oreilles du procureur ou de ses subordonnés et il y aurait poursuite.

II

A défaut de ces délits privés, comme moyen de contrainte indirecte, ne pourrait-on user d'une répression plus douce à l'égard du délinquant qui, spontanément, a réparé le dommage causé ? Une disposition de ce genre ne serait-elle pas une utile invitation à indemniser la victime ? Une réduction assurée de la peine pousserait plus d'un coupable dans la voie du repentir actif. Dans notre droit actuel, le délinquant qui, de lui-même, a rendu l'objet volé ou offert une indemnité à sa victime peut, en fait, compter sur l'indulgence des magistrats ou du jury. Les circonstances atténuantes, qui peuvent être appliquées pour tout motif, pourront lui être reconnues. Parfois même, on verra le jury, poussant plus loin l'indulgence, accorder un verdict d'acquittement. Mais ce ne sont là que des faveurs librement données, le tribunal répressif restait maître de ne tenir aucun compte du repentir ainsi manifesté. Peut-être serait-il meilleur de mettre au coupable le marché à la main, de lui assurer une diminution de peine dès qu'il a réparé le dommage.

C'est ce qu'ont fait, à l'étranger, de très nombreuses législations (1). Il faut citer, parmi les principaux pays : l'Italie où, avant le Code actuel, cette disposition se trouvait déjà dans le Code de Toscane ; les principaux cantons suisses : Tessin, Vaud, Unterwald, Oberwald, Berne, les Grisons, Fribourg, Thurgovie, Schwitz. Toutefois le projet de Code pénal suisse n'a pas reproduit ces dispositions : il permet simplement d'accorder les circonstances atténuantes lorsqu'après le délit on montre un repentir sincère (2). Une législation analogue à celle des cantons suisses existait aussi dans les législations du sud et de l'ouest de l'Allemagne : la Bavière (nov. de 1816, art. 11) la Saxe ducale, la Saxe royale, la Saxe Altenbourg, la Saxe Weimar, la Saxe Meiningen, la principauté de Schwarz-

______

(1) On trouvera dans un article de M. Brusa. *Efficacia della ripparazione* (*Rivista penale XXIX* p. 5.) un exposé très complet des législation européennes sur ce point.

(2) Art. 39 du 2e avant projet.

bourg Sonderhausen, la Thuringe, le Hanovre, le Wurtemberg, le duché de Bade, le duché d'Oldenbourg. Cela existe aussi en Autriche ainsi que dans l'île de Malte. Enfin des dispositions du même genre se retrouvent dans le projet de Code autrichien de 1874, dans le projet croate de 1879 et le projet rédigé par M. Zuppeta pour la république de Saint-Marin.

Toutes ces législations, tous ces projets, présentent un trait commun : elles n'accordent de faveur au coupable repentant que s'il a commis un délit contre la propriété. Et encore cette règle ne s'applique pas à toutes les infractions de cette espèce. Toutes l'appliquent au vol même qualifié. Mais si quelques unes s'en tiénnent là, la plupart se montrent plus larges, elles réduisent aussi la peine en cas d'appropriation indue par fraude, infidélité ou abus de confiance comme le projet de Code russe, tantôt en cas d'abus de confiance, d'administration frauduleuse, d'appropriation indue de chose trouvée, de fraude et de circonvention de mineur comme le Code toscan (1). Par contre, on a généralement exclu de la liste les vols avec violence ou menace auxquels la loi de Toscane joignait les vols sacrilèges et les actes de pirarerie, et quelques lois suisses, les dommages sans but de lucre. Au total, toutes ces dispositions étaient assez restreintes comme application.

Quelles conditions exigent ces différentes lois pour accorder une réduction de peine au coupable repentant ? Certaines accordaient une diminution de pénalité que la réparation fût totale ou partielle, la diminution étant

____

(1) Le projet croate contenait des dispositions analogues. V. Ullman. Bemerkungen an ersten Theile etc. Gerichtsaal, 1880.

moindre toutefois dans ce second cas (1). Mais ce n'était pas, semble-t-il, le plus grand nombre. Beaucoup de législations n'accordent de faveur au coupable que s'il y a eu de sa part réparation totale (2). Il en est ainsi notamment dans le nouveau Code italien (art. 411). Ce système a été l'objet de justes critiques. S'il y a réparation totale dans cette législation, la peine est diminuée du tiers, au contraire, s'il manque seulement un centime à la réparation, comme elle n'est plus que partielle, il n'y a plus que des circonstances atténuantes et la diminution est seulement d'un sixième. Une telle rigueur, a-t-on dit, se comprend dans des lois qui promettent l'impunité totale au cas de réparation volontairement faite, comme cela a lieu en Autriche ou dans la Saxe royale. Cela ne se comprend guère si l'on inflige encore un châtiment à celui qui efface entièrement le dommage causé. Le projet suisse nous paraît, sur cette question, donner la formule la plus juste lorsqu'il parle du coupable qui a autant qu'il était en son pouvoir réparé le préjudice causé par le délit (3). On échappe par là au reproche fait à bon droit aux autres législations de créer une loi plus favorable pour les riches que pour les pauvres (4) : on apprécie le repentir actif d'après l'intention plutôt que d'après les résultats obtenus.

(1) V. en ce sens lois de Bavière, de Saxe royale, de Wurtemberg, de Thuringe, des Grisons.

(2) Lois de Saxe Altenbourg, Weimar, Meiningen, Sonderhausen, Hanovre, Wurtemberg, Bade, Autriche, Tessin, Vaud, Unterwald, Oberwald, Berne, Malte.

(3) Il emploie cette formule (art. 23 et 50) à propos des condamnations et libérations conditionnelles.

(4) V. les observations de M. Precone. *Actes du 1er Congrès d'anthropologie criminelle*, p. 374.

Plusieurs codes exigent aussi que la réparation soit faite par le coupable lui-même (1). Le Code autrichien, plus libéral, accorde les mêmes faveurs quand le délit est réparé par un complice (art. 187). Plus libéral encore, mais à tort, selon nous, le projet autrichien de 1874 et après lui le projet croate accordaient leurs faveurs même si le délit était réparé par un tiers quelconque.

Autre condition imposée par toutes les législations sur la matière : la réparation doit être volontaire de la part du coupable. Certaines législations allemandes paraissaient exiger encore plus en demandant que le coupable ait agi librement.

Une dernière condition est imposée pour que la réparation, volontairement faite, diminue ou supprime la peine : le dommage doit avoir été effacé dans le délai fixé par la loi. Quel est ce délai ? Rien ne varie plus suivant les législations. Ici, comme dans la loi badoise (art. 692), il suffit que la sentence pénale ne soit pas en force de chose jugée. Là comme dans les lois de Saxe Altenbourg, de Weimar ou du Tessin, il faut que la réparation ait lieu dans les vingt-quatre heures. La plupart des législations demandent seulement qu'elle ait lieu avant l'ouverture de l'instruction, dit l'une, avant dénonciation à l'autorité(Code autrichien, art. 187), ou toute recherche du dommage (2), disent d'autres, ou alors que l'on n'était pas suspect, comme dit la loi du royaume de Saxe (art. 296), expressions à peu près équivalentes, entre lesquelles il n'y a qu'une nuance.

(1) V. Code Bavarois 1813, art. 227, Code de Thuringe (art. 48) Code de Hanovre (art. 299).
(2) Loi de Thuringe, art. 49.

Quel effet produit la réparation volontaire faite dans les conditions prévues par la loi ? Ici variété plus grande encore. Non seulement cet effet diffère suivant les législations, mais, dans chaque législation, il diffère suivant les délits. Quelquefois c'est une impunité complète et de plein droit, comme dans le Code vaudois, la loi de Saxe royale, et les projets autrichien et croate (1), faveur peut être exagérée, surtout si on ne la refuse pas aux délinquants de profession. Quelquefois, c'est l'impunité complète, mais seulement facultative : Il en est ainsi dans le Code du canton de Berne, pour le cas d'appropriation indue, (art. 221), dans celui des Grisons et de Schwitz, pour les vols simples ou qualifiés, sauf quelques exceptions toutefois. Mais la plupart des législations ne se sont pas laissé aller à cette indulgence excessive, qui peut nuire souvent à l'intérêt social. Elles accordent, ordinairement, un simple adoucissement de la peine. Tantôt, c'est une réduction d'un tiers, comme dans la loi badoise, (par 295), dans la plupart des lois saxonnes, dans le Code italien, dans le Code de Fribourg ou celui de Berne (2). Tantôt, c'est une réduction de moitié, comme dans le Code de Wurtemberg, dans celui du Hanovre, de Hesse ou de Toscane. Quelquefois la peine est abaissée d'un ou de plusieurs degrés, comme dans le Code maltais (art. 306), et différents projets de Code italien (3).

(1) Toutefois la loi saxonne excluait le cas de vol avec escalade ou effraction et le Code Vaudois limite cette règle aux vols, escroqueries et appropriations indues.

(2) Dans ces deux dernières lois cette réduction ne s'applique qu'au vol.

(3) Notamment ceux déposés en 1867, 1868 et 1874.

A cet exposé rapide des législations étrangères, nous devons joindre l'exposé du projet présenté sur ce point, au Congrès de Rome, par M. Fioretti. Celui-ci a admis dans son principe l'influence du repentir actif sur la peine, mais il en a proposé une application bien plus large que les essais timides tentés jusqu'ici. Les cas où la réparation volontaire diminuerait la peine de plein droit seraient non plus l'exception, mais la règle : ils comprendraient les délits contre les personnes comme les délits contre les biens. On ne ferait plus d'exception absolue que si le crime entraîne la mort ou l'internement dans un asile d'aliénés criminels. Une différence cependant serait maintenue selon qu'il s'agirait de délits contre les personnes ou de délits contre les propriétés. Tenant compte de ce fait qu'un délit contre les personnes n'est jamais aussi réparable qu'un délit contre les biens, qu'une indemnité, si grande fut-elle, ne peut jamais effacer complètement des violences ou des blessures, la réduction de peine serait moindre dans le premier cas que dans le second. La durée de la peine serait réduite du quart au lieu de l'être de moitié, comme s'il s'agissait d'un délit contre les biens.

Le principe d'une réduction de la peine en cas de réparation spontanément faite par le coupable a rencontré dans la science pénale des défenseurs nombreux (1), et surtout il peut s'appuyer par des raisons d'une grande valeur. Comme l'a dit fort justement Bonneville de Mar-

(1) V. Prins Rapp. cité. *Bull. de l'U. I. D. P*, 3e année, p. 133. Garraud II, n° 12 p. 17. Flandin. Rapp. au Congrès de Paris. *Bull. de la commission pénitentiaire*, III, p. 70. Bonneville de Marsangy. Discours de rentrée au tribunal civil de Reims et *Institutions complémentaires* p. 27.

sangy, la peine se détermine par trois données : le dommage causé, le préjudice porté à la société par le mauvais exemple, la crainte de la perversité du coupable. De ces trois raisons de punir deux se trouvent effacées par cette réparation volontaire : le dommage n'existe plus, le coupable allant au-devant de la condamnation, effaçant de lui-même les suites de son crime donne à la société un gage irrécusable de son amélioration morale. Ce repentir qui agit, qui se traduit par des actes, est un repentir sincère, il peut suffisamment garantir qu'il ne récidivera pas.

C'est donc une règle d'équité, de permettre au juge une plus grande indulgence, lorsqu'il y a repentir actif.

Ce n'est pas, comme on l'a dit à tort, accorder une récompense au délinquant qui accomplit volontairement son devoir. En soi, faire ce à quoi on est moralement obligé, ne saurait mériter une récompense. Mais cette spontanéité à s'exécuter, surtout tant qu'on peut espérer n'être pas découvert, n'être pas condamné, cela dénote chez le délinquant un état d'esprit, dont on ne peut pas ne pas tenir compte. Ce n'est pas l'acte que l'on considère, c'est le sentiment qu'il reflète.

Dans les législations où les circonstances atténuantes ne sont pas admises d'une façon générale, il est juste de les autoriser en cas de repentir actif. C'est d'ailleurs ce que fait le projet de Code pénal suisse. En France. les circonstances atténuantes étant toujours possibles, une semblable disposition serait moins utile.

Mais cette atténuation, résultant de circonstances atténuantes, reste toujours facultative. Les tribunaux ou les jurés restent libres de ne pas l'accorder. Ne serait-il pas préférable de rendre la diminution de la peine obligatoire pour le juge ? La perspective certaine d'une punition plus douce ne déterminerait-elle pas plus souvent le délinquant à réparer son crime ? De même qu'on promet d'avance l'impunité au dénonciateur de certains crimes (1), ne pourrait-on aussi faire d'une diminution de peine le prix du repentir actif ? Transformer ainsi l'atténuation de facultative en obligatoire pourrait peut-être présenter un inconvénient. Le coupable pourrait réparer uniquement pour bénéficier de l'indulgence de la loi. Sûr d'être découvert et condamné, il réparerait spontanément, mais cela ne dénoterait pas chez lui un repentir sincère. Utile sans doute à la réparation, cette mesure pourrait énerver la pénalité. A vouloir adopter dans la loi ces mesures trop précises de la pénalité si fréquentes dans certains Codes récents, on risque de fausser les faits au lieu de les apprécier plus exactement.

Ce danger que nous signalons nous paraît particulièrement à redouter dans les législations de la Saxe royale ou de Vaud, qui accordent une impunité complète et obligatoire en cas de restitution. C'est pour cette raison que nous n'approuvons pas le vœu adopté sur ce point par le Congrès de l'Union internationale de droit pénal de Christiana. D'après ce vœu, pour les infractions légères contre la propriété, il n'y aurait pas à prononcer de peine si, en temps opportun, le coupable a indemnisé la victime (2). M. Prins demandait même, à ce propos, qu'il fût établi

_____

(1) V. l'art. 108 du Code pénal.
(2) Nous avons indiqué plus haut (p. 266) comment en fait on obtenait le même résultat sans en avoir les inconvénients.

des ordonnances de renvoi conditionnelles. Le juge d'instruction ayant renvoyé l'affaire devant la juridiction de jugement, ce renvoi serait non avenu si, avant l'audience, la victime avait été indemnisée. Tout cela nous semble critiquable. La défense sociale y perdrait plus qu'elle n'y gagnerait : la répression pourrait être énervée si l'on donnait au coupable un moyen assuré d'éviter toute punition.

Nous avons signalé l'inconvénient possible d'un acquittement obligatoire en cas de réparation spontanée, l'affaiblissement de la pénalité qui en pourrait résulter. Doit-on pour cela rejeter à jamais de nos lois de pareilles dispositions ? Nous ne le pensons pas. Une atténuation réduite de la pénalité : du tiers, ou du quart, par exemple, sans désarmer la société pourrait rendre la réparation plus fréquente. Même obligatoire dans tous les cas, elle ne porterait aucun ombrage ni à l'intérêt social, ni à une bonne justice, quelque doute planât-il encore sur le repentir sincère du coupable. Un crime reparé est toujours amoindri dans sa gravité, par ce seul fait que le préjudice individuel n'existe plus, le préjudice social qui le reflète, en est atténué.

Le principe d'une atténuation étant admis, il faudrait en régler l'application, en fixer l'exacte limite dans l'infinie variété des problèmes que présente la science pénale. Nous ne saurions discuter toutes ces questions de détails ; complications inévitables de l'institution, au milieu desquelles se sont débattues et se débattent encore les législations étrangères. Une pareille étude nous entrainerait beaucoup trop loin. En outre pour nombre de points, il faudrait connaître l'opinion des magistrats étrangers qui ont à appliquer cette institution, il serait périlleux de vouloir se prononcer à *priori*, sans faire appel à l'expérience.

Nous pensons cependant qu'il serait dangereux d'admettre une atténuation légale de la peine, lorsque le dommage résulte d'un délit contre les personnes : l'indemnité tout d'abord n'efface jamais qu'incomplètement le préjudice : elle ne peut effacer une blessure, comme une perte d'argent. En outre, le caractère emporté des délinquants nécessite souvent une peine sévère, pour empêcher un nouveau délit. Et cet peine peut-être nécessaire, quelle que soit, pour le moment, la sincérité du coupable repentant.

III

Le préjudice social, et par suite la peine, qui en est la sanction, présentent un certain rapport avec le préjudice individuel. Dans une certaine mesure le trouble social se modèle sur l'étendue du dommage, s'étend, ou se restreint avec lui. Peu à peu dégagée de la réparation par le lent travail des siècles, la peine garde encore avec celle-ci d'autres liens qu'une commune origine historique. Ces deux choses ont toujours entre elles ce trait commun de dérouler du même fait : le délit. L'existence de ce lien ne doit-elle pas se refléter dans l'application du sursis comme dans la fixation de la peine ? De même que l'on peut tenir compte du repentir actif pour appliquer une condamnation plus douce, ne pourrait-on également en tenir compte, pour accorder une condamnation conditionnelle ?

En vertu de la loi du 26 mars 1891, le juge peut en condamnant un délinquant à la prison ou à l'amende lui accorder un sursis à l'exécution de la peine ; ce sursis d'abord provisoire, devient définitif après cinq ans. Le juge limité toutefois par certaines conditions est libre d'accorder le sursis pour tel motif qui lui plaît. Il est maître de sa décision, maître aussi des raisons qui doivent la guider. L'obliger à accorder le sursis, lorsque le coupable a réparé le dommage, il n'en saurait être question. Il faut s'en remettre aux tribunaux, si l'on veut que cette faveur ne soit accordée qu'à bon escient. Il faut conserver à tout prix à cette mesure, son caractère facultatif, si on en veut tirer de bons résultats. Le coupable qui a réparé peut-être indigne du sursis. Cela d'ailleurs n'a jamais été proposé.

Mais tout au moins, ne pourrait-on pas faire de la réparation spontanée une condition nécessaire du sursis ? Avant d'accorder au coupable une mesure, qui peut aboutir à une exemption complète de peine, ne pourrait-on exiger de lui ce témoignage de son repentir, lui demander dans son passé un gage de sa conduite future ? Le sursis est une faveur très grande pour celui qui en est l'objet. Ce n'est pas se montrer trop sévère d'en limiter ainsi l'application, de se refuser à l'accorder au hasard. En exigeant cette condition, on empêcherait des gens indignes de profiter de cet avantage. En même temps, on rendrait plus fréquente la réparation civile. Beaucoup de délinquants, pour pouvoir profiter de la loi de 1891, indemniseraient d'eux-mêmes leurs victimes. Celles-ci retireraient profit d'une pareille mesure sans que la répression en souffrît.

Malgré la valeur de ces raisons qui nous paraissent décisives, les législations en vigueur ne font nullement du repentir actif, une condition du sursis. Il en est ainsi dans la loi française de 1891, comme il en était déjà dans la loi belge de 1888. Cela tient certainement au peu de soin qu'ont pris les législations des intérêts des personnes lésées.

Par contre, ces idées ont trouvé plus de faveurs dans les congrès internationaux. Lorsqu'en 1890 les condamnations conditionnelles furent discutées au congrès de Saint-Pétersbourg, celui-ci exprima le vœu que le législateur, en les adoptant, « ait en vue les intérêts de la sécurité sociale et ceux de la partie lésée ». Au congrès de Paris de 1895, il fut demandé dans plusieurs rapports, en termes un peu vagues parfois, que le sursis fut accordé seulement si le préjudice avait été réparé (1). Les mêmes idées ont trouvé place dans l'avant-projet de Code pénal suisse. D'après l'article 50, le sursis peut être accordé pour les peines moindres de six mois de prison, pourvu que le délinquant « ait, autant qu'il était en son pouvoir, réparé le dommage causé par lui ». Il est bon de noter au passage cette formule qui est très heureuse : elle permet en effet, de tenir compte de la situation pécuniaire

____

(1) V. les rapp. de Mme Lidia Poët et de M. Flandin précités. M. Garofalo, au Congrès de Bruxelles fit une proposition aboutissant à peu près au même résultat. Il demandait que le sursis ne fut accordé que du consentement de la partie lésée. Sous cette forme, le projet fut justement critiqué, comme soumettant l'intérêt public à l'intérêt privé. *Bull. de l'U. I. D. P.*, 1re année, p. 149 et suiv.

des délinquants, de ne pas rendre la loi plus sévère pour les pauvres que pour les riches.

Ce n'est pas la seule façon dont on ait cherché à faire servir la condamnation conditionnelle aux intérêts de la personne lésée. Cette première combinaison de la réparation et du sursis une fois formulée, on en a proposé une autre. M. Prins a demandé au congrès de Christiania que pour les délits légers on prononçât « une condamnation conditionnelle avec obligation de réparer le dommage pour échapper à l'exécution de la peine. Si le coupable acquitte le montant de la condamnation civile dans les délais que le tribunal lui fixe, la condamnation à la peine sera non avenue. » Sous cette forme, l'acquittement de la réparation ne serait plus la condition du sursis, mais la condition pour que le sursis accordé devienne définitif. L'adoption pure et simple d'un pareil projet ne serait pas toujours sans danger. Ne pas fixer au coupable un autre délai d'épreuve que celui qu'il mettrait à s'acquitter envers sa victime, ce serait aboutir fatalement aux plus grandes inégalités. Le délai d'épreuve serait presque supprimé pour le délinquant jouissant de quelques biens : autant vaudrait un acquittement pur et simple. La menace de la peine resteterait suspendue plus ou moins longtemps selon que le coupable serait plus ou moins riche, trouverait à emprunter, selon que le dommage serait plus ou moins grand. Pour la plupart de ces délits légers, le délai d'épreuve serait beaucoup trop court. L'intérêt privé se trouverait ainsi protégé aux dépens de la justice. Sous cette forme, la proposition est inadmissible.

Toutefois, on pourrait utilement s'en inspirer, permettre au juge d'établir un double terme pour le délai d'épreuve. Une disposition motivée du tribunal pourrait décider qu'après cinq ans la condamnation sera non avenue, seulement si le dommage a été réparé. Les faits sont ici trop variables, les hypothèses se ressemblent trop peu : une loi stricte ne peut intervenir, seul le juge placé en face des espèces particulières peut le faire utilement : il convient tout au moins de lui en laisser le pouvoir (1).

IV

Ce que nous avons dit au paragraphe précédent au sujet de la condamnation conditionnelle, nous pourrions le répéter, presque mot pour mot, à propos de la libération conditionnelle. Pourquoi ne pas faire luire ici l'espoir d'une libération plus proche aux yeux du prisonnier, s'il fait quelques efforts pour indemniser sa victime ? Par ce moyen moins de personnes lésées resteraient impayées. Rien ne serait ici de nature à nuire à la répression. Serait-ce se rapprocher des temps où la poursuite et la peine étaient à la merci des particuliers ? Serait-ce subordonner l'intérêt public à l'intérêt privé ? Faire dépendre d'un intérêt secondaire cet utile essai de la liberté qu'est la libération provisoire ? Nullement. C'est faire état d'un des éléments qui peuvent le mieux prouver l'amendement

______

(1) Des mesures de ce genre se comprennent alors même qu'on exige pour accorder le sursis le repentir actif, si l'on demande seulement comme le projet suisse qu'on ait réparé autant qu'on pouvait le faire.

du condamné. S'il fait des efforts pour payer sa victime, s'il demande à ses parents, ou à ses amis de la payer en son nom, on peut penser que son amendement se réalise, qu'il a le sentiment moral de sa faute, qu'il veut maintenant vivre en honnête homme. Il y a là un indice de son relèvement, dont une bonne administration pénitentiaire doit tenir compte.

Mais ce qu'on peut exiger du prisonnier, est-ce toujours la réparation complète du dommage ? Faut-il admettre cette pénalité difforme, dont la fortune du condamné jetterait le sort ? Non, il faut mesurer l'effort pécuniaire aux facultés du coupable, n'exiger de chacun que ce qu'il pouvait raisonnablement donner, faire seulement de cette obligation ainsi atténuée la condition de la libération conditionnelle (1).

Quant à ne rendre la libération définitive qu'au jour où le condamné a payé toute sa dette, M. Prins et M. Garofalo se sont faits dans les congrès les défenseurs de cette idée. Nous ne croyons pas devoir l'admettre, tout au moins dans les termes à peu près absolus où elle a été formulée. Le système actuel a l'avantage d'être juste, de ne pas établir de différence suivant l'importance du dommage, suivant le travail plus ou moins lucratif du libéré. L'un chargé d'une nombreuse famille, attendrait peut-être dix ou quinze ans, avant d'être définitivement libéré, tel autre sans charge de ce genre, ayant des amis, trouverait facilement à emprunter, ou pourrait, par son travail, se libérer en

____

(1) C'est ce qu'exige le projet de Code pénal suisse. L'article 23 se sert des mêmes expressions que l'article 50 sur le sursis, que nous avons cité plus haut.

quelques mois. Si l'on veut entrer dans la voie que nous examinons, on ne peut qu'admettre une simple faculté pour l'administration de soumettre la libération définitive à la réparation du dommage. Ou bien encore, on pourrait n'accorder la libération définitive après le délai ordinaire que le condamné a fait preuve d'un certain zéle à se libérer comme il doit avoir fait preuve de bonne conduite. Sous cette forme restreinte seulement, les propositions de M. Prins nous paraissent admissibles (1).

V

Il nous reste à indiquer une dernière faveur, pour l'obtention de laquelle on voudrait exiger la réparation du dommage : c'est la grâce.

Cette exigence n'est pas nouvelle. Elle existait dans notre Ancien Droit. Les lettres de grâce, de rémission ou de rappel de ban contenaient toujours cette clause : « satisfaction faite à la partie civile, si faite n'est » (2). Cette mention a aujourd'hui disparu. Les décrets de grâce se bornent à réserver les intérêts civils. Y aurait-il lieu d'imposer législativement un retour à l'ancienne pratique ? Nous ne le pensons pas.

Outre la difficulté constitutionnelle qu'on rencontrerait ici, le président de la République jouissant d'un droit absolu, en vertu de la constitution de 1875, une pareille

______

(1) Rapp. au Congrès de Christiania. Cf. Flandin. Rapp. cité et Zucker rapp. cité.

(2) V. Practique de Masuer, éd. Guenoys, p 565. Cf. Breuillac. Des recours en grâce, p. 26 et Bonneville, *Institut. complém.*, p. 65.

mesure n'est guère compatible avec le rôle que doit jouer
la grâce dans nos institutions judiciaires. Il peut être nécessaire d'accorder cette faveur sans condition, pour satisfaire l'opinion publique (1). Les intérêts des victimes,
bien que respectables, doivent s'effacer devant cet intérêt
majeur. Nous souhaitons seulement que l'administration
tienne compte de la réparation effectuée, l'exige si c'est
possible, avant de présenter un recours en grâce. Cette
pratique pourra donner de bons résultats. « Toutes les
fois que, sollicité par les familles d'obtenir la grâce, dit
Bonneville de Marsangy, le ministère public a exigé la
réparation préalable, elle a eu lieu » (2). Cette affirmation
d'un magistrat distingué mérite considération.

On peut encore signaler, dans un ordre d'idées analogues, une disposition de l'ancien Code autrichien, d'après
laquelle la prescription ne profite « qu'à celui qui s'est ef-
forcé autant que possible d'indemniser la partie lésée. »
(art. 208). Nous sommes ici en complet désaccord avec
M. Bonneville de Marsangy qui préconisait cette règle
parce que, dit-il (3), la prescription est une sorte de grâce.
Que la prescription soit une faveur, sans doute, puisque
c'est une promesse d'impunité. Mais qu'il faille considérer
ici l'intérêt de la victime, c'est toute autre chose. Il y a des
raisons majeures pour qu'après un certain temps, le crime

---

(1) On a des preuves morales de l'innocence du condamné. Elles ne
suffiraient pas pour faire reviser le procès, il peut être utile de grâcier
sans condition.

(2) Discours au tribunal de Reims. L'effet d'une pareille pratique
serait à considérer, si l'on songe qu'en 1894, 2032 condamnés ont bé-
néficié de mesures de clémence.

(3) *Institutions complémentaires*, p. 88.

ou le délit ne puisse être poursuivi. De quel œil l'opinion publique considérerait-elle une répression intervenant après vingt ou vingt-cinq ans après. En vain répéterait-on qu'on le fait, parce que la victime n'a reçu aucune satisfaction, on ne verrait dans cette justice tardive qu'une mesure dont l'opportunité est sujette à caution. Un arrêt intervenu quand le temps a déjà effacé le crime, serait toujours suspecté d'erreur. Loin de renforcer dans l'opinion publique le respect de la loi pénale, il serait, au contraire, la source d'une réaction contre cette même loi. Le Code a donc sagement fait d'établir la prescription sans condition, il y a là des nécessités de fait auxquelles on ne peut échapper.

VI

La réparation civile, d'après l'opinion que nous avons soutenue, pénètre déjà largement dans la répression. La réparation spontanée procure une réduction de la peine. Avant d'accorder le sursis, la libération conditionnelle, la grâce, les intérêts de la victime sont pris en considération. Depuis 1852, une large place leur est faite dans la réhabilitation (1). Une seule idée domine toutes ces réformes. On pourrait la résumer par ce mot de Bérenger : le repentir, c'est toujours de l'innocence. Indemniser sa victime, arrêter les effets de son acte délictueux, c'est en effet, chez le coupable, l'indice d'une certaine moralité, la preuve

____

(1) Article 623. Instr. crim. modifié par la loi du 14 août 1885, art. 10.

d'un amendement spontané, c'est rendre moins nécessaire le châtiment, puisque le relèvement moral du délinquant est déjà accompli.

Dans la voie où nous nous sommes ainsi engagés, les positivistes italiens ont été beaucoup plus loin. Les moyens de contrainte indirecte que nous avons proposés ont chez eux une vigueur et une énergie toute particulière. Préoccupés des vengeances possibles de la victime, peu portés pour ce qu'ils nomment avec dédain « un éclectisme doucereux », ils ont réellement voulu mettre la peine au service de la personne lésée, faisant de la réparation accordée la condition indispensable des faveurs nombreuses que le législateur moderne accorde aux délinquants dignes d'intérêt (1).

Pour radicaux que soient ces projets, ils ne sont qu'un pâle reflet, une image bien estompée des propositions émises par un des plus illustres philosophes contemporains, par H. Spencer (2).

Spencer a été frappé de ce fait que les condamnations sont fixées par les juges comme par la loi d'une manière arbitraire. « L'équité veut, dit-il, que la contrainte imposée au criminel soit suffisante pour assurer le salut de la société, mais non pas plus grande. S'il s'agit de déterminer le genre de contrainte à imposer, l'application de ce principe n'est pas difficile, mais elle le devient grandement s'il s'agit d'en fixer la durée... Actuellement la durée des peines prononcées est fixée d'une façon tout à fait

----

(1) V. notamment Mme Lidia Pœt. Rapport au Congrès de Paris, 1895.

(2) La morale de la prison. Article publié dans la *Quaterly Review*, juillet 1860. Il se trouve inséré dans les *Essais de morale, de science et d'esthétique*, II, p. 311, trad. française.

empirique ». Les lois fixent pour chaque crime un genre de peine avec un maximum et un minimum, mais elles procèdent arbitrairement, sous l'inspiration du sens moral et non du danger social que cause chaque criminel. Entre les limites ainsi établies, le juge exerce son pouvoir discrétionnaire, mais celui-ci considère uniquement le genre particulier de la faute, les circonstances où elle a été commise, le caractère présumé du prévenu. Au total la fixation de la peine est une pure affaire de sentiment. Les effets de cette méthode sautent aux yeux. « Chaque jour, on voit des peccadilles frappées d'emprisonnements très longs ; et, chaque jour des criminels si insuffisamment punis, qu'à tout instant ils commettent de nouveaux crimes, ne faisant jamais que passer en prison ».

A ce système arbitraire, il faudrait substituer ce qu'il nomme lui-même « une sorte de régulateur automatique pour régler la durée de la détention », un ensemble de règles qui fasse mieux concorder la durée de la contrainte avec les convenances de chaque cas particulier.

Or, celui qui commet le mal, qui trouble ses concitoyens dans leur activité peut être légitimement requis de défaire autant qu'il se peut le mal qu'il a fait. « Ce principe, dans un très grand nombre de cas, suffirait à déterminer une peine dont la durée serait proportionnelle à la grandeur de l'offense. Il est vrai que, si le malfaiteur est riche, la restitution serait en général, pour lui, une faible peine. Mais si, dans ces cas, en somme peu nombreux, cette règle est insuffisante en ce qui concerne l'effet à produire sur le criminel, toutefois, dans l'immense majorité des cas, dans tous les cas où l'agresseur est pauvre, elle agirait avec efficacité. On exigerait une période de détention, dont la longueur varierait avec la gravité de l'injustice et avec la paresse ou l'habileté au travail de l'agresseur. Sans doute, il n'y a pas de rapport constant, ni exact, entre l'injustice commise par le coupable et la corruption de son cœur : toutefois, la gravité de l'injustice est, en général, une base plus sûre pour déterminer la correction convenable que les votes des majorité dans les Chambres et l'humeur des juges ».

La réparation une fois accomplie, le criminel pourrait être mis en liberté dès qu'il trouverait une caution pour répondre de sa bonne conduite. Et même, si le coupable n'avait commis qu'un délit léger, la délivrance suivrait immédiatement la restitution achevée.

Par ce système le droit pénal se trouverait métamorphosé jusque dans ses bases les plus profondes. De délaissée qu'elle est aujourd'hui, du second plan où elle se trouve placée, la réparation se trouverait appelée au premier. La peine se trouverait presque effacée : ce ne serait plus qu'un accessoire, un complément. La situation relative des deux sanctions du crime se trouverait intervertie : la peine s'exécuterait sous forme de réparation. Le moyen de contrainte le plus énergique serait par là assurée à la partie lésée. Son intérêt deviendrait de nouveau la mesure de la répression. Une détention perpétuelle serait la seule perspective ouverte au délinquant paresseux qui refuserait de s'acquitter. Quelque utilité que la victime put tirer d'un pareil système, il n'en serait pas moins mauvais pour l'intérêt général.

Nous n'avons pas à insister sur l'insuffisance de cette

répression pour les crimes les plus graves, pour toutes les infractions commises par des personnes riches. Ce sont là des points sur lesquels il a même cherché quelques palliatifs (1). Signalons seulement l'autre aspect du système, celui qui en fait un moyen de contrainte indirecte en faveur de la personne lésée : celui qui fait de la réparation du délit la condition indispensable pour être libéré. Que d'injustices en seraient la suite nécessaire! Tel individu dont le crime a manqué, pourra en quelques jours, réparer le dommage, tel autre dont le crime a réussi restera détenu des années, et pourtant tous deux sont également coupables. Selon que la victime sera telle ou telle personne, le préjudice sera plus ou moins grand et la durée de la peine variera. Tel délinquant plus habile au travail sortira de prison au bout de quelques mois, tel autre, infirme, ne gagna que très lentement de quoi indemniser sa victime. M. Garofalo lui-même, ordinairement peu enclin à l'indulgence a pensé que ce système aboutirait souvent à des cruautés excessives. « Un banqueroutier devrait travailler toute sa vie, dit-il, ce serait un véritable esclavage. Il y aurait dans cette répression un caractère de cruauté incompatible avec la civilisation moderne. Une limite de la durée maxima da la coercition serait la première modification à faire aux propositions de Spencer» (2).

D'ailleurs ces conclusions sont en opposition tranchée

____

(1) Il déclare notamment que, pour les crimes les plus graves, on refusera la caution qui s'offrirait à répondre du coupable. Mais qui fixera ces crimes? Il faudra donc s'en remettre au vote des Chambres et à l'humeur des juges. Cette concession affaiblit évidemment le système.

(2) *Ripparazione alle vittime del delitto*, p. 22.

avec les principes sur lesquels Spencer revient le plus souvent au cours de son étude. On peut sauvegarder sa liberté,
dit-il, mais « la morale n'autorise rien de plus, ni châtiment ni vengeance ». « Nous devons laisser au coupable
autant de vie qu'il se peut sans nuire au salut de la société.»
« On dit couramment que le criminel perd tous ses droits,
il se peut que la loi parle ainsi, mais non pas la justice ».
Ces sages maximes s'accouplent mal avec les conséquences
auxquelles la théorie aboutit. Faut-il d'ailleurs s'étonner de
ces résultats ? Comment en serait-il autrement avec ce
système de répression pour ainsi dire mécanique ? La peine
étant déterminée, indépendamment de la gravité morale du
délit, indépendamment de la perversité du coupable, elle
ne peut l'être que d'une manière aveugle et arbitraire,
elle doit heurter la justice autant que l'intérêt social.

VII

L'examen de ces divers projets permet de dégager les
principes qui gouvernent les rapports entre le préjudice
social et le préjudice individuel, qui doivent gouverner
ceux entre la réparation civile et la peine.

Le point de départ du préjudice social étant le délit, ses
diverses circonstances impriment sur lui une marque plus
ou moins profonde, en augmentent ou en diminuent l'importance ; le préjudice individuel le fait comme tout autre.
Il est bien certain qu'un vol de vingt ou trente mille francs
émeut plus l'opinion publique qu'un abus de confiance ou
une escroquerie minimes. Mais le préjudice individuel

n'est jamais qu'un des éléments qui déterminent l'importance du préjudice social. A dommage égal, deux crimes peuvent jeter dans la société un trouble bien différent. Un homicide par imprudence cause-t-il la même émotion qu'un assassinat? Et le meurtre d'un parent n'inspire-t-il pas plus d'horreur que celui d'un étranger?

Ces principes sont évidents : ils ne doivent pas être perdus de vue. Leur marque doit se retrouver dans les rapports entre la réparation et la peine. Le dommage causé à la victime est un des éléments qui donnent vie au préjudice social, s'il vient à disparaître, celui-ci s'affaiblit et il est juste d'en tenir compte pour diminuer la peine.

Dès que le préjudice individuel a disparu, de quelque façon que ce soit, que le coupable ait payé malgré lui, qu'un de ses parents ait volontairement payé en son nom, l'ordre matériel se trouvant rétabli, l'ordre social s'en ressent dans une certaine mesure. Mais cette mesure est assez faible, cependant, pour que la latitude laissée au juge suffise partout à l'apprécier.

Toutes les fois que la réparation est fournie par le coupable lui-même, elle présente un autre caractère. Produisant pour le coupable une diminution de son patrimoine, elle lui cause en même temps une souffrance, quelque soit le nom juridique qn'on lui donne, en fait, elle constituera comme un supplément de peine. Le délinquant qui, sorti de prison, aura encore à payer à l'offensé une indemnité de dix ou quinze mille francs, va se trouver châtié très sévèrement. Non seulement il se sera trouvé privé de sa liberté par l'emprisonnement, mais il se trouvera atteint dans ses biens par la réparation. Cette nouvelle souffrance

qu'il va avoir à subir, quel compte faut-il en tenir dans la
pénalité ? Il serait injuste de n'en tenir aucun. Deux crimes
peuvent dénoter chez leurs auteurs une égale perversité et
causer un préjudice très différent. Il est équitable que la
peine soit établie en sorte qu'un traitement équivalent soit
imposé aux deux coupables. Pour celui qui doit l'indemnité la plus forte, la peine proprement dite sera atténuée
d'autant. Le juge pourra se rapprocher davantage du minimum, ou attribuer les circonstances atténuantes. En ce
sens, nous admettons que la réparation peut constituer
une nouvelle forme de la pénalité. Dans cette légère
mesure, nous admettons que l'indemnité peut tenir lieu de
peine, mais nous ne pensons point que cela puisse jamais
aller jusqu'à exempter le coupable de tout autre châtiment.

Reste un dernier lien à établir entre la réparation et la
répression. Lorsque le criminel donne volontairement satisfaction à sa victime, la peine doit en subir le contre-
coup. Quel est, en effet le but de la peine ? C'est de répondre à l'idée de justice qui se trouve au fond du cœur de
tous les hommes d'assurer la protection de la société en
détournant le malfaiteur de recommencer, et les autres
individus de l'imiter. Ces raisons, sans toutefois disparaître
s'affaiblissent si le coupable a volontairement réparé son
crime. S'il a fait tout ce qui était en lui pour effacer le
mal qu'il a causé, il a, par cela même, donné une preuve de
son repentir, preuve dont on doit tenir compte. Il a
donné un gage de son relèvement moral qui le rend plus
digne des diverses faveurs légales : sursis, libération conditionnelle, réhabilitation.

Voilà dans quelle mesure, assurément restreinte, la

peine et la répression doivent être unies ensemble, jusqu'à quel point elles nous semblent solidaires. Nous l'a-
vons précédemment constaté, certains criminalistes ont
été beaucoup plus loin dans cette voie. Préoccupés d'assurer à tout prix la réparation du dommage, ils ont voulu
établir, entre la réparation et la peine, une cohésion que
la nature des choses ne comportait pas. Leurs propositions nous paraissent exagerées. Si nous croyons. comme
eux. que le droit moderne pousse trop loin la séparation
entre les effets civils et pénaux de l'infraction, nous ne
croyons pas que l'on doive réagir contre cette idée au
point de confondre deux choses bien distinctes.

CHAPITRE IV

Pour obtenir réparation, la personne lésée peut appeler en justice son agresseur, les coauteurs et les complices. Tous ceux qui ont participé de près ou de loin au délit sont exposés à ses poursuites. Elle peut s'attaquer à quiconque a sciemment favorisé l'infraction. Elle peut aussi diriger son action contre un certain nombre d'individus qui n'ont pas participé au délit : ce sont les personnes civilement responsables : parents, commettants, etc. Ces différentes personnes, pour nombreuses qu'elles puissent encore paraître, ne sont que bien peu auprès de ce qu'elles furent dans d'autres phases de la civilisation.

Partout les peuples primitifs ont tendu à rendre responsable des faits de l'individu l'unité sociale à laquelle il appartenait. Tant que les clans ou les familles se maintinrent forts dans leur cohésion, tant que ces groupes, sous leurs formes diverses, formèrent dans l'universelle tourmente des premiers âges comme autant d'îlots, dont les éléments se prêtaient un mutuel soutien, les membres du groupe répondirent l'un pour l'autre de leurs délits. Ces petites sociétés, que la nécessité de la défense maintenait plus fortes, devaient protéger l'étranger contre les actes de leurs membres, comme elles protégeaient leurs membres contre les exactions du dehors, solidaires pour la réparation comme pour la vengeance. Nous voyons cette institution fleurir d'un même éclat chez les peuplades de la Guinée, comme dans la Bohême ou la Russie du XIVe siècle. Elle se trouve dans les statuts des cités italiennes comme, sous une autre forme, elle existait déjà dans les lois d'Hoël qui rendaient le seigneur responsable des faits de ses vassaux (1). Là où la coutume ne l'établit pas, les rois la créent, comme Edouard le Confesseur qui forma tout son royaume en friborgs dont les membres répondaient les uns des autres (2).

Quand peu à peu l'ordre fut moins troublé, les groupes s'atténuèrent, ces responsabilités disparurent, tombèrent en désuétude, comme des branches mortes qui se détachent du vieil arbre de la civilisation. Il ne resta plus que nos responsabilités précises et limitées qui supposent une faute plus ou moins apparente du responsable. Les législations étrangères, qui se sont, en général, placées sur le même terrain, ne diffèrent guère de la nôtre que par des points de détail. Parties des mêmes principes, elles ont abouti aux mêmes conséquences (3). Elles ne peuvent donc nous offrir ni une méthode, ni des exemples, si l'on veut conserver le point de vue actuel.

Mais déjà, éternel retour des choses de ce monde, cette théorie des responsabilités civiles qui paraissait une théorie morte, momifiée dans le cadre étroit qu'elle avait

_____

(1) V. de Courson. Institutions féodales des Bretons *Rev. Wolowski*, XXIX, p. 292.

(2) V. J. Tissot. *Revue critique*, 1859, p. 132.

(3) V. toutefois sur la responsabilité des parents. Congrès pénitentiaire de Rome. Documents, p. 433.

adopté depuis plusieurs siècles, semble reprendre une nouvelle vie. Un nouveau rameau commence à se dresser sur cet arbre racorni. Des travaux récents, plusieurs tentatives législatives, peu fructueuses il est vrai, indiquent que cette théorie prend une direction toute nouvelle, ou plutôt se rapproche de ce qu'elle était autrefois. La responsabilité civile de ceux qui ont directement facilité le crime étant insuffisante, la liste des individus civilement responsables n'étant guère susceptible d'accroissement (1), on a voulu obliger les groupes à répondre des délits de leurs membres. Mais avec l'individualisme qui sévit de plus en plus, devant l'effacement presque complet des groupements sociaux naturels, une seule association paraissait encore assez forte pour pouvoir être chargée de cette responsabilité : c'était l'État. C'est ce retour sous une autre forme aux responsabilités anciennes que plusieurs législations ont tenté et qui a été récemment préconisé sous le nom de caisse des amendes.

La nécessité de donner un nouveau débiteur à la personne lésée pour lui faire obtenir une réparation plus certaine, est manifeste. Quelque serré et bien combiné que puisse être le réseau dans lequel on enferme le délinquant, les cas où la victime obtiendra satisfaction complète, resteront toujours limités. « Où il n'y a rien, le roi perd ses droits », disait un vieux proverbe populaire. Il est bien difficile de le faire mentir. Il y a des insolvabilités absolues en présence desquelles on ne peut rien ; il y a chez les délinquants des misères telles, qu'on ne peut songer à

____

(1) V. Cependant la théorie de la solidarité de famille émise par M. Saleilles *Théorie de l'obligation*, p. 372.

obtenir la plus faible somme. Quelque déterminé qu'on soit à se montrer énergique, il y a des impossibilités matérielles et morales, devant lesquelles il faut s'arrêter.

Il faut ajouter à cela, et ce n'est pas le côté le moins inquiétant du problème, le nombre effrayant d'infractions dont les auteurs restent inconnus. Après avoir montré l'augmentation du nombre des délits, qui a passé de 394,000 en 1880, à 536,000 en 1893, l'auteur de la statistique criminelle en France pour cette année s'exprime ainsi : « La proportion des affaires que le parquet a cru devoir mettre à l'instruction a subi à l'inverse une proportion décroissante. Le nombre des classements sans suite a progressé avec celui des affaires, mais ce qu'il importe surtout de remarquer, c'est l'augmentation numérique des abandons de poursuite, parce que les faits présentant d'ailleurs les caractères de crimes ou de délits sont restés inconnus, ou parce que les charges contre les auteurs présumés sont restées insuffisantes.

Ce nombre qui, en 1830, était de 33.731, est, à l'heure actuelle, de 91.397 dont 17 assassinats, 28 meurtres, 1110 incendies volontaires, 605 abus de confiance, 1859 escroqueries, 72.000 vols, etc. Il y a donc à l'heure actuelle près de 20 0/0 des délits qui restent sans réparation, parce que les auteurs n'ont pu en être découverts (1). »

(1) Il faut, en effet, ajouter à ces classements sans suite du parquet les ordonnances de non-lieu rendues par les juges d'instruction pour le meme motif. Sur ce point, la statistique de 1894 nous donne d'intéressants renseignements. Elle indique 89 382 affaires laissées sans poursuites parce que les auteurs du fait étaient restés inconnus ; d'autre part, il y a eu 1700 ordonnances de non-lieu pour le même motif, et 7386 parce qu'il n'y avait pas de charge suffisantes contre les auteurs désignés.

En présence de ces faits, on comprend que l'on ait pu dire que l'unique solution du problème était de faire intervenir l'État pour la réparation pécuniaire des délits, en instituant une caisse des amendes. Cette caisse serait administrée par le ministère de la Justice, et elle aurait pour but de contribuer à rendre effective la réparation due aux victimes du délit.

L'idée de cette institution n'est pas absolument nouvelle : elle remonte à plus d'un siècle. On la trouve pour la première fois dans le Code de Toscane de 1786 (art. 46, Codice Leopoldino), qui créait, avec le produit des amendes, une caisse destinée à indemniser les victimes d'erreurs judiciaires et les personnes lésées dont l'indemnité restait impayée. Malheureusement, cette disposition ne fut jamais exécutée. Plus tard, elle fut reprise sans succès par Duport dans le projet de Code d'Instruction criminelle qu'il présenta à l'Assemblée constituante. Elle fut admise également dans le Code pénal des Deux-Siciles de 1815. D'après l'article 35, les amendes, ainsi que les sommes encaissées provenant des garanties, cautions, cautionnements, ou du prix des objets confisqués, étaient destinés à indemniser les innocents poursuivis et ensuite les parties indigentes dans le cas où les coupables n'en auraient pas le moyen. Les résultats ne furent pas plus heureux qu'en Toscane : l'institution n'exista jamais que sur le papier. La troisième tentative de ce genre n'eut pas plus de succès : elle fut faite en Espagne dans le Code pénal de 1850 qui, plus général que ses devanciers, disait : l'État doit indemniser, à défaut du condamné, la victime du crime ou délit (art. 123). Tout se borna à l'inscription de cette maxime dans la loi. Depuis, de nouveaux essais ont été faits dans le Code pénal portugais, et le Code pénal de la Basse-Californie a créé, lui aussi, un fonds commun *de indemnizacione* (art. 361 et 362). Ces dispositions ont-elles été exécutées, si elles l'ont été, quels résultats ont-elles produit ? C'est ce que nous n'avons pu savoir.

Sans se lasser de ce triple insuccès, les criminalistes contemporains ont généralement proposé l'établissement de ces caisses des amendes et leurs projets ont été tout récemment pris en considération par le Congrès pénitentiaire de Paris. D'après les idées éparses au milieu des travaux des Congrès, cette caisse fonctionnerait à peu près de la façon suivante : Elle recevrait tout d'abord, et ce serait la plus importante de ses recettes, tout le produit des amendes et des confiscations. Bien qu'à l'heure actuelle, les amendes perçues atteignent à peine trois millions (1), on fonde sur elles les plus grandes espérances. On sait, en effet, que la tendance actuelle de la science pénale, tendance suivie par les législations et les projets les plus récents, est de faire aux peines pécuniaires une place importante dans la pénalité. On a largement, trop largement peut-être, escompté ces réformes pour augmenter, dans une grande proportion, le chiffre des sommes perçues. Au produit de ces amendes s'ajouterait une portion prélevée sur le pécule du condamné. La plupart des positivistes italiens y joignent les indemnités dues à la victime, quand celle-ci se refuse à accepter la somme offerte (2).

(1) En 1893, il a été perçu 2.973.195 fr. ; en 1894, 3.018.148 fr.
(2) V. en ce sens. Fioretti. Rapport précité. — Garofalo *Ripparazione*, p. 45. — Ce point a été justement critiqué par M. Stop-

Quel rôle jouerait cette caisse des amendes dans la réparation des délits ? Le Code espagnol et le Code de Toscane, nous l'avons vu, différaient déjà sur ce point. Et, aujourd'hui, les représentants de la science pénale sont loin d'être d'accord.

Les uns, comme M. Fioretti, sont assez modestes dans leurs prétentions. D'après cet auteur, la caisse des amendes n'interviendrait qu'exceptionnellement. Si le crime a fait perdre à quelqu'un ses moyens d'existence, et si le criminel est insolvable, elle fournira à la victime une rente annuelle de 1,200 fr. au plus. Si l'offensé faisait vivre des membres de sa famille, il sera attribué à chacun d'eux une rente de 600 fr. En outre, lorsque la personne lésée se trouve privée d'aliments, le tribunal, ou même les juridictions d'instruction peuvent lui attribuer provisoirement une pension mensuelle de 200 fr. au plus, payable par la caisse des amendes.

Ces propositions si modérées, si précises ne paraissent pas avoir été beaucoup suivies. La plupart des partisans de la réforme ont visé beaucoup plus haut, ils aspirent à faire tenir une plus large place à la caisse des amendes. Au lieu de ce simple palliatif, pour éviter les abus les plus criants, pour empêcher qu'un crime pût réduire les gens à la misère, ils ont voulu que l'État, par la caisse des amendes, se présentât comme le redresseur de tous les méfaits, vînt réparer tout les torts injustement causés.

pato. Si, par générosité, dit-il, on se contente de la peine proprement dite, cela ne doit pas tourner à l'avantage d'un tiers. Quand le particulier se refuse à poursuivre la réparation du dommage, ce refus fait devenir d'intérêt général la poursuite de ce à quoi le particulier renonce.

Toute personne lésée pourrait s'adresser à la caisse des amendes, dès qu'elle ne pourrait obtenir satisfaction du coupable. Quelques-uns même demandent qu'on aille plus loin, que l'on supprime toute restriction à l'intervention du pouvoir social. « Je voudrais, a dit un positiviste au congrès de Rome (1) que l'État se rendît cessionnaire des droits de la victime et leur donnât satisfaction, et cela spécialement dans les crimes de sang, et qu'il contraignit ensuite par un travail forcé l'offenseur insolvable à la réparation de sa dette contractée envers l'État ». Pour les partisans de cette opinion, les prélèvements à faire sur les appointements du coupable ou le pécule du prisonnier seraient versés à la caisse des amendes qui aurait d'avance payé l'indemnité à la victime. La caisse interviendrait ainsi dans tous les cas comme intermédiaire entre le délinquant et sa victime (2).

On peut le voir par l'exposé de ces arides détails sur la caisse des amendes, les projets sur ce point ne sont pas complètement d'accord, ils diffèrent même sensiblement, ce qui rend plus difficile d'en apprécier la valeur. De toutes façons, on ne peut se dissimuler les obstacles budgétaires que l'établissement de cette caisse des amendes rencontrerait. Comment l'État n'hésiterait-il pas à renoncer au produit des amendes ? C'est une recette de trois millions, et seule elle lui permet de compenser les pertes par lui faites sur les frais de justice criminelle (3).

(1) M. Lioy. V *Actes du Congrès d'anthropologie criminelle*, p. 377.
(2) C'est notamment l'opinion de Garofalo. *Ripparazione*.
(3) En 1893, l'État a déboursé pour la justice criminelle 5.333.567 f.

Nous parlons simplement pour l'État d'une perte de trois millions ; c'est, nous le croyons, être trop modeste dans les évaluations. Si l'État doit, comme on le propose, réparer entièrement tous les délits, dès que les coupables ne peuvent le faire, trois millions sont bien insuffisants pour obtenir ce résultat. Les statistiques actuelles (1) ne donnent malheureusement aucun renseignement sur l'importance des dommages causés par les crimes et délits. Mais si l'on consulte le nombre des crimes qui causent ordinairement le plus grand préjudice matériel, on se demande avec anxiété jusqu'où l'État serait engagé, en voulant indemniser complètement les victimes. La statistique des crimes dont les auteurs sont restés inconnus, est à elle seule très significative. Pour toutes ces infractions, l'État serait forcément responsable. Certaines, il est vrai, n'ont causé qu'un faible préjudice, on peut néanmoins supposer que les obligations de la caisse des amendes seraient considérables. On a répondu qu'il était permis de faire fonds sur une augmentation du produit des amendes, une refonte législative amènerait une extension telle des peines pécuniaires que l'on pourrait probablement parer à tout. Nous avons là-dessus quelques hésitations. Nous sommes évidemment ici sur un terrain très mouvant, sans point d'appui solide. Les chiffres font absolument défaut comme base de raisonnement. Malgré cela, nous craignons que les amendes, même employées plus largement, ne

Les frais perçus se sont montés a 4.321.661 fr., soit une perte d'un million, composée et au-delà par les amendes.

(1) Il en était autrement dans certaines statistiques anciennes. En 1850, la statistique constatait pour 15 ans 75 226 vols. Pour 62.008, le

soient insuffisantes pour atteindre le but désiré (1). D'ailleurs, certains partisans tout au moins de la caisse des amendes admettent que l'Etat, en cas d'insuffisance devrait pourvoir à la réparation des délits sur ses ressources générales.

C'est un pas en avant qui place la question sur un terrain plus élevé et plus vaste : la responsabilité de l'État. C'est envisagé à ce nouveau point de vue, que le projet a été principalement défendu, qu'on l'a étayé des arguments les plus ingénieux, et qu'il importe de le critiquer. On n'a sans doute pas négligé de dire, ce qui est parfaitement exact, que l'État n'a par devers lui, aucune raison décisive pour s'approprier le produit des amendes. Quelle que soit en effet la tradition bien des fois séculaire qu'il puisse invoquer en sa faveur, il n'y a logiquement aucun droit. Dans un intérêt général, pour réprimer certains désordres, il a fallu infliger à certains citoyens une diminution de leur patrimoine, il a été nécessaire de leur imposer une amende. Les sommes ainsi obtenues reviennent-elles nécessairement à l'État comme son dû? N'y aurait-il pas beaucoup plus de motifs pour les répartir entre les victimes des délits qui restent empayées ?

C'est ici surtout que l'on s'est plu à affirmer la responsabilité de l'État. De fait, ces affirmations concordent avec les tendances les mieux marquées de notre époque. A mesure qu'on songe davantage, — sur certains points au moins,— à assurer la protection de l'individu contre l'État, la res-

___

préjudice était connu : il s'élevait à 19.198.050 fr., soit 1.279.870 fr. par an. Or, depuis, le nombre des vols a angmenté de 150 0/0.

(1) C'est aussi l'opinion de M. Fiorette. *Loc. cit.*, p. 363.

ponsabilité pécuniaire de celui-ci s'affirme plus souvent. Depuis plus de dix ans déjà, le Conseil d'État, se lançant dans une voie toute nouvelle, a proclamé plus largement la responsabilité de l'État en matière de travaux publics, sortant même pour cela des principes ordinaires du droit civil (1). Plus récemment, c'est la loi du 8 juin 1895 sur les indemnités aux victimes d'erreurs judiciaires, qui attribue une réparation aux personnes injustement condamnées. C'est cette marche progressive de la législation affirmant la responsabilité de l'État qui se dessine ici. Où pourrait-elle plus justement apparaître ? Si le délit a lieu, si l'auteur n'a pu être découvert, ou s'il a pu auparavant faire disparaître ce qu'il possédait, la faute en est à l'État. Il est équitable qu'il en supporte les conséquences. Il a mal rempli ses fonctions de protecteur de l'ordre. « On paye à l'État pour avoir la sécurité, si les lois sont insuffisantes ou mal appliquées, si elles permettent aux criminels de se livrer à leurs méfaits, les sujets de l'État, en compensation de leurs sacrifices ont le droit d'exiger que les lois soient modifiées, les criminels punis efficacement, la réparation du préjudice accordée. Et si le délinquant ne la peut rendre effective, l'État interviendra subsidiairement pour la faire obtenir. Cela est de toute justice (2). » Cette idée d'ailleurs ne serait point absolument nouvelle dans nos lois. Le germe s'en trouve déjà, il n'y a plus qu'à le développer et à l'étendre. La loi du 5 avril 1884 admettant la responsabilité des communes en matière d'attroupements n'adopte-t-elle pas cette idée pour un cas

(1) V. Cons. d'Etat, 22 mai 1885. Sir., 87. 3. 13.
(2) M. Armengol y Cornet. Rapport cité.

spécial? Les communes sont obligées à raison de la négligence de leurs administrations. Si celles-ci n'ont pas pris
toutes les précautions nécessaires pour maintenir l'ordre,
les finances communales en supportent les conséquences.
Pourquoi cette disposition ne serait-elle pas généralisée.
L'État pourrait répondre à bon droit de ce qu'il n'a pas empêché les délits.

A un autre point de vue cette responsabilité de l'État
n'est-elle pas un moyen assez juste, — en tous cas le seul
possible, — de donner effet à ce qu'on a appelé la complicité sociale ? Jusqu'à un certain point; en effet, cette
complicité existe, elle est incontestable. Beaucoup d'actes
de la vie bien que non contraires aux lois sont non seulement des atteintes à la morale, mais de véritables ferments
qui aident le délit à se développer. Le journaliste qui peu à
peu inculque à ses lecteurs la haine de l'ordre social établi, l'homme dont la vie n'est qu'un exemple de vice et
d'oisiveté, tous les gens qui observent seulement cette
plaisante justice, dont parlait Senèque, qui consiste à être
justus ad legem, ne sont-ils pour rien dans les crimes
qui se commettent ? Leurs paroles ou leurs exemples
ont contribué à réveiller des appétits endormis, à détruire de bons sentiments dans l'âme des pauvres et des
simples.

Tous ceux qui exercent une semblable influence ne sont
pas sans encourir une certaine responsabilité pour tous
les délits qui se commettent. On peut le croire, sans admettre, comme certains l'ont fait, que « les conséquences
de tous les actes, et par conséquent des délits doivent être
attribués à l'action simultanée de facteurs innombrables,

auxquels ils obéissent » (1). Il n'est pas besoin d'affirmation philosophique de ce genre. L'homme, même libre
n'en subit pas moins l'influence du milieu, et cette influence suffit pour engendrer une responsabilité, contre
tous ceux qui l'ont exercée. Si elle n'est pas l'unique facteur
du délit, elle est au moins un des facteurs qui ont contribué à son existence. De toute façon, il est donc admissible que la société réponde des délits qu'elle a provoqués.

Pourquoi celui qu'un hasard a souvent désigné pour
être la victime d'un délit n'a-t-il de recours que contre le
malfaiteur, sans tenir compte de tous ceux qui, inconsciemment peut-être, ont favorisé le délit ? Cette responsabilité morale certaine, trop fugitive et trop tenue pour se
traduire par une responsabilité légale distincte et précise,
ne peut-elle se traduire juridiquement par ce qu'on a appelé « une responsabilité diffuse » ? Si les individus ne
peuvent être directement poursuivis, l'État incarnera toutes ces responsabilités occultes, il indemnisera au nom des
divers membres de la société. Dans une certaine mesure,
la société, comme l'a dit M. Ferri, a le criminel qu'elle
mérite. Il n'y a qu'un pas pour admettre qu'elle doit être
responsable des crimes qui se commettent, et que, par
l'État qui la personnifie juridiquement, elle doit les réparer (2).

Enfin on a soutenu que la réparation des infractions
« doit être une fonction de l'État et représenter un de ces

---

(1) V. notamment Dorado. *Revue de sociologie*, 1894. p. 602.
(2) Ces idées n'ont été nulle part exprimées positivement, mais elles
nous semblent impliquées par les idées que développe M. Dorado,
Loc. cit.

moyens indirects de combattre le crime que Ferri appelle les *sostitutivi penali* » (1). Ce serait un moyen d'empêcher, en tous cas de rendre plus rares ces vengeances de la victime, ces vendetta qui paraissent avoir tant préoccupé certains criminalistes.

Ce dernier argument nous paraît peu décisif. Car cette vendetta, que les auteurs italiens mettent un si grand zèle à vouloir réprimer, n'existe pas chez nous. On en trouve des traces dans quelques régions, comme en Corse, mais c'est peu de chose dans l'ensemble de la criminalité du pays. On peut aussi se demander si le paiement d'une indemnité suffirait à éteindre des mœurs bien anciennes, des tendances qui sont innées. C'est peut-être matérialiser trop les sentiments de ces gens-là de penser qu'ils ont uniquement pour cause une perte pécuniaire, et qu'une simple réparation pécuniaire les ferait évanouir.

Quant aux autres arguments, c'est en réalité une conception toute nouvelle de la responsabilité qu'ils mettent au jour. Jusqu'ici, la responsabilité reposait sur un fait précis : action ou omission, peu importe, mais déterminable exactement quant à son époque, ou sa nature. On se maintenait donc sur un terrain très solide.

On voudrait ici inaugurer une responsabilité d'une nature tout autre, n'ayant plus les mêmes exigences, ne reposant plus sur des faits précis, mais en quelque sorte sur des inductions. L'Etat serait responsable, comme n'ayant pas maintenu l'ordre, prévenu ou poursuivi les délits,

____

(1) M. Venezian. 1er Congrès d'anthropologie. *Actes du Congrès,* p. 373.

sans qu'on ait à mettre à sa charge aucun fait positif. Sur ce point, la théorie nous paraît tout à fait exagérée. Peut-on considérer l'Etat comme obligé d'empêcher tout délit? Nous l'avons déjà indiqué, il ne peut prévenir les infractions que d'une façon limitée. La surveillance qu'il exerce par la police ne peut s'étendre partout. Il y a des crimes qu'il n'était pas en son pouvoir d'empêcher. C'est exiger de lui des capacités plus qu'humaines. De ce chef, on ne peut d'une façon générale, l'obliger à indemniser les personnes lésées. Toutes les fois qu'il y a faute prouvée à sa charge, qu'on le rende responsable, cela est juste, mais on ne peut aller plus loin.

Quant à la responsabilité sociale, que l'on voudrait traduire juridiquement par la responsabilité de l'Etat, elle nous paraît reposer sur des faits parfaitement exacts. Mais elle aboutit à des conséquences peu équitables. Les particuliers, qui au travers de l'Etat, vont se trouver répondre des délits commis, et qui s'acquitteront sous forme d'impôts, le feront-ils réellement dans la proportion de leur responsabilité morale ? Qui oserait le soutenir ? Cette réfutation n'est pas pleinement décisive, nous le reconnaissons. Si le besoin de faire pénétrer dans la loi cette responsabilité morale dont nous parlons s'imposait absolument à l'esprit, il faudra passer par-dessus ces inconvénients. Mais c'est surtout au point de vue économique que la responsabilité de l'Etat peut rencontrer des objections.

Sous une forme un peu détournée, mais très reconnaissable, ce serait un pas vers la solution d'une question économique très discutée : l'assurance par l'Etat. Le Trésor se trouverait ainsi l'assureur de tous les dommages causés par les délits, il paierait les indemnités aux personnes lésées, et il se récupèrerait en morcelant, cette responsabilité entre tous les citoyens sous forme d'impôts, telle une assurance mutuelle ayant réparé les pertes des sinistrés répartit les sommes payées entre les mutualistes qui en supportent chacun leur part. Dans cette conception de la responsabilité de l'État, l'impôt jouerait pour une certaine partie le rôle d'une prime d'assurance. Et dans l'espèce, l'analogie serait assez grande, car l'impôt étant proportionnel au revenu de chacun présenterait une certaine proportion avec l'intensité du risque qui est la régulatrice de la prime.

Considérés de cette façon, les projets que nous étudions recueilleraient pour ce seul motif un certain nombre de suffrages. Des esprits éminents n'ont-ils pas caressé ces projets grandioses de sortir l'humanité de cette demi sécurité, où son expansion est paralysée au moyen de l'assurance par l'État. Celui-ci se ferait le protecteur plus complet de la sécurité, non content de prévenir le mal, il y apporterait le remède. Par la réparation, il ferait disparaître le dommage produit, comme par les moyens préventifs, par la police sous toutes ses formes, il l'empêche de se produire. Il serait alors complètement le protecteur de l'ordre au lieu de n'exercer ses fonctions qu'à demi.

Mais cette conception généreuse a rencontré un accueil assez froid. Les esprits les plus impartiaux, les plus dégagés de tout esprit d'école s'y sont montrés peu favorables. On en a souligné les inconvénients pratiques : on y regarderait de moins près s'il s'agissait de faire contribuer le Trésor public. L'État de cette façon détruirait le fécond

principe de l'assistance mutuelle et par là même les liens
sociaux qui se forment librement au sein des associations
privées, d'après les affinités diverses, les habitudes sociales (1).

Chose curieuse, et qui montre bien le lien réel qui
existe entre la responsabilité de l'Etat en matière de délits et l'assurance obligatoire par l'Etat, ce sont des critiques analogues qui ont été formulées par les adversaires
d'une caisse des amendes, par ceux qui ne veulent, pour
elle qu'un rôle restreint. Si l'Etat prenait à sa charge la
réparation de tous les délits, les gens, a-t-on dit, s'enten-
draient pour faire croire à l'existence d'un délit. On y regarderait peu à frauder le Trésor, car une solidarité répan-
due entre trente millions d'habitants s'atténue aisément,
si elle ne disparaît pas tout à fait. Cette sécurité complète,
dans laquelle on s'endormirait, émousserait un des plus
puissants stimulants de l'activité humaine. « Le délit ces-
serait d'être compté parmi les maux qui affligent la société
et l'on perdrait, par cela même, le plus puissant ressort qui
pousse l'humanité vers son amélioration morale, en lui
inspirant, pour le délit, une horreur d'autant plus forte et
sincère qu'elle est plus réellement intéressée. Le délit perdrait sa note caractéristique la plus saillante si l'Etat était
toujours prêt à pourvoir, au moyen de fonds publics, au
dédommagement qu'il comporte » (2).

Comme l'assurance par l'Etat, la réparation des délits
par l'État serait une cause d'affaiblissement du lien social.

(1) V. Cauwès. *Economie politique*, III, n° 1079, p. 579.
(2) V. Fioretti. Rapport précité p. 363 et suiv. — Cf. Tarde : *Philosophie pénale*, p. 497. Zücker. Rapport précité.

Dans les petites communautés d'habitants, la crainte commune du délit, tout au moins de certains délits, comme le maraudage, l'incendie, sont une des causes qui resserrent puissamment la solidarité sociale. Serait-il bon d'effacer tout cela ? N'amènerait-on pas un affaiblissement d'initiative, une détente regrettable dans l'activité humaine, si l'intérêt commun n'était plus excité de la même façon par celui de chacun ?

C'est pour toutes ces raisons qu'il faut, nous le croyons, renoncer à cette conception grandiose de l'Etat assurant, à ses frais, la réparation des délits, couvrant d'une complète protection les intérêts privés menacés. Des fraudes nombreuses, l'affaiblissement d'une solidarité qui peut être féconde, seraient le prix dont il faudrait payer trop cher cette ingénieuse conception d'une caisse publique indemnisant les victimes de toutes leurs pertes. Sans distinguer si l'Etat serait ou non obligé de subventionner ces caisses des amendes sur ses ressources générales, les mêmes inconvénients se produiraient, la même sécurité complète, et en apparence gratuite amènerait les mêmes effets regrettables.

Est-ce à dire que l'État doive rester complètement inactif, qu'il n'y ait rien à changer dans la destination des amendes, que le pouvoir social doive rester complètement impassible devant les difficultés où se débat la victime. Nous ne le pensons pas. Si l'Etat, ne peut sans inconvénient, jouer ce rôle prépondérant qu'on voudrait lui attribuer, il peut avoir un rôle complémentaire. Son intervention, dans une mesure restreinte, sera utile en même temps qu'elle évitera toute objection.

Il faut tout d'abord tenir compte ici d'un mouvement qui, pour s'être opéré en dehors de la loi, n'en a pas moins une importance capitale. Nous voulons parler du développement prodigieux qu'a pris, dans ce siècle, l'assurance sous toutes ses formes.

Sans doute, il n'y a pas d'assurance spéciale qu'on nomme assurance contre les délits. Mais n'a-t-on pas assuré déjà le risque de certaines infractions ? L'assurance terrestre la plus ancienne, l'assurance-incendie, ne met-elle pas le propriétaire à l'abri de ces deux infractions très fréquentes (1) : l'incendie volontaire (article 434 du Code pénal) et l'incendie par imprudence (art. 458 du Code pénal). L'assurance sur la vie ne peut-elle indemniser les héritiers du meurtre de leur auteur. L'assurance en cas d'accidents, en cas de maladie, ne couvre-t-elle pas le risque des homicides, des blessures par imprudence, des coups et blessures entraînant une incapacité de travailler. Nous pourrions citer presque toutes les assurances : l'assurance des titres transportés contre la perte ou le vol, etc. Ces dernières années n'ont-elles pas vu éclore l'assurance contre les attentats anarchistes qui couvre uniquement les pertes résultant d'un crime ?

Le prodigieux épanouissement des assurances, en moins d'un siècle, permet de bien inaugurer de leur avenir. Quelque soient les imperfections qu'elles présentent, et qui sont loin d'être irremédiables, on peut en espérer de nouveaux développements. Dans l'immense champ d'action

---

(1) On a constaté en 1893, 1654 incendies ayant un caractère délictueux, dont 1110 n'ont pu donner lieu à poursuite, les auteurs étant restés iuconnus.

qui lui est ouvert, l'assurance peut encore parcourir de nouveaux stades. Les premières étapes sont déjà franchies : les personnes peuvent se couvrir des conséquences des crimes les plus graves, les immeubles sont assurés contre le sinistre le plus fréquent pour eux : l'incendie, les meubles commençant à l'être contre les vols. Il appartient à l'avenir de compléter ces mesures, d'en répandre l'usage dans les mœurs. Il ne faut pas négliger non plus de tenir compte de l'existence de ces sociétés de secours mutuels, dont l'importance croissante a rendu nécessaire une législation spéciale à leur égard. Si elles ne font pas disparaître le préjudice qu'un délit cause à l'un de leurs membres, tout au moins dans certains cas, elles en atténuent l'importance, surtout s'il s'agit d'un délit contre la personne. Le passé donne tout lieu de croire que, d'ici peu, d'années, les particuliers pourront ainsi se mettre à l'abri des principaux délits (1). On peut d'autant plus l'espérer qu'actuellement l'assurance a déjà revêtu le caractère scientifique qui lui est nécessaire. Ses lois, ses principes, sont aujourd'hui connus ; il n'y a, pour ainsi dire, plus qu'à tirer de nouvelles conséquences, à appliquer les règles qui la gouvernent aux différents risques qui se présentent.

L'assurance, quelque étendue et perfectionnée qu'elle soit, présente toutefois un défaut. En fait, elle ne s'applique jusqu'ici qu'aux classes les plus aisées. Soit insouciante, soit impossibilité, les classes les plus pauvres ne s'assu-

---

(1) Il y a cependant une certaine limite à l'assurance : ne serait-ce que le chiffre de primes à payer, v. Leroy-Beaulieu. *Economie politique* IV, p. 403.

rent pas. Ceux qu'un délit réduit aussitôt à la misère la plus noire, n'ont pas ce secours pour en sortir. Il serait à souhaiter que cette situation changeât, que les crimes, tout au moins contre les personnes, ne vinssent pas plonger toute une famille dans un état lamentable. La loi doit-elle ici intervenir ? L'État, protecteur naturel des pauvres et des humbles, n'a-t-il pas un rôle à jouer ? Nous le croyons volontiers. On ne saurait admettre ici la sèche formule spencérienne. « Un besoin public, jusqu'à ce qu'il soit satisfait d'une manière spontanée devra rester sans satisfaction aucune » Dans cette mesure, il nous semble parfaitement admissible que l'État crée une caisse des amendes servant à indemniser les personnes laissées sans ressource par un crime ou un délit. La responsabilité générale de l'État nous paraissait discutable. Cette responsabilité restreinte nous paraît s'appuyer sur des raisons d'humanité décisives. Lorsqu'un délit vient à jeter la ruine dans une famille, il est juste que l'État ne se contente pas de veiller à l'intérêt social, qu'il prenne aussi soin de l'intérêt privé, si cela est nécessaire, qu'il accorde des secours à la victime ou à ses enfants. Ainsi conçue, ainsi restreinte dans son rôle, cette caisse des amendes ne serait donc autre chose qu'une institution de charité légale. Ce serait un fonds de secours que la loi laisserait à la disposition des juges, pour aider les victimes à sortir de leur situation malheureuse. Ils pourraient ainsi mettre fin de suite aux misères que le délit ou le crime ont pu créer. Il conviendrait même, pour atteindre le but d'une façon plus complète, que les magistrats instructeurs puissent attribuer des allocations provisoires payables sur cette caisse. Le juge d'instruction, qui en reconnaîtrait la nécessité, ferait provisoirement payer par la caisse des amendes une pension à la victime laissée sans aucune ressource. Etant donné ce caractère de l'institution, la somme accordée à la victime ne serait pas nécessairement équivalente au dommage subi par elle. On pourrait même, à cet égard, fixer un certain maximum aux allocations ainsi faites (1) pour que leur répartition, entre les intéressés, présentât une certaine régularité. Un recours serait évidemment reconnu à l'État contre les délinquants pour les avances ainsi faites

Conçue de cette façon, avec ce rôle modeste, cette institution serait plus facilement réalisable, d'un poids moins lourd pour un budget déjà obéré, elle pourrait plus facilement être pratiquée. Elle réaliserait tout ce qu'on peut, en somme, demander à l'État : supprimer les abus les plus criants. Il ne se faut point leurrer de ce chimérique espoir de voir le pouvoir social remédier à tous les maux dont souffre l'humanité. Ceux qui se sont endormis dans ces rêves sont tristement retombés dans une réalité pleine de déceptions. Ces institutions gigantesques, destinées à couvrir l'humanité contre tous les maux, n'aboutissent souvent qu'à de pesantes administrations, sources d'abus, pleines de formalités et de tracasseries, objets de fraudes de toutes sortes, qui retardent plus l'humanité dans son progrès qu'elles ne l'avancent. Faut-il ici encore se laisser séduire par un mirage trompeur ? Que d'essais

(1) M. Fioretti est entré à ce sujet dans des détails assez développés. v. le rapport cité.

pour faire faire à l'humanité un grand pas en avant n'ont abouti qu'à des chutes ! Que la loi cherche donc simplement à empêcher les faits les plus criants, comme dans une catastrophe, l'État vient remédier aux misères les plus affreuses. Qu'elle laisse donc le champ libre à l'initiative individuelle, ou plutôt qu'elle lui laisse le champ qu'elle a déjà conquis. Son rôle doit se borner à suppléer à cette activité, là où elle fait défaut, non point à la supplanter dans une fonction qu'il remplirait moins bien.

CHAPITRE V

A l'étude des droits de la victime contre son agresseur, s'oppose naturellement celle des moyens pour les mettre en œuvre. A la partie théorique du sujet, s'oppose une partie pratique : une étude de procédure. Ailleurs secondaire, la question de procédure revêt ici une importance toute particulière. La victime ne peut guère obtenir satisfaction sans plaider. Que de difficultés, en effet, soulève la liquidation des dommages-intérêts. Rien de plus délicat que de déterminer le préjudice exact : souvent sera nécessaire l'intervention du juge entre deux personnes que leurs rapports antérieurs ne portent guère à la conciliation. Ajoutez à cela la nécessité de mesures énergiques, de moyens de contrainte, pour triompher d'un débiteur sans scrupule, toutes choses pour lesquelles il faut obtenir un titre exécutoire, demander aux tribunaux de mettre la force publique au service de la victime. Si la victime veut obtenir réparation, c'est donc le plus souvent le procès forcé. Tandis que, dans les rapports ordinaires, la justice n'a à intervenir qu'exceptionnellement, plaider est ici une nécessité trop fréquente. Les arrangements amiables n'étant point la règle, les questions de procédure prennent ici un relief tout particulier.

Ce relief, elles le doivent encore à une autre cause, et c'est ce qui nous permet d'aborder ici cette question. La personne lésée peut porter son action devant le tribunal civil, comme un créancier quelconque. Mais elle peut aussi saisir de sa demande le tribunal répressif. En dehors de la voie commune, où elle se trouve en compagnie de tous les autres plaideurs, une voie spéciale lui est ouverte; plus rapide, où elle trouve, dit-on, des juges plus favorables à ses prétentions. Mais cette route est, en fait, parsemée d'obstacles, elle l'expose à des lourdes dépenses.

Ce sont ces inconvénients qu'il s'agit de pallier, auxquels il faut chercher un remède. Des améliorations en cette matière seraient le complément indispensable de toute réforme législative en fait de réparation civile des délits.

I

Une des réformes les plus urgentes, celle dont la justice a été de tout temps reconnue, à laquelle les criminalistes se sont montrés unanimement favorables, est celle concernant la consignation et le paiement des frais. Il y a là une double obligation imposée aux parties civiles qui est la source des plus grands inconvénients. Souvent elle éloigne du prétoire les plus dignes d'intérêts ; pour ceux qui se risquent à agir, elle ajoute de nouveaux frais aux pertes déjà subies. Que la répression ne souffre souvent de ces mesures de fiscalité exagérée, que bien des particuliers, par crainte des frais, préfèrent rester dans l'inaction, ne pas même dénoncer les délits à l'autorité, et, suivant l'expression vulgaire, laisser les coupables « aller se faire prendre ailleurs » c'est un fait dont on ne peut guère douter. Fait particulièrement regrettable à notre époque, où la criminalité a pris des proportions sans cesse grandissantes, où la répression rencontre chaque jour plus de difficultés à atteindre les coupables, et où ce ne serait pas trop de tous les efforts combinés des magistrats et des particuliers, pour résister à ce flot envahissant.

On sait quelles charges l'esprit de fiscalité a fait peser sur les parties civiles. Toute partie civile qui provoque des frais de procédure, en se constituant dans une plainte, est obligée de consigner la somme présumée nécessaire pour les couvrir. En outre, en matière de police correctionnelle ou de simple police, la partie civile, même en obtenant gain de cause, est condamnée aux frais, sauf son recours, souvent illusoire, contre le coupable (1). Cette seconde règle est déjà plus restreinte qu'elle ne l'était primitivement. De 1811 à 1832, elle s'étendit en effet aux matières du grand criminel elles-mêmes : pendant cette période, la responsabilité des parties civiles pour les frais était absolue. En modifiant partiellement cet état de choses, le législateur de 1832, dans les travaux préparatoires condamna implicitement la règle toute entière. Et cependant il ne l'abrogea qu'à moitié. Au petit criminel, elle est restée debout, éternel objet de justes critiques. En 1845, Bonneville de Marsangy en demandait la complète suppression, faisant observer, avec raison, que « tant qu'on voudra, dans les questions de justice, compter l'intérêt

____

(1) Nous renvoyons aux développements que nous avons consacré plus haut à ce sujet.

du Trésor public, on tombera dans l'iniquité »(1). Un demi-siècle plus tard, le Congrès pénitentiaires de Paris, était encore obligé de présenter le vœu que la partie lésée obtenant gain de cause ne fut jamais condamnée aux frais. Nous ne pouvons que nous y associer et demander, nous aussi, l'abrogation d'une mesure injuste et d'une fiscalité mal comprise. Injuste, car elle fait subir une perte d'argent au particulier qui a contribué à assurer la répression ; d'une fiscalité mal entendue, car la réforme que nous demandons serait peut-être moins onéreuse pour le Trésor, qu'elle ne le paraît tout d'abord. La répression se trouvant ainsi activée, on pourrait, jusqu'à un certain point, espérer un plus grand produit des amendes. Dans une certaine mesure, la réforme s'équilibrerait elle-même. Il y aurait donc toutes raisons pour que notre législation marchât ici sur les traces des législations voisines. Celles-ci en effet, ne possèdent plus des règles semblables à la nôtre : il en est ainsi en Italie, il en est de même en Belgique depuis longtemps déjà (arrêtés royaux de 1849 et du 18 juin 1853).

Peut-être même serait-il possible d'aller plus loin. Lorsque la partie lésée aboutit à un échec, est-il toujours juste pour cela de la condamner aux dépens ? Si elle n'a fait que se joindre à une procédure déjà intentée par le ministère public, n'est-elle pas excusable? Est-il absolument équitable de lui faire payer tous les dépens ? Elle n'a fait que suivre le ministère public. Qui des deux s'est montré le moins prudent ? Ne comprendrait-on pas que les dépens fussent partagés entre elle et l'État, ou même

(1) Discours au tribunal de Reims. — Cf. *Institutions compl.* p.30.

qu'elle payait seulement ceux causés par son intervention ?
Rien ne serait plus juste. C'est d'ailleurs pour cette solution que s'est prononcé le Congrès pénitentiaire de Paris,
en demandant que, dans notre cas, les frais d'intervention
fûssent seuls à sa charge.

Il reste un second aspect de cette question des frais où
l'intérêt fiscal apparaît beaucoup moins : nous voulons
parler de l'obligation de consigner les frais. Cette obligation doit elle être abrogée ? Les obligations voisines
ailleurs plus réformatrices, se rapprochent ici de notre
droit français. C'est le Code de procédure pénale italien
qui oblige la partie civile à déposer les frais (art. 565).
C'est la loi belge de 1849 sur les frais de justice qui complète et précise l'article 160 du décret de 1811 (1), exigeant
la consignation dans tous les cas, même pour une simple
intervention. Deux motifs peuvent être présentés à l'appui de ces décisions. L'obligation de consigner est un frein,
imparfait peut-être, mais très réel pour bien des poursuites téméraires. Cette gênante obligation empêche le
tribunal d'être encombré de mesquines taquineries, de
débats sans intérêts comme sans dignité, elle permet aux
juges d'écouter mieux des affaires plus sérieuses, d'y consacrer tout leur temps. Pour souhaitable que soit le but
à atteindre, le moyen employé n'est guère bon, il serait
à désirer qu'on en découvrit de meilleurs. Cette consignation des frais est une digue bien mal construite pour arrêter le flot des poursuites engagées sans raison. Tandis
que, pour les plaideurs sans fortune elle est un obstacle

(1) V. *Revue de droit français et étranger*, 1849, p. 586.

très grand, d'autres ne regardent pas à ce sacrifice pour satisfaire leur passions.

On peut invoquer en faveur de la consignation des frais une considération plus puissante. Elle évite que les pertes du Trésor, déjà si considérables sur les frais de justice criminelle (1), ne le deviennent plus encore. Sans cette règle, beaucoup de procès criminels seraient engagés, où l'État ne pourrait obtenir paiement des frais. Il y a là un moyen nécessaire pour le mettre à l'abri de toute éventualité. Cet argument nous paraît avoir une certaine importance. Cependant, ne pourrait-on pas apaiser les craintes du Trésor sans rendre obligatoire, dans tous les cas, la consignation des frais ? Pourquoi ne pas se contenter de toute mesure équivalente : d'une consignation de titres à la Caisse des dépôts et consignations, de la présentation d'une caution solvable ? Les particuliers seraient ainsi moins gênés dans leur poursuite et, en même temps, l'intérêt fiscal ne subirait aucune atteinte.

II

Même ramenée à la situation d'un plaideur ordinaire, quant à la responsabilité des frais, la victime peut encore souhaiter d'autres améliorations. Elle est encore placée dans une situation défavorable : elle ne peut, jusqu'ici, obtenir le bénéfice de l'assistance judiciaire devant le tribunal répressif. Préférant la voie plus lente des tribunaux

____

(1) En 1893, sur 11.053.171 fr. de frais à percevoir, l'État a reçu 4.321.661 fr.

civils, elle aurait pu profiter de la loi du 22 janvier 1851.
Après avoir justifié de son indigence devant le bureau
d'assistance, elle aurait pu être dispensée de toute dépense,
à l'occasion du procès. Provisoirement, elle n'aurait payé
aucun droit fiscal : timbre, enregistrement, etc.; un avoué,
un huissier, un avocat auraient occupé gratuitement pour
elle. Veut-elle au contraire agir devant le tribunal répressif, la scène change : rien de pareil ne lui est accordé.
Devant la justice criminelle, la partie civile indigente ne
jouit d'aucune faveur particulière. Elle est simplement
exemptée de la consignation des frais par le décret de 1811.
Sauf cette exception, elle doit, comme tout autre plaideur,
payer les officiers ministériels qu'elle emploie, acquitter
les divers impôts qui pèsent sur les procès. Les présidents
des cours d'assises et des tribunaux correctionnels peuvent
et doivent même parfois désigner un avocat d'office à l'accusé ou au prévenu indigent, ils peuvent faire citer les
témoins qu'ils désignent. Rien de semblable n'est prévu,
quand il s'agit de la partie civile. Est-ce une négligence
involontaire du législateur de 1851 ? Nullement. L'hypothèse a été formellement prévue lors des travaux préparatoires, mais les intérêts de la partie civile n'ont pas paru
avoir besoin de cette protection. « Rien n'est plus facile à
la partie civile, a-t-on dit (1), que de trouver un avocat ou
un avoué qui lui rende bénévolement le service de poser
des conclusions pour elle. La plaidoirie de l'avocat de la
partie civile est en général de peu d'utilité. Du reste, si la
personne lésée par un crime ou par un délit n'a pas obtenu

____

(1) Rapport de M. de Vatimesnil à l'Assemblée nationale.

la réparation devant le tribunal criminel ou correctionnel, elle peut, après la condamnation de l'auteur du crime ou du délit, intenter une action devant la juridiction civile, et, si elle est indigente, obtenir l'assistance à raison de cette action ».

Cela est vrai, mais est-il bon, pour la justice, de recommencer cette nouvelle instance ? Le tribunal répressif a pris connaissance de l'affaire, il en possède tous les éléments ; sans aucun travail nouveau, il peut liquider les dommages-intérêts dus à la victime. Est-il nécessaire de recommencer un nouveau procès, d'aller porter devant d'autres juges, parfois devant les mêmes juges, la question de réparation civile ? Il y a une autre raison plus spéciale. Sans aucun acte de procédure, ou à peu près, les intérêts civils pouvaient recevoir satisfaction. Si l'on s'adresse ensuite aux tribunaux civils, et que la victime obtienne l'assistance judiciaire, c'est une longue suite d'actes que les divers officiers ministériels devront faire gratuitement. On aggrave ainsi la charge, déjà lourde, que la loi de 1851 fait peser sur eux, alors que cela pouvait être si facilement évité.

En outre, la partie civile n'a-t-elle jamais qu'à présenter une demande pour obtenir des dommages-intérêts ? Nous admettons qu'un avocat ou un avoué veuille toujours présenter sa demande. Mais la partie civile peut avoir à citer des témoins. Il se peut aussi que, le parquet refusant de poursuivre, elle veuille citer directement le délinquant devant le tribunal correctionnel. Là aussi, trouverait-elle un officier ministériel disposé à agir gratuitement, à payer de ses deniers les droits de timbre et d'enregistrement ?

Il faut donc constater ici une certaine lacune dans la loi sur l'assistance judiciaire. Nous ne croyons pas que la pratique l'ait comblée. Nous ne possédons pas, malheureusement de puissantes associations de charité, analogues à ces *misericordias* du Portugal et du Brésil qui, pendant si longtemps, ont assuré à tous les plaideurs pauvres, un avocat et un procureur. Peu favorisées par la loi, insuffisamment séparées des partis politiques, nos associations de charité végètent péniblement. Elles sont bien loin de penser à jouer un rôle un peu considérable.

Il serait à souhaiter, puisqu'il faut s'en remettre à la loi que la loi fut complétée sur ce point. Le législateur de 1851 s'est montré trop réservé pour prêter son appui à la partie civile : il serait nécessaire de combler la lacune qu'il a volontairement laissée. D'autres États d'ailleurs l'ont déjà fait. Il en est ainsi en Italie. Il en est de même dans le grand-duché de Luxembourg où les deux lois de 1843 et de 1869 admettent le bénéfice du *pro Deo* en toute matière, même pour les actes extra-judiciaires. Plus récemment, la loi belge du 30 juillet 1889 a déclaré que « la partie civile pouvait être admise au bénéfice de la procédure gratuite..., si son indigence est établie » (1). (art. 15).

Nous souhaitons que la législation française s'inspire de l'exemple que donnent les législations voisines, qu'elle étende l'assistance judiciaire aux demandes des personnes lésées portées devant les tribunaux répressifs, qu'elle ne ferme plus aux nécessiteux la voie la plus commode pour

____

(1) Cela n'existait pas auparavant. V. Pandectes Belges, v° Assistance judiciaire.

agir. C'est le vœu qu'a formulé le Congrès pénitentiaire de Paris en 1895 (1).

Toutefois l'application de ce principe ne se fera pas sans difficulté. Si l'on n'y prend garde, on ouvrira la porte aux accusations téméraires et même diffamatoires de tous les indigents. Le remède serait pire que le mal, si l'on exposait tous les citoyens aux poursuites les plus injustifiées. Que l'assistance judiciaire donne lieu à des abus en matière civile, cela est déjà mauvais : il est toujours regrettable que des gens soient exposés sans raison aux ennuis d'un procès. Mais, en matière criminelle, l'inconvénient est bien plus grave : ce n'est pas la fortune seulement, c'est l'honneur des personnes qui se trouve menacé, cela est très dangereux surtout si le poursuivant est un homme sans surface, à qui il est bien indifférent d'être condamné à des dommages-intérêts, à raison d'une poursuite téméraire. Nous croyons donc que, pour remédier à ce danger autant qu'il est humainement possible, il faudrait se montrer plus sévère, lorsque la prétendue victime demande à intenter l'action. On pourrait exiger, par exemple, l'unanimité des membres du bureau d'assistance pour accorder le bénéfice de la loi de 1851. On pourrait aussi permettre la contrainte par corps contre le plaignant condamné à des dommages intérêts, cela d'ailleurs a déjà été proposé.

Lorsque la victime se contente d'intervenir dans l'instance déjà engagée par le ministère public, la solution du problème serait plus facile. Lorsque les magistrats du parquet ont engagé une poursuite, il y a tout lieu de supposer

____

(1) V. en ce sens le rapport de M. Pascaud.

qu'elle est bien fondée (1). Une seule preuve resterait à faire pour que la victime méritât l'assistance judiciaire : celle de son indigence. Le problème se trouverait donc considérablement simplifié, l'on rencontrerait moins ces abus que la faiblesse des bureaux d'assistance a laissés s'introduire (2). Toutefois il serait nécessaire dans cette hypothèse de l'intervention d'une partie civile indigente d'organiser une sorte de referé d'assistance. Les pays étrangers ont presque tous adopté des mesures pour faire statuer provisoirement sur l'assistance, si cela est nécessaire. Ici de semblables mesures seraient évidemment indispensables, la procédure se trouvant engagée devant le tribunal répressif, la victime n'a que peu de temps pour présenter sa demande.

III

Disposée à exempter des frais la personne lésée, toutes les fois qu'il y avait quelque raison de le faire, la science pénale a été encore plus loin dans cette voie. Exempter des frais celui qui gagne son procès, admettre l'assistance judiciaire pour la partie civile indigente, ce n'est, après tout, que donner les mêmes droits devant un tribunal répressif que devant une juridiction civile. C'est poser comme principe que ce qui est juste devant une juridiction, doit l'être aussi devant l'autre, et rien de plus. Ne pourrait-on pas se montrer plus généreux : exonérer la victime de tous les frais, alors même que sa demande

(1) En fait, les demandes où le parquet échoue ne dépassent pas 6 0/0.
(2) En fait près de moitié des demandes des assistés sont rejetées par les tribunaux.

serait repoussée, et lui faire obtenir des dommages-intérêts sans qu'elle le demande ?

Dans le droit actuel, les restitutions sont ordonnées d'office par le juge, mais les dommages-intérêts ne peuvent être accordés qu'autant qu'ils sont demandés. Or, toute demande de dommages-intérêts implique constitution de partie civile. D'où une responsabilité pécuniaire, tantôt certaine, tantôt simplement possible. Si on est devant le tribunal correctionnel, la partie civile sera nécessairement condamnée aux dépens ; si on est, au contraire, devant la Cour d'assises, elle supportera ou non les frais, suivant le résultat des poursuites. Au contraire, s'il ne s'était agi que d'une restitution, aucune condamnation aux frais n'aurait été encourue, la restitution ayant lieu en dehors de toute demande de sa part. Les deux choses concordent évidemment assez mal : la chose volée est retrouvée, c'est une restitution, elle a lieu d'office ; ne l'est-elle pas, c'est une demande d'indemnité : on peut encourir la condamnation aux frais. Bonneville de Marsangy avait proposé de mettre fin à cette discordance en attribuant les dommages-intérêts d'office comme les restitutions. Il pouvait citer à l'appui, le Code autrichien de 1803. Dans son article 522, il portait que le tribunal devait éclaircir d'office par l'instruction le dommage causé par le délit, et si la valeur du dommage était parfaitement connue ainsi que la personne de la victime « décider dans la sentence de condamnation quelle somme était due par le délinquant pour indemnité. Cette décision était ensuite signifiée par le tribunal criminel à chacun de ceux en faveur de qui l'indemnité est accordée ». Mais la victime restait libre de s'adresser au tribunal civil pour prouver qu'il lui est dû une indemnité plus forte (art. 523).

Ce système, abandonné un moment par le Code autrichien de 1850, fut presqu'aussitôt repris par celui de 1853, mais le Code de 1873 l'a définitivement abrogé (1). De fait, cette idée rencontre aujourd'hui peu de faveur. Ce n'est point que la science pénale ait pris une toute autre direction, mais une idée voisine paraît l'attirer davantage. Il est assez peu logique que le juge statue d'office sur quoi que ce soit, cela cadre mal avec un des principes les plus nets du droit moderne : à savoir que les juges n'agissent que sur réquisition. Aussi, on a généralement proposé que le ministère public présentât dans tous les cas une demande de dommages-intérêts, en même temps qu'il conclut à l'application de la peine.

Prise dans cette forme plus nouvelle et plus logique, ainsi mise en harmonie avec les principes généraux du droit, l'idée a rencontré beaucoup de partisans dans les divers congrès internationaux. Le Congrès d'anthropologie criminelle de Rome en 1885 exprimait le vœu que les dommages-intérêts soient demandés d'office par le ministère public. Plus récemment, cette conclusion était votée par le Congrès pénitentiaire de Paris. Cependant, la question donna lieu à un très vif débat, et la réforme proposée rencontra de redoutables adversaires (2).

____

(1) Il semble que ce système existe en Egypte au moins en cas de meurtre. Décret du 13 novembre 1883. (Ann. 1883, p. 782). En tous cas cela existait dans le droit sarde (art. 5 livre 4 titre 20. Pén.), dans la coutume du pays messin (art. 25), dans celle de St. Sever et d'Arc. — V. Bonneville. *Institutions complémentaires*, p. 43.

(2) Notamment MM. Leveillé, Tellier, Woulfert, Picrantoni,

D'ailleurs, la justification de cette réforme n'allait pas sans difficulté. Si l'on admet avec l'école positiviste, que la réparation civile est une fonction d'ordre social, rien n'est plus aisé à justifier, il doit nécessairement en être ainsi. Le ministère public, représentant de l'intérêt social, est naturellement désigné pour requérir dans tous les cas des dommages-intérêts en même temps que la peine. Bien plus, en agissant ainsi, il ne faut que requérir toute la peine : la réparation du délit étant une des formes de la répression, les magistrats du parquet doivent, à ce sujet, réquérir une condamnation, comme s'il s'agissait d'une amende, ou d'un emprisonnement.

Mais pour ceux qui n'admettent pas le principe de la réparation civile fonction sociale, la question devenait singulièrement délicate, et pourtant de nombreux criminalistes ont demandé ici l'intervention du ministère public. « Le ministère public a t-on dit, représentant la société, représente *a fortiori* le citoyen pour lequel le trouble social causé par l'infraction a eu ses conséquences les plus tangibles » (1). Rien ne paraît plus discutable. Le ministère public représente l'ensemble des citoyens, mais jusqu'ici il ne peut représenter aucun citoyen en particulier, Combien ce mandat tacite qu'on voudrait lui attribuer serait différent de ce qu'on est convenu d'appeler la représentation de la société par les magistrats du parquet ! Dans ce second cas, ce sont les intérêts très inconsistants de chaque citoyen qui viennent se réunir ensemble pour former cet intérêt de premier ordre : l'intérêt social, dont le

(1) V. les rapports de MM. Prins et Flandin au Congrès de Paris.

soin est confié au ministère public. Celui-ci réunit en lui
ces intérêts si fragiles et en fait un droit qu'aucun particulier ne peut exercer. Tout autre serait ce mandat légal
dont on investirait les magistrats du parquet : cette représentation d'un particulier ayant un droit déjà formé juridiquement, cette demande de dommages intérêts faite au
nom d'un individu qui garde le silence. C'est une véritable
immixtion dans les affaires privées, de la part du représentant de l'État, immixtion sans rapport avec les fonctions
actuelles du ministère public.

D'autres arguments pourraient être invoqués pour justifier l'innovation proposée. Il y a tout d'abord une raison
de pure pratique, de rapidité dans l'administration de la
Justice. Lorsque les magistrats ont pris connaissance d'une
affaire, il est à souhaiter qu'ils puissent l'examiner sous
toutes ses faces, en tirer toutes les conséquences légales
qu'elle comporte. Un délit a été examiné par le tribunal
répressif, les magistrats ont considéré l'importance du
préjudice, la perversité du délinquant et ils ont appliqué
une peine. Est-il nécessaire de rouvrir un nouveau débat
devant d'autres juges, pour constater l'importance du dommage ! C'est même cette raison, soit dit en passant, qui
nous paraît décisive en faveur de notre système français
qui, à la différence des lois allemandes, hollandaises ou
de New-York admet toujours la partie lésée à joindre son
action à l'action publique. Ces lois étrangères sans aucun
avantage sérieux (1), ont l'inconvénient d'amener deux ins-
tances là où une seule suffirait, d'augmenter les frais, d'oc-

(1) V. sur ce point Fournier. *Procédure criminelle aux États-
Unis* p. XVIII.

cuper inutilement les magistrats. Notre système français échappe en partie à ces défauts. Ne pourrait-on l'y faire échapper complètement en chargeant le ministère public de demander les dommages-intérêts pour la victime ?

Cette réforme présenterait pour la personne lésée des avantages que l'on n'a pas manqué de faire valoir. Ses droits se trouveraient liquidés, elle obtiendrait un titre exécutoire, sans qu'elle ait aucune démarche à faire. En outre, quoiqu'il arrivât, elle échapperait à toute condamnation aux frais. Le ministère public échouerait-il dans la demande présentée en son nom, elle n'aurait pas de frais à payer.

Par contre, tout cela conduirait à des conséquences un peu extraordinaires. Un droit va ainsi se trouver exercé sans la volonté de son titulaire. Un individu majeur, libre par conséquent de tous ses droits, va recevoir pour ce cas spécial une sorte de représentant légal, chargé de protéger ses intérêts. Dans le droit actuel, tout créancier est libre d'agir en justice s'il lui plaît, et quand il lui plaît. Ici, il en sera tout autrement, la liquidation judiciaire de sa créance se fera de plein droit, sans aucune intervention de sa part.

On aperçoit tout de suite à quel défaut pratique on va aboutir. La victime, qui n'a pas été partie à l'instance, va pouvoir se plaindre parce qu'elle a été mal défendue. Le ministère public, à l'entendre, a demandé des dommages-intérêts trop faibles. Il n'a pas tenu compte de toutes les pertes qu'elle a subies. Elle devrait avoir droit à une indemnité plus forte. Ces récriminations du plaideur mécontent ont été présentés par les adversaires de la réforme comme un inconvénient inévitable. On peut cependant y pallier dans une certaine mesure. Il faudrait autoriser la personne lésée à exercer une sorte de tierce opposition contre le jugement statuant sur l'indemnité. La victime prétendant que le jugement ne lui a alloué qu'une somme trop faible, aurait une voie de recours devant un autre tribunal pour se faire allouer ce qui lui est dû. C'est une institution de ce genre qu'avait créé le code autrichien de 1803 qui accordait des dommages-intérêts d'office. La victime pouvait en faire relever le chiffre en s'adressant au tribunal civil (1).

Par ce moyen très simple, l'inconvénient que l'on a signalé, serait incontestablement diminué. On peut croire pourtant, qu'il ne serait pas complètement effacé. La personne lésée pourrait soutenir que le premier jugement où elle n'est pas intervenue crée un préjugé contre elle, que le magistrat d'appel saisi seulement de la question civile sera toujours disposé à confirmer le jugement précédemment rendu. C'est là un inconvénient de fait possible contre lequel les dispositions législatives seraient vaines. On ne voit pas quel remède on pourrait y apporter.

Le plus grand inconvénient de cette intervention du ministère public, c'est peut-être d'être inutile. Si l'on admet les réformes que nous avons proposées, la partie civile intervenante ne répondra jamais que des frais de son intervention. Est-il utile de la décharger de cette responsabilité éventuelle fort légère ? Mais la grande utilité de la réforme serait d'accorder des dommages-intérêts à la

____

(1) M. Fioretti prévoit des moyens de recours analogues. Rapp. cité.

victime sans qu'elle ait de démarches à faire. Ne pourrait-
on pas y aboutir par un moyen bien plus simple. La personne lésée figure toujours comme témoin dans le procès
criminel. Il suffirait que le président fût obligé de lui demander si elle veut réclamer des dommages-intérêts (1).
Il lui indiquerait à quelles conditions elle peut le faire
séance tenante et quelle responsabilité elle encourt. On
pourrait compléter cette disposition en déclarant que, sur
la demande de la victime, le président lui désignera d'office un avocat pour soutenir sa réclamation.

Au cas seulement où la victime est décédée, cette mesure se trouverait en défaut. Il est très possible que dans
ce cas les héritiers ne figurent à l'instance à aucun titre.
On pourrait alors enjoindre au ministère public de prévenir les héritiers par simple lettre recommandée de la
date du procès criminel et de leur indiquer qu'ils pourront
y faire valoir leurs droits.

Ces mesures très simples donneraient satisfaction à tous
les intérêts. On peut croire que la victime, le plus souvent, choisirait la voie criminelle pour obtenir satisfaction.
Lorsqu'elle ne le ferait pas, c'est presque toujours qu'elle
aurait des raisons sérieuses : il s'agirait, par exemple,
d'une liquidation difficile : d'autres documents, d'autres
témoins seraient nécessaires. Ce ne seraient probablement
que des cas exceptionnels.

Cette réforme nous paraît suffisante, quoique nous sou-
haitions grandement la réunion dans une même instance

____

(1) Le Code autrichien de 1873 contient une disposition de ce genre.
Il prescrit que le juge demande au témoin s'il se porte partie civile
(art. 172).

des débats sur la peine et sur la réparation. Il y a à cela, non seulement l'avantage d'une simplification, d'une économie de temps, mais un avantage d'un ordre plus élevé. Il est juste que le magistrat tienne compte de l'importance du dommage causé par le délit pour mesurer la peine. Nous l'avons déjà signalé, le préjudice social se modèle dans une certaine mesure sur le préjudice individuel ; quelque séparé qu'il soit de lui, il en garde la trace. Dans l'application de la pénalité, l'attention du juge doit donc se porter l'importance du dommage. Elle ne saurait être mieux attirée sur ce point que si le juge doit la fixer, si le même jugement statue sur la réparation et sur la peine (1). Il y a tout à gagner, aussi bien pour la simplification de la procédure à ce que les deux débats se trouvent réunis.

Mais cette réunion, nous la désirons, non pas comme une chose imposée par la loi, mais comme librement voulue par la victime. Un créancier ne doit jamais avoir à exercer sa créance que quand il lui plaît. Que le législateur provoque les personnes lésées à choisir la voie criminelle pour obtenir réparation, pour cela que la partie civile ne soit plus traitée avec la même rigueur, que la responsabilité des frais retombe plus rarement sur elle : rien n'est plus désirable. Mais pourquoi créer cette protection particulière, qui peut créer contre la partie civile un préjugé regrettable ? Ne suffit-il pas de lui permettre un

______

(1) C'est peut-être pour cette raison que le Code autrichien de 1873 impose au juge de fixer l'importance du dommage dans tous les cas, quoique l'indemnité ne soit plus attribuée d'office.

exercice facile de ses droits ? Faut-il encore les exercer
en son nom ? (1)

IV

C'est certainement dans les questions de responsabilité
des frais, d'assistance judiciaire que la personne lésée
pourrait demander les améliorations les plus importantes.
En dehors de ce champ de réformes, où elle se heurtera
toujours à un puissant intérêt, l'intérêt fiscal, on peut entrevoir cependant un certain nombre d'améliorations qui
réaliseraient dans la loi plus d'harmonie, éviteraient un
certain nombre de résultats choquants et d'une façon générale ouvriraient plus largement pour la partie lésée la
porte du tribunal criminel.

Le tribunal répressif est compétent pour statuer sur
l'action civile dès qu'il est saisi de l'action publique
mais à cette condition seulement. Dès qu'il reconnaît
que le fait soumis à son appréciation ne constitue
pas un délit, il doit se déclarer incompétent sur l'action
civile qui peut en résulter. La victime est condamnée
aux dépens, et elle doit s'adresser aux tribunaux civils,
pour obtenir satisfaction. Cependant devant la Cour d'assises, il en est autrement. Même en cas d'acquittement, la
cour peut encore condamner l'accusé acquitté à des dommages-intérêts, si elle trouve dans le fait incriminé les
caractères d'un délit civil. Devant les tribunaux de simple
police, ou de police correctionnelle, la règle reprend son

(1) C'est aussi l'opinion de M. Stoppato. *Rivista penale*, XXVIII,
p. 197.

empire : le prévenu acquitté ne peut plus être condamné à
des dommages-intérêts. On a craint que pour user de la
voie plus rapide du tribunal correctionnel, on n'alléguât
sciemment l'existence d'un délit alors qu'en fait, il s'agissait d'un simple quasi-délit. La crainte d'une erreur volontaire de juridiction a fait abandonner ici la règle admise
devant les assises.

On peut penser cependant que dans bien des cas cette
crainte n'est pas fondée. Si le tribunal de police peut être
saisi sur citation de la partie lésée, il l'est plus souvent à
la requête du ministère public (1). Dans ce cas la
fraude que l'on semble redouter est-elle à craindre ?
Nullement. Quel danger y aurait-il, à ce que les prévenus poursuivis par le parquet pussent, même en cas
d'acquittement, être condamnés à une indemnité ? Dans
cette hypothèse au moins, il serait possible d'établir devant
le tribunal correctionnel la même règle que devant la cour
d'assises. Peut-être même, lorsque la victime a saisi
le tribunal par citation directe pourrait-on adopter un
système analogue. Toutefois une différence devrait être
faite pour éviter les fraudes. En ce cas ce serait une simple faculté pour le juge de statuer sur les intérêts civils.
Soupçonnerait-il une fraude, il renverrait l'affaire au civil. Le demandeur paraîtrait-il au contraire de bonne foi,
le tribunal examinerait la question des dommages-intérêts.

Cette mesure ne serait pas sans intérêt pour la victime
d'un délit. Il n'y a point de délit pénal sans intention mau-

_____

(1) En police correctionnelle en 1893 : 227.511 prévenus furent poursuivis par le ministère public et 6920 seulement sur citation de partie
civile.

vaise, or rien n'est plus délicat, plus fragile que la preuve d'une intention. On peut souvent craindre d'y succomber. Dans cette crainte, la victime d'un délit pénal se trouve alors vers la voie plus lente, plus coûteuse que lui offre la juridiction civile. Ne serait-il pas plus juste que, sans redouter un échec, elle put s'adresser au tribunal répressif ?

V

Dans le même ordre d'idées, il serait encore à souhaiter que les voies de recours fussent ouvertes plus largement à la partie civile. Dans plusieurs cas, le droit d'appel, le recours en cassation lui sont si strictement limités qu'elle ne peut recourir contre une ordonnance ou un arrêt, qui, méconnaissant le caractère criminel d'un fait, l'oblige à réclamer son indemnité aux tribunaux civils. Nous avons signalé plus haut quelles voies de recours lui faisaient défaut : nous n'avons pas à revenir sur l'étude du droit actuel. Qu'il nous suffise de dire que ces limitations ne nous semblent nullement justifiées. Dans le combat que la victime peut engager devant le tribunal répressif, il faut qu'elle ait à sa disposition toutes les armes légales. Elle devrait pouvoir recourir contre toutes les décisions des juridictions d'instruction ou de jugement, sauf à décider que le recours exercé par elle seule n'aura pas effet que, quant à ses intérêts civils. Il faut que « la mise en mouvement de l'action publique, en tant que dans ses rapports avec l'action civile, elle est nécessaire pour l'obtention d'une indemnité, procure dans la limite du possible, à la

22

partie lésée, le moyen d'avoir une réparation. C'est manifestement ce qui n'aurait pas lieu si l'impulsion donnée
était arbitrairement arrêtée avant d'avoir franchi toutes
les étapes judiciaires dont elle est susceptible. » (1).

VI

Parmi les règles étroites qui limitent si rigoureusement
les droits de la personne lésée, il faut encore citer la règle des articles 637 et 638. Instr. Crim. D'après ces articles, l'action civile née du délit ou du crime se prescrit
par le même délai que l'action publique. On a essayé de
donner de cette règle bien des raisons. Tous les jurisconsultes se sont efforcés d'en présenter des motifs satisfaisants.
Les uns ont dit qu'après trois ou dix ans, les preuves
du crime ou du délit étaient disparues, que cela expliquait la règle. Mais leur a t-on fait remarquer, s'il n'y
a plus de preuves, les tribunaux s'abstiendront de condamner, sans qu'il y ait pour cela besoin de règle. D'autres ont vu là un moyen pour mettre fin aux angoisses
du coupable, comme si les intérêts de la victime ne méritaient pas plus d'intérêt que ceux du délinquant. D'autres
enfin, et c'est aujourd'hui l'opinion dominante, ont parlé
du scandale possible, si l'on revenait au droit commun.
Après dix ou quinze ans, on verrait le coupable désormais à l'abri de la peine, convaincu de son crime, devant
les magistrats désormais impuissants à le poursuivre où à

(1) M. Pascaud. *Rapp. au Congrès de Paris.*

le condamner. Quelle atteinte ne porterait-on pas à la sécurité sociale si on laissait rappeler les crimes qui n'ont
pu être réprimés ? On réveillerait inutilement les souve-
nirs de faits qu'il vaut mieux laisser peu à peu oublier.

Ces raisons, qui ont été maintes fois répétées, ne nous
paraissent pas décisives. Elles ne suffisent pas à nous
expliquer ce résultat évidemment bizarre, à savoir que
l'auteur d'un crime ne peut être poursuivi en réparation
que dix ans, tandis que l'homme, simplement imprudent
ou maladroit, peut, pendant trente ans, se voir réclamer
une indemnité à raison de sa faute. Le résultat scandaleux que l'on a voulu éviter à tout prix me paraît quelque peu imaginaire. S'il y a en droit la même publicité
pour les débats civils et criminels, en fait il en est bien
autrement. Le public, qui suit avec intérêt les audiences
des cours d'assises, s'inquiète fort peu des procès qui se
dénouent au tribunal civil, presque tous restent ignorés de
lui. Seul le monde judiciaire y prête quelque attention.
Mais à supposer que, dans des cas exceptionnels, le bruit en
franchît la porte du prétoire, le mal serait-il si considérable ? Croit-on que le souvenir d'un délit, après quatre ou
cinq ans, pourra soulever dans le public une émotion
réelle ? Croit-on même qu'un crime, rappelé après quinze
ou vingt ans, attirera beaucoup les regards de la foule ?
Pour quelques crimes très graves, on peut le soutenir (1),
mais, dans la grande majorité des cas, le public ignorera
ou suivra froidement la lutte qui se déroule devant le tri-

____

(1) Mais on peut se demander si, pour ces crimes très graves, l'homicide volontaire notamment, le délai de dix ans n'est pas trop
court. Nous ne sommes pas éloigné de le croire.

bunal civil. Et puis, celui qui après longtemps, sera poursuivi à raison d'un crime sera souvent connu en fait : les débats du tribunal n'ajouteront rien, déjà auparavant son nom a circulé de bouche en bouche, les journaux de la localité l'ont plus ou moins clairement désigné. Tout ce scandale, que causerait un retour au droit commun, est donc un peu chimérique : il n'y a pas là de raison suffisante pour maintenir les articles 637 et 638 du Code d'Instruction criminelle qui sont un véritable piège où bien des gens se laissent prendre. S'il s'agit d'un fait où l'intérêt civil est plus en jeu que l'intérêt pénal, le créancier un peu négligent se voit opposer la prescription après un court délai. Les recueils de jurisprudence sont remplis de faits de ce genre, notamment en matière d'homicide par imprudence.

On peut donc penser que l'abrogation de ce lien entre les prescriptions civiles et pénales serait une utile réforme. C'est l'opinion de plusieurs magistrats distingués (1). Plusieurs législations récentes s'y sont ralliées. C'est la Finlande qui, après avoir adopté cette idée dans la loi du 14 janvier 1873, l'a reprise dans son Code pénal de 1889 (2). C'est aussi l'Italie qui, innovant sur le Code pénal sarde, décide, dans l'article 102 du nouveau Code, que « la prescription de l'action pénale ne préjudicie pas à l'action civile quant aux restitutions et au remboursement des dommages ». Des dispositions analogues se retrouvent dans le

____

(1) V. Proal. *Le crime et la peine*, p. 486. — Muteau. *Prescription de l'action publique et de l'action civile en matière pénale*.

(2) V. *Annuaire*, 1879, p. 749, et année 1889, p. 838.

Code pénal mexicain de 1872 (art. 364), dans le droit grec (ποινικη δικονομια art. 8, 10 et 11), dans le Code pénal russe (art. 167), dans le Code pénal de Saint-Marin (art. 5). Si le système français a encore été maintenu en Belgique par la loi du 17 avril 1878 (1), ce ne fut pas sans une vive résistance. Toutefois, nous devons avouer qu'il a été encore consacré par plusieurs lois étrangères : le Code de procédure pénale genèvois de 1884 (2), la loi roumaine du 31 mars 1873 (3), le Code des Pays-Bas, ceux de nombreux cantons suisses : Valais, Berne, Argovie, dans le Code d'instruction criminelle égyptien (art. 277).

VII

A côté de ces questions toutes secondaires, se pose, dans le domaine de la procédure pénale, un problème autrement ardu, d'un ordre bien plus élevé, qui prendra plus d'importance encore qu'aujourd'hui, si les réformes proposées entrent dans le domaine législatif. Dans quelle mesure la personne lésée par une infraction aux lois pénales pourra-t-elle porter sa demande devant les tribunaux répressifs ? Le pourra-t-elle *proprio motu* dans le silence, et même malgré l'opposition du ministère public ? Au contraire, ne pourra-t-elle saisir le juge d'instruction, porter directe-

(1) Art. 21 et 22 de la loi. V. *Annuaire*, 1878, p. 443.
(2) Art. 203 à 205. *Annuaire*, 1884, p. 572.
(3) Loi modifiant le Code d'Instruction criminelle, art. 523 et 524. *Annuaire*, 1873.

ment son action devant le tribunal répressif, qu'avec l'agré-
ment des magistrats du Parquet ? Ne pourra-t-elle même,
comme cela a lieu dans certains pays, qu'intervenir dans
l'instance déjà engagée par le ministère public ? A l'heure
où la réparation civile prend, aux yeux des criminalistes,
une importance si grande, où tout le monde demande,
pour la partie civile, des règles moins onéreuses, le problème ne peut manquer de se poser à nouveau. La voie
criminelle, devenant plus avantageuse pour la personne
lésée, dans quelle mesure faudra-t-il la lui ouvrir, et par
conséquent, dans quelle mesure pourra-t-elle, en poursuivant son intérêt privé, mettre en mouvement l'action publique ?

Question de premier ordre dans la procédure criminelle,
et question complexe, car on peut la prendre à plusieurs
points de vue. On peut se demander, tout d'abord, dans
quelle mesure il convient de mettre l'action publique à la
disposition des particuliers, de laisser ainsi un simple citoyen se faire le représentant de l'intérêt social. Ainsi
considérée, la question se pose partout, même dans les
législations qui, comme le Code allemand, n'admettent
pas que le juge criminel ait à s'occuper des intérêts civils.
Mais elle peut être envisagée sous un autre jour, et c'est
sous cet angle que nous devons la prendre. Du moment
qu'on admet, comme notre Code français, que les deux
questions de peine et d'indemnité peuvent être réunies
dans une même instance, du moment que l'action publique
et l'action civile peuvent être soumises ensemble au même
juge, l'intérêt du problème augmente aussitôt. On crée
pour la victime un moyen spécial d'obtenir satisfaction.

On lui donne le moyen d'avoir un titre exécutoire sans passer par les formalités plus longues des tribunaux civils. Dans quelle mesure l'aura-t-elle? On sait dans quels termes notre loi a répondu. Si l'on excepte un point où la question est controversée, elle a partout adopté la solution la plus libérale. C'est encore ce système qui doit être maintenu et développé. La solution la plus favorable aux droits de la victime doit encore triompher, mais admise cette fois sans controverse possible. La loi doit faciliter sans réserve l'accès des tribunaux aux intérêts privés. Non seulement elle doit maintenir le droit de citer directement le prévenu devant le tribunal de simple police, ou de police correctionnelle, elle doit reconnaître aussi à la victime le droit de saisir le juge d'instruction par la plainte déposée entre ses mains. Pour utile que soit le droit de citation directe, il est en effet insuffisant : il suppose que les auteurs du délit sont parfaitement connus, que la victime sait quel est le délinquant. Ce n'est là que l'exception. Le plus souvent, le coupable aura su se dissimuler. Réduite à ses moyens d'investigation privés, la victime peut-elle espérer le découvrir? Sans secours, abandonnée à elle-même, comment saisir le tribunal civil ou le tribunal criminel? Suffit-il qu'elle prouve qu'il y a eu délit, n'a-t-elle pas aussi à montrer quel en est l'auteur? Pouvoir demander réparation à la juridiction civile, ou citer directement en police correctionnelle, c'est souvent trop peu. Si l'on ne veut pas laisser la victime à la merci du ministère public, si l'on ne veut compromettre ses intérêts privés eux-mêmes, il faut lui permettre de saisir directement le juge d'instruction.

Qu'on interroge l'histoire de notre droit : dans l'ancien régime, comme sous l'époque révolutionnaire, les particuliers levés ont toujours pu faire ouvrir une instruction. Malgré le rôle sans cesse grandissant du ministère public, les lieutenants criminels purent toujours commencer les interrogatoires sur la requête des personnes lésées. La royauté, à son apogée, n'y changea rien dans l'ordonnance de 1670. La Révolution, novatrice en toutes choses, suivit encore la même voie, comme la seule compatible avec les principes de liberté partout proclamés. La loi de 1791, celle de l'an IV, ne diffèrent pas beaucoup sur ce point. Dans l'une comme dans l'autre, la personne lésée peut s'adresser au juge de paix, lui demander de dresser des procès-verbaux, d'entendre des témoins. Non seulement c'est elle qui fait ouvrir l'instruction, mais elle y participe. Le juge de paix, en instruisant, doit suivre certaines de ses indications : son intervention n'est pas moindre pendant la procédure qu'au début même. Cette sage et libérale tradition fut continuée par la loi de pluviôse an IX jusqu'à la veille du Code d'instruction criminelle.

Mais. depuis 1807, ces principes ont perdu de leur précision. L'incertitude des textes, l'incertitude plus grande encore de la pratique ont jeté sur cette question une regrettable incertitude. Tout est ici devenu flottant et indécis.

Si l'on veut poursuivre jusqu'au bout les réformes en faveur de la réparation civile, si l'on ne veut point s'arrêter à mi-chemin, il faut sortir du marais où l'on piétine ici depuis près d'un siècle, se replacer franchement dans la tradition du droit intermédiaire, donner à la victime,

outre le droit de citation directe, le droit de saisir le juge
d'instruction.

Nous n'ignorons pas les objections que ces propositions
ont soulevées, l'opposition triomphante rencontrée par
elles dans les assemblées législatives, notamment au Sénat en 1883. Mais ces objections ne nous paraissent ou
inexactes ou peu décisives. Est-il vrai, comme on l'a affirmé, que « l'État ne doit pas aux particuliers ses juges
d'instruction ? » Les pouvoirs sociaux n'ont-ils pas tous
pour but de pourvoir aux intérêts des particuliers ? Ne
doivent-ils pas, autant que cela est compatible avec le
bien de tous, déférer à leurs demandes ? Les corps judiciaires, ne travaillant jamais qu'à appliquer la loi à des
hypothèses particulières, n'agissent-ils pas presque toujours à la requête des particuliers ? Le refus d'agir sur
leurs réquisitions n'est-il pas si contraire à la fonction
de magistrat, que la loi en fait un crime : le déni de justice ?

Quant à ces poursuites injustifiées ou diffamatoires,
sont-elles autant à craindre qu'on le croit ? Les chantages
seraient-ils autant à redouter qu'on veut bien le dire ? Ne
seraient-ils pas beaucoup plus rares qu'ils ne peuvent
l'être par la citation directe ? Le juge d'instruction ne
pourra-t-il pas discerner facilement les plaintes sans fon-
dement et rendre de suite une ordonnance de non-lieu.
D'ailleurs, n'est il pas à remarquer que les abus de poursuites des personnes lésées deviennent plus rares. Les
particuliers paraissent aujourd'hui moins aveuglés par la
passion qu'autrefois. Les poursuites intentées à leur requête aboutissent moins souvent à des acquittements.

La proportion des échecs, dans leurs poursuites, s'est abaissée de 46 0/0 à 32 0/0 c'est-à-dire qu'à l'heure actuelle leurs demandes sont presque aussi souvent jugées fondées qui ne l'étaient autrefois celles du ministère public (1). Cet assagissement des particuliers ne prouve-t-il pas combien sont exagérées les craintes de poursuites diffamatoires ? D'ailleurs ne pourrait en prévenir ces abus en réprimant plus sévèrement les dénonciations calomnieuses.

Ce droit, pour la victime, de saisir le juge d'instruction par sa plainte, obscur, incertain dans le droit actuel ; plusieurs législations l'ont formellement proclamé.

Citons tout d'abord le Code de procédure pénale belge 1878. D'après l'article 63, la personne lésée peut porter plainte devant le juge d'instruction et l'obliger ainsi à informer. Celui-ci est simplement tenu de demander au ministère public ses conclusions. Mais, malgré son opposition, il doit commencer son instruction. S'il refuserait de le faire, la partie civile pourrait recourir devant la Chambre d'accusation qui pourrait alors évoquer l'affaire (2).

Le Code espagnol, qui réserve une large place aux particuliers dans la poursuite des infractions, leurs permet de se porter accusateurs dans les mêmes conditions et avec les mêmes droits que le ministère public.

Dans le projet de Code pénal japonais, que son rédacteur, M. Boissonade, a si fort imprégné des idées françai-

(1) V. sur ce point. *Rapport sur la justice criminelle*, en 1894.

(2) V. Nourrisson. *De la participation des particuliers à la poursuite des crimes et délits.*

ses, la plainte de la partie lésée oblige le juge d'instruction à statuer lorsqu'elle est accompagnée d'une constitution de partie civile (art. 125).

Il semble bien qu'il y a des dispositions analogues dans
le droit portugais, où les personnes atteintes par le délit
ont une action criminelle privée.

Dans d'autres codes, plus éloignés par leur esprit du Code
français de 1808, on retrouve des dispositions du même
genre. En Autriche, depuis 1850, les accusations privées
tiennent une large place dans la procédure criminelle. Le
Code de 1873 décide que le juge d'instruction est saisi par
la plainte de la partie civile (art. 92). Si le ministère public
refuse d'intenter l'action, ou abandonne l'action commencée, la partie civile a le droit de soutenir et de mener à fin
l'accusation publique, au lieu et place du ministère public. Il
est alors accusateur privé subsidiaire (Subsidiaranklager).

Enfin, dans plusieurs législations, où l'action civile ne
peut être réunie à l'action publique, les personnes lésées
peuvent mettre en mouvement cette dernière action. Est-il
besoin de citer l'Angleterre, le pays classique des poursuites exercées par les particuliers ? Il en est de même
dans plusieurs républiques américaines, aux États-Unis,
au Brésil. En Allemagne même, où l'omnipotence de
l'Etat rencontre tant de défenseurs, lorsque le ministère
public se refuse à poursuivre, la personne lésée peut s'a-
dresser au tribunal régional supérieur, ou au tribunal de
l'Empire, ceux-ci peuvent alors ordonner au ministère public de poursuivre (1).

(1) Art. 170 et suiv., Code de procédure pénale. — V. sur ces points :
Nourrisson. *De la participation des particuliers à la poursuite*

L'exemple de ces nombreux codes étrangers est suffisant pour la démonstration que nous voulions en tirer. Il montre l'inanité des craintes émises au Sénat en 1883, la possibilité de laisser les personnes lésées saisir directement le juge d'instruction. Si le système alors voté par la haute assemblée pénétrait dans notre législation, il pourrait nuire à la juste répression des délits, et aussi à la prompte réparation des dommages causés par eux. Ce second point de vue, qui seul nous intéresse ici, pour être moins important, n'est pas à dédaigner. Non seulement la victime devrait recourir à la voie plus lente, plus coûteuse des tribunaux civils, mais même, comme nous l'avons signalé, elle se trouverait sans droit utile, lorsqu'un agresseur est resté inconnu.

des crimes et délits, p. 112 et suiv.. — César Bru. *De l'exercice de l'action publique par les simples particuliers. Revue générale du droit*, 1892, p. 511 et 1893, p. 5.

CONCLUSION

Parvenus à la fin de cette étude, nous pouvons mieux
dégager les principes qui doivent gouverner la réparation
civile. Arrivés au terme du chemin, jetons un regard en
arrière, non pour mesurer le terrain parcouru, ou pour
contempler le court sillon que nous avons suivi dans le
champ immense du droit, mais pour en déterminer la
direction, pour voir quelle idée en explique les sinuo-
sités.

Une théorie se dégage, dont les conséquences se font
sentir sur tous les points que nous avons examinés, c'est
la théorie positiviste. Le Congrès d'anthropologie criminelle de Rome en a dégagé le principe dans une formnle
parfaitement nette : « La réalisation de la réparation est
une fonction d'ordre social ». Ce principe admis, les conséquences s'en déduisent logiquement, elles appellent
comme une nécessité la plupart des réformes qu'ont préconisées les positivistes italiens. Sauf des divergences
possibles sur certains points, elles ne peuvent qu'être
adoptées si l'on concède le point de départ. Si l'efficacité
de la réparation est d'ordre public, un privilège absolu sur
les biens du coupable, la réparation subsidiaire des délits
par l'État, la subordination des diverses faveurs légales :

sursis, grâce, libération conditionnelle au dédommagement de la victime sont les corollaires de ce principe. La réparation civile se présente alors sous un jour singulièrement éclairé. Toutes ces mesures d'efficacité forment un tout puissamment lié, dont toutes les parties se rattachent à une même idée, comme à un fiat créateur. Elles viennent du même point de départ, comme elles convergent vers le même but. C'est réellement une théorie de la réparation civile qui déroule ses curieuses conséquences à travers toutes les questions.

Pour tous ceux qui, comme nous, ne confessent pas le credo de la nouvelle école, les réformes possibles, ne se présentent pas avec ce caractère d'imposante unité. Si nous ne voulons nous résigner à l'inefficacité déplorable de la législation actuelle, — et qui voudrait le faire ? — la question devient plus embarrassante. Nous n'avons plus rien qui nous impose, avec la même force, la solution des difficultés. Nous n'avons plus un principe conducteur au milieu du dédale où nous pénétrons. Ou plutôt notre principe est toujours celui du droit actuel : la réparation civile est et reste pour nous d'intérêt privé.

Par notre principe, sommes-nous voués à un lamentable avortement dans nos efforts? Sommes-nous obligés de nous enliser dans les dispositions du droit actuel? Non. Les projets que nous avons soutenus, nous le croyons, démontrent suffisamment le contraire. Même en conservant les anciens principes, on peut aboutir à d'utiles réformes, remédier à bien des inconvénients. Sans doute nos propositions n'ont pas la puissante unité, qui caractérise ici le système positiviste. Nous faisons appel à de plus

nombreux principes, nos projets sur la réparation civile
sont le point de convergence d'idées multiples. Si nous
subordonnons un certain nombre de faveurs légales au
dédommagement de la victime, c'est qu'il nous semble
une preuve indispensable du repentir. Si nous rendons
plus énergique la contrainte par corps, c'est que le refus
de paiement fait de mauvaise foi doit être puni comme un
véritable délit. Si nous accordons un privilège à la personne lésée pour son indemnité, c'est qu'elle n'a pu se
faire attribuer de sûretés conventionnelles, etc. Nos propositions ne sont donc pas les conséquences d'un même
principe. Chacune s'appuie sur une raison spéciale. L'unité
ne se trouve plus que dans le but qu'elles poursuivent.

Moins proches les unes des autres, puisqu'elles ne sont
pas animées complètement d'un même esprit, puisqu'elles
découlent de raisons différentes, nos propositions peuvent
paraître bien pâles, en présence des réformes si franches
de couleur chères aux positivistes. Cela est possible.
Mais peut-être aussi sont-elles plus aisément réalisables,
placées aux prises avec les difficultés de l'application, peut-
être en sortiraient-elles plus facilement victorieuses.

Mais ce serait peu qu'elles puissent vivre, quels résultats donneraient elles ? Il ne faut point ici se leurrer de
l'appât de trop grandes espérances. C'est chimère de
penser que de bonnes lois pourront accorder pleine satisfaction aux intérêts individuels. Elles ne le peuvent pas,
pas plus que la science pénale ne parvient à effacer le mal
social du crime. En dépit des améliorations, la réparation
civile pourra parfois encore rester en souffrance. Le mal
aura été atténué sans avoir disparu. Tout ce que je pro-

pose et ce que je défends, n'approche que de bien loin l'idéal que l'on rêve atteindre.

Dans cet éternel non-fini que sont les choses de ce monde, comment la réparation des délits arriverait-elle seule à s'épanouir dans la perfection ? Les faits, plus forts que les lois, se dérobent à leur étreinte. La science législative ne tient réellement le tout de rien. Même dans les matières où la loi semblerait devoir triompher des faits, ceux-ci lui manquent, le terrain se dérobe sous ses pas, on n'arrive qu'à des approximations. Les lois, même les mieux conçues, rencontrent toujours des obstacles qu'elles viennent battre éternellement sans les détruire.

Dans l'universelle complexité des faits, les lois, pour avoir une place importante, ne peuvent faire que peu de chose. Plus on les regarde de près, plus on voit qu'elles dispensent peu l'homme de l'effort personnel, qu'elles appellent au contraire cet effort pour les compléter. Ce bien, toujours plus grand, que l'esprit conçoit et que le cœur réclame, comment en approcher si, à l'effort des lois, ne se joint celui des individus. C'est à eux à atténuer la fatale insuffisance des lois. Là où le législateur ne peut rien et recule impuissant, l'individu peut encore beaucoup. Il a ce que n'aura jamais la machine administrative : à la charité de la bourse, il peut joindre celle de l'intelligence et du cœur, du bon conseil et de la consolation.

BIBLIOGRAPHIE

ANCIEN DROIT FRANÇAIS

Ayrault. L'ordre, formalité et instruction judiciaires. Paris, 1591.

Beaumanoir. Coutumes de Beauvoisis, chap. 30.

Cauvet. Droit criminel de la Normandie au xiii° siècle, *Revue Wolowsky*, tome 42.

Coutumier de Charles VI.

Demarsy. Du vol et de sa répression chez les Germains. *Revue de législation,* 1867.

Despeisses. Pratique criminelle.

Esmein. Histoire de la procédure criminelle en France. Paris, 188?.

Ferrière. Dictionnaire de droit et de pratique. Toulouse, 1779. V° Réparation civile et v° Dommages-intérêts.

Jousse. Nouveau commentaire sur l'ordonnance du mois d'août 1670. Paris 1763.

Imbert. La Pratique judiciaire tant civile que criminelle, par Guenois. Lyon 1665.

Imbert. Enchiridion, v° Confession des accusés et v° Peines pécuniaires.

Merlin. Répertoire, v° Réparation civile.

Muyard de Vouglans. Lois criminelles de la France. Paris, 1780.

Muyard de Vouglans. Instruction criminelle. Paris, 1757.

Pothier. Procédure criminelle.

Practique de Masuer, éd. Guenoys. Titre : Des dépens et dommages-intérêts.

DROIT FRANÇAIS ACTUEL

Aubry et Rau. Droit civil français. Paris 1872.

Blanche. Etudes pratiques sur le droit pénal. Paris, 1888.

Bertauld. Code pénal (cours de).

Chauveau et **F. Hélie**. Code pénal (théorie du). Paris, 1887.

Garraud. Droit pénal (traité théorique et pratique). Paris, 1888.

Greau. Responsabilité civile en matière pénale. Thèse (Douai,1877).

Haus. Droit pénal belge (Principes généraux du). Paris, 1879.

F. Hélie. Instruction criminelle (traité de l'). Paris, 1867.

Larombière. Théorie et pratique des obligations. Paris, 1885.

Laurent. Droit civil français (principes de). Paris et Bruxelles,1878.

Le Sellyer. Traité de l'exercice et de l'extinction des actions publiques et actions civiles. Paris 1874.

Mangin. Traité de l'action publique et de l'action civile. Paris,1837

Sourdat. Traité général de la responsabilité. Paris, 1887.

Thiry. Droit criminel (cours de). Liège et Paris, 1892.

Trébutien. Droit criminel (cours élémentaire de). Paris, 1854.

Villey. Droit criminel (précis d'un cours de). Paris, 1888.

Lainé. Droit criminel (traité élémentaire de). Paris, 1879.

LÉGISLATION

Aschenitto. Della costituzione di parte civile. *Riv. penale* XXVIII.

Berenini. Azione e instruzione penale, 1883.

Bertola. Della pena pecuniara. *Riv. penale* XXXVII, p. 438.

Bertola. Encora della pena pecuniaria. *Riv. pénale* XLII, p. 5.

Bonneville de Marsangy. Améliorations de la loi criminelle, en vue d'une justice plus prompte, plus équitable, plus moralisante. Paris 1864.

Bonneville. Discours de rentrée au tribunal civil de Reims. Reims 1845.

Bonneville. Institutions complémentaires du système pénitentiaire , re I. Paris 1847.

Castelli. L'azione civile contro i deliquenti. *Arch. de psychiatrie*, 1889.

Carrara. Programma del corso di diritto criminale, § 542 et suiv. trad. française par Paul Baret. Paris 1876.

Champcommunal. Examen critique et comparé du projet de réforme du Code pénal français. Paris 1896.

Cocito. La parte civile in materia penale.

Congrès international d'anthropologie criminelle de Rome (1885) (actes du). Turin et Rome 1886. Rapport de M. Fioretti et discussion à la séance du 21 novembre 1885.

Congrès de l'Union internationale de droit pénal tenu à Christiana, Rapports de MM. Alimena et Prins et discussion à ce Congrès (*Bull. de l'Union*, 2e et 3e années).

Troisième Congrès juridique italien tenu à Florence (1891). Rapport de M. Garofalo et discussions à ce Congrès.

Congrès pénitentiaire international de Paris 1895. Rapports de Mme Lidia Poët et de MM. Armengol y Cornet, Flandin, Zücker et Pascaud (*Bull. de la Commission pénitentiaire internationale*. Nouv. série, fascicules 2 à 5). Discussions à ce Congrès. (*Rev. pénitentiaire*, 1895).

Actes du Congrès pénitentiaire de Paris en 1895. Paris 1897.

Dochow. Die Busse im Strafrecht und Process. Iena 1875.

Dorado. De la responsabilité en matière de délits et de son extension. *Rev. de sociologie*, 1894, p. 601.

Ferri. Sociologie criminelle, ch. IV.

Ferri. Discours à la Chambre des députés d'Italie le 19 mai 1887.

Fournier. Code de procédure criminelle dans l'Etat de New-York Paris 1893.

Feré. Dégénérescence et criminalité. ch. XIII.

Garofalo. La criminologie, trad. française. Paris 1890.

Garofalo. Ripparazione alle vittime del delitto. Turin 1887.

Garofalo. Cio che dovrebbe essere un guidicio penale.

Garofalo et Carelli. Riforma del procedura penale in Italia.

Fornet. Die Wirkung der thatische Reue welche nach vollenden Verbrechen ensteht auf die Festsetzung der Strafe.

Felish. Verhandlung dem 23en deuschen Juristentag.

Garraud. Droit pénal, tome II, Paris 1888.

Geyer Soll der Ersatz des Schadens Strafauschliesunggrund sein. Gerichtsaal, 1869, p. 5.

R. de la Grasserie. Participation de la partie lésée à l'action publique. *Revue critique*, 1896, p. 623 et 1897, p. 35.

Kruseman. De fidejussione universali civium.

Laffon, Discours de rentrée à la Cour de Paris, 16 octobre 1896. *Gazette du Palais*, 19 et 20 octobre.

Lecci. Una pagina di legislazione penale toscana del 1786.

Le Poittevin. Projet de réforme du Code pénal. *Rev. pénitentiaire*, 1893.

Liszt. Droit pénal des Etats européens.

Mattiauda. Il codice penale le le azione civili per delitti e quasi delitti. Studio critico. Roma 1894.

Nourrisson. La poursuite des crimes par les particuliers. Paris 1894.

Proal. Le crime et la peine. Paris 1892.

Prins. Note sur la théorie de la réparation. *Bulletin de l'Académie royale de Belgique*, 3e série, tome XXI.

Puglia. Manuale di diritto penale.

Rosenfeld. Die Regelung der Geldstrafe. *Bull. de l'U. I. D. P.* 2e année.

Rosenfeld Welche Strafmittel können an die Stelle der kurzzeitigen Freiheitstrafe gesetz werden. Berlin 1890.

Enrico Segré. La ripparazione pecuniara (art. 38, Pen). *Riv. Penale*, XXXIV, p. 136.

Spencer. La morale de la prison. Essais de morale, de science et d'esthétique, tome II, trad. française. Paris 1877.

Stoos. Avant-projet du Code pénal suisse (2e édition : avant-projet primitif et avant-projet amendé par une commission. Trad. française par Gautier. Bâle et Genève, 1893.

Stoos Die Natur der Vermögenstrafe. Berne 1878.

Stoos. Die schweizerischen Strafgesetzbücher zur Vergleichung zusammengestellt. Bâle et Genève, 1890.

Stoppato. L'action civile résultant du crime et la limite des fonctions de l'Etat dans l'indemnisation des victimes *Rivista penale*, 1893.

Tarde. Philosophie pénale. Lyon et Paris 1892.

Thiry. Droit criminel belge (cours de) Liège et Paris 1892.

Tutrumof. De la décision à prendre d'office par le juge pour la réparation des dommages causés par les infractions et les restitutions des objets obtenus par ces infractions. *Bull. du ministère de la justice de Russie,* octobre 1896.

Waechter. Die Busse bei Beleidigungen und Korperverletzungen Leipzig. 1874.

TABLE DES MATIÈRES

PREMIÈRE PARTIE

Le droit actuel.

DEUXIÈME PARTIE

Améliorations législatives.